二十一世纪普通高等院校实用规划教材　经济管理系列

税法与税务会计

(第 2 版)

寇娅雯　石光乾　主　编

清华大学出版社

北　京

内 容 简 介

本书作为全国高校经济管理类专业课程核心教材，紧密结合高等院校应用型人才培养目标和教学大纲的要求，结合国家税收制度的改革趋势，根据至2016年国家最新的税收法律制度修订编著而成。

本书基于税法与税务会计——基础理论、税收实体法、税收程序法的课程体系，采用项目驱动式体例，以任务模块突出了“项目引导→任务分组→教学驱动→项目实务”的教学过程训练，系统地介绍了增值税、消费税、关税、其他小税种、企业所得税、个人所得税等各税种税款计算、征收管理、纳税申报、会计处理以及税收征管法、税务筹划等最新、最重要的税收会计内容。

本书定位准确、结构完整、内容全面，着力突出系统性、实用性、新颖性和技能性，可作为普通高等院校、成人高校和民办高校财会、税务、金融等各专业“税法与税务会计”课程的教材或教学参考书，也可作为执业(职业)资格考试和财税岗位培训教材，还适合作为财经管理人员的学习参考读本。

图书在版编目(CIP)数据

税法与税务会计/寇娅雯，石光乾主编. —2版. —北京：清华大学出版社，2017(2018.7 重印)
(二十一世纪普通高等院校实用规划教材　经济管理系列)
ISBN 978-7-302-45946-0

Ⅰ. ①税…　Ⅱ. ①寇…　②石…　Ⅲ. ①税法—中国—高等学校—教材　②税收会计—高等学校—教材　Ⅳ. ①D922.22　②F810.62

中国版本图书馆 CIP 数据核字(2016)第 307717 号

责任编辑：梁媛媛
封面设计：刘孝琼
责任校对：周剑云
责任印制：杨　艳
出版发行：清华大学出版社
　　网　址：http://www.tup.com.cn, http://www.wqbook.com
　　地　址：北京清华大学学研大厦 A 座　　**邮　编：**100084
　　社 总 机：010-62770175　　**邮　购：**010-62786544
　　投稿与读者服务：010-62776969, c-service@tup.tsinghua.edu.cn
　　质量反馈：010-62772015, zhiliang@tup.tsinghua.edu.cn
　　课件下载：http://www.tup.com.cn, 010-62791865
印 刷 者：北京富博印刷有限公司
装 订 者：北京市密云县京文制本装订厂
经　销：全国新华书店
开　本：185mm×230mm　　**印　张：**20.25　　**字　数：**432 千字
版　次：2012 年 2 月第 1 版　2017 年 1 月第 2 版　　**印　次：**2018 年 7 月第 2 次印刷
定　价：43.00 元

产品编号：068283-02

再版前言

《税法与税务会计》是二十一世纪普通高等院校实用规划教材，由兰州文理学院寇娅雯、石光乾主编。该书第一版自2012年2月出版发行以来，因紧扣我国税收法规改革动向及税收、会计法律法规最新内容，受到各高校和读者的欢迎与好评，已连续多次印刷。近几年，随着国家税收政策改革的进一步深化，原“增值税”“消费税”“营业税”“资源税”等税收制度内容已发生了重大调整；与此同时，各高校和广大读者也积极要求本书再版。应清华大学出版社邀请，我们依据最新法律规定，对第一版教材中所涉及的已过时和被调整的税收法律制度进行了全面修订，并对截止到2016年最新税收法规进行了补充和更新，使本书内容更具时效性。与第一版“新颖性、系统性、丰富性、实用性、应试性”特点相比，本书再版主要特色体现在以下方面。

第一，本书按照“营改增”等最新的税制改革内容，修订了各相关税种的税款计算、征收管理、纳税申报、会计处理等税收会计内容，增强了学生涉税业务的实务处理能力。

第二，本书仍然采用项目驱动式编写体例，着重突出了“项目引导→任务分组→教学驱动→项目实务”的教学过程训练，更加突出了提高税款计算、申报缴纳和会计处理的实际操作技能。

第三，本书为使再版更能体现最新税收法规内容，对原书的导入项目、任务、实务训练题目进行了替换和修正，强化了税法新规定与实践应用能力的有机融合，以扩展学生纳税计算和会计处理的税务实战演练能力。

第四，本书仍以注册会计师、会计专业技术等会计类职业资格考试内容为重点，以满足广大读者职业资格执业的应试需求。

本书再版修订工作仍由兰州文理学院寇娅雯、石光乾合作完成，具体修订分工为：寇娅雯负责项目二、三、四、八的编写；石光乾负责项目一、五、六、七、九、十的编写。

本书再版得到了兰州文理学院和清华大学出版社的大力支持和指导，我们在此表示诚挚感谢。本书修订过程中参阅了最新税法制度、注会教材以及相关案例，在此向相关文献的作者表示衷心感谢。对本书修订过程中存在的疏漏或不足之处，望广大读者朋友不吝批评指正！

编　者

前　　言

随着我国市场经济的进一步深化发展，新会计准则的发布执行和国家税收政策的改革完善，现代企业对技能型、应用型会计人才需求更甚，“税法与税务会计”现已成为教育部确定的全国普通高等(职业)院校财经管理类专业的专业课程之一。

我国《国家中长期教育改革和发展规划纲要》(2010—2020年)对全国高等院校应用型、实践型人才培养模式和教育教学方式提出了新的要求和挑战，为适应全国高等院校对实用性、技能型和应用型人才培养的要求，提高学生在实务中开展纳税计算及其会计处理的水平和能力，我们结合长期教学实践和双师型教师教学需求，编著了二十一世纪普通高等院校实用规划教材——《税法与税务会计》。

本书紧扣我国税收法规的最新改革动向，以最新的税收、会计法律和法规为基础(如最新个人所得税法)，突出对高校学生应用性广、适用性强的各类税种及其会计核算为体例的编著思路，主要凸现如下特色。

★设计新颖性。采用项目驱动式编写体例，以任务模块涵盖各税法知识与会计核算过程，突出了“项目引导→任务分组→教学驱动”的全过程演练，进而提高税款计算、申报缴纳和会计处理的实际操作技能。

★阐述系统性。教材规划以学用结合为主旨，系统地介绍纳税基础理论、各税种纳税实务与会计核算，以及税收征管法、税务筹划等税收会计内容，扩展了教材容量和实践应用性。

★体例丰富性。充分考虑基本知识和实务训练的有机融合，突出了“实务性”和“应用性”，通过“项目目的及要求、项目重点和难点、项目导入、项目内容、导入案例分析、项目实务训练(单项选择题、多项选择题、判断题、业务题)”等体例环节设计，着重提升学生业务操作与实践应用能力。

★内容实用性。突破注重理论而不唯理论的写作框架，突出课程实用和教学实务的特点，重在培养和提升学生进行纳税计算和会计处理的税务实战演练的能力。

★应试技能性。教材内容编写以注册会计师、注册税务师、会计专业技术等执业(职业)资格考试考点为重点，能满足适用性学习和执业(职业)资格应试需要。

本书由具有多年会计学、财税法教学经验和科研工作实践的教师撰写。全书编写分工如下：寇娅雯负责拟定编写大纲、初稿修改和定稿，并撰写项目二、三、四、八；石光乾负责设计体例和终稿统校，并撰写项目一、五、六、七、九、十。

本书出版得到了甘肃联合大学和清华大学出版社的支持和指导，在此表示诚挚感谢。本书在编写过程中参阅了国内相关税法、会计学书籍以及部分案例，限于篇幅未能一一列举，仅将主要参考文献附后，谨此向学校、出版单位和所有作者一并表示真挚的谢忱。因编者水平所限，对本书编写存在的疏漏或不足之处，望广大读者朋友不吝批评指正！

编　者

目　录

项目一　税法与税务会计概述 1

项目目的及要求 1

项目重点和难点 1

案例导入 1

任务一　税收原理概述 1

一、税收的概念与特征 1

二、税法与税法体系 3

三、税法要素 5

四、税收的分类 17

任务二　税务会计概述 18

一、税务会计的概念 18

二、税务会计的作用 18

三、税务会计与财务会计的关系 19

案例导入分析 20

项目实务训练 20

项目二　增值税及其会计核算 24

项目目的及要求 24

项目重点和难点 24

案例导入 24

任务一　增值税概述 24

一、增值税的概念和分类 24

二、增值税的特点 26

三、增值税的征税范围 26

四、增值税的纳税人 38

五、增值税的税率和征收率 40

任务二　增值税应纳税额的计算 47

一、一般纳税人应纳税额的计算 47

二、简易计税方法应纳税额的计算 60

三、进口货物应纳税额的计算 60

任务三　增值税征收管理与纳税申报 61

一、增值税的税收优惠 61

二、增值税的征收管理 64

三、增值税的纳税申报 66

任务四　增值税的会计核算 70

一、账户设置 70

二、会计核算 71

案例导入分析 85

项目实务训练 86

项目三　消费税及其会计核算 92

项目目的及要求 92

项目重点和难点 92

案例导入 92

任务一　消费税概述 92

一、消费税的概念 92

二、消费税的纳税人 93

三、消费税的征税范围 93

四、消费税的税目与税率 94

任务二　消费税应纳税额的计算 98

一、计税依据的确定 98

二、应纳税额的计算 100

三、外购和委托加工收回的应税消费品已纳税额的扣除 105

任务三　消费税的征收管理与纳税申报 106

一、消费税的征收管理 106

二、消费税的纳税申报 107

任务四　消费税的会计核算 109

一、账户设置 109

二、会计核算 109

案例导入分析 117

项目实务训练 118

项目四　关税及其会计核算......123

项目目的及要求......123
项目重点和难点......123
案例导入......123
任务一　关税概述......123
一、关税的概念和特点......123
二、关税的分类......125
三、关税的纳税人......126
四、关税的征税对象......126
五、关税税则和税率......126
任务二　关税应纳税额的计算......127
一、关税计税依据的确定......127
二、关税应纳税额的计算......131
任务三　关税的税收优惠与纳税申报......132
一、关税的税收优惠......132
二、关税的纳税申报......133
任务四　关税的会计核算......135
一、进口关税的会计处理......135
二、出口关税的会计处理......137
案例导入分析......139
项目实务训练......139

项目五　其他小税种及其会计核算......142

项目目的及要求......142
项目重点和难点......142
案例导入......142
任务一　城市维护建设税及其会计核算......142
一、城市维护建设税概述......142
二、城市维护建设税的计算......143
三、城市维护建设税的征收管理......144
四、城市维护建设税的会计核算......144
五、教育费附加及其会计核算......145
六、烟叶税及其会计核算......146
任务二　资源税及其会计核算......148
一、资源税概述......148
二、资源税的计算......151
三、资源税的税收优惠与征收管理......155
四、资源税的会计核算......156
任务三　土地增值税及其会计核算......158
一、土地增值税概述......158
二、土地增值税的计算......160
三、土地增值税的税收优惠与征收管理......163
四、土地增值税的会计核算......164
任务四　城镇土地使用税及其会计核算......165
一、城镇土地使用税概述......165
二、城镇土地使用税的计算......167
三、城镇土地使用税的税收优惠与征收管理......167
四、城镇土地使用税的会计核算......169
任务五　房产税及其会计核算......169
一、房产税概述......169
二、房产税的计算......171
三、房产税的税收优惠与征收管理......172
四、房产税的会计核算......173
任务六　车船税及其会计核算......174
一、车船税概述......174
二、车船税的计算......176
三、车船税的税收优惠与征收管理......177
四、车船税的会计核算......178
任务七　契税及其会计核算......179
一、契税概述......179
二、契税的计算......181
三、契税的税收优惠和征收管理......182
四、契税的会计核算......183

任务八　印花税及其会计核算......184
一、印花税概述......184
二、印花税的计算......187
三、印花税的征收管理......188
四、印花税的会计核算......189
任务九　车辆购置税及其会计核算......190
一、车辆购置税概述......190
二、车辆购置税的计算......191
三、车辆购置税的税收优惠与征收管理......192
四、车辆购置税的会计核算......194
案例导入分析......194
项目实务训练......194

项目六　企业所得税及其会计核算......200

项目目的及要求......200
项目重点和难点......200
案例导入......200
任务一　企业所得税概述......200
一、企业所得税的概念及特点......200
二、企业所得税的纳税人......201
三、企业所得税的征税对象......202
四、企业所得税的税率......202
任务二　企业所得税的计算......203
一、企业所得税应纳税所得额的确定......203
二、亏损弥补......213
三、企业所得税应纳税额的计算......213
四、预缴及汇算清缴所得税额的计算方法......216
任务三　企业所得税的征收管理与纳税申报......216
一、企业所得税的税收优惠......216
二、企业所得税的征收管理......221
三、企业所得税的纳税申报......222
任务四　企业所得税的会计核算......224
一、企业所得税会计核算的一般程序......224
二、账户设置......225
三、资产、负债的计税基础......226
四、暂时性差异......227
五、所得税的会计处理......229
案例导入分析......233
项目实务训练......234

项目七　个人所得税及其会计核算......239

项目目的及要求......239
项目重点和难点......239
案例导入......239
任务一　个人所得税概述......239
一、个人所得税的概念......239
二、个人所得税的特点......240
三、个人所得税的纳税人......241
四、个人所得税的征税对象......242
五、个人所得税的税率......246
任务二　个人所得税应纳税额的计算......248
一、应纳税所得额的计算......248
二、应纳税额的计算......250
任务三　个人所得税的征收管理和纳税申报......258
一、个人所得税的税收优惠......258
二、个人所得税的征管和申报......259
任务四　个人所得税的会计核算......260
一、个体工商户的生产经营所得应纳个人所得税的会计处理......261
二、代扣代缴个人所得税的会计处理......261
案例导入分析......262
项目实务训练......263

项目八　税收征收管理法 268
项目目的及要求 268
项目重点和难点 268
案例导入 268
任务一　税收征收管理概述 268
一、税收征收管理体制 268
二、征纳双方的权利和义务 269
任务二　税务管理 271
一、税务登记管理 271
二、账簿、凭证管理 274
三、纳税申报 277
任务三　税款征收 279
一、税款征收方式 279
二、税款征收措施 281
三、其他关于税款征收的法律规定 283
任务四　税务检查 284
一、税务检查的概念 284
二、税务检查的方法 284
三、税务检查的内容 284
四、税务检查的范围 285
任务五　违反税收法律制度的法律责任 285
一、税收法律责任的概念及分类 285
二、征纳双方违反税法的法律责任 287
案例导入分析 290
项目实务训练 290
项目九　税务筹划 296
项目目的及要求 296
项目重点和难点 296
案例导入 296
任务一　税务筹划概述 296
一、税务筹划的概念、特点和意义 296
二、税务筹划的原则 299
三、税务筹划的前提 300
四、税务筹划与偷税、避税的区别 301
任务二　税务筹划的方法 301
一、税务筹划的基本手段 301
二、常见的税务筹划方法 302
任务三　税务筹划的基本技术 306
一、减免税技术 306
二、分割技术 306
三、扣除技术 307
四、税率差异技术 307
五、抵免技术 307
六、退税技术 307
七、延期纳税技术 307
案例导入分析 307
项目实务训练 308
参考文献 312

项目一　税法与税务会计概述

项目目的及要求

本项目为全书的入门篇，主要介绍税法和税务会计的基本知识，要求学生了解税收基础知识，掌握税收的概念和特征、税法的构成要素、税务会计的核算方法、税法与纳税会计知识的基本框架，为以后各项目的学习奠定基础。

项目重点和难点

本项目的学习重点是税法的构成要素、税法体系、税收分类以及税务会计的基本理论知识及核算方法，难点是税法构成要素、税务会计核算方法。

案例导入

在某个企业，新上任的厂长对税务人员说："怎么纳了增值税还要纳营业税、所得税？哪有这个道理嘛？"税务人员说："皇粮国税，这是古规大道理。"

要求：根据以上资料，请思考什么是税收，它具有哪些特点，税收制度有哪些要素。

任务一　税收原理概述

一、税收的概念与特征

(一)税收的概念

税收是国家为了实现其职能，凭借政治权力，按照法律规定标准，对一部分社会产品进行无偿分配，以取得财政收入的一种形式。

税收是现代社会中家喻户晓、人人皆知的经济范畴，是社会经济活动中非常重要的组成部分，是各国最主要的财政收入形式。税收作为国家取得财政收入的一种形式，在社会再生产过程中属于分配范畴。社会再生产是生产、分配、交换和消费的统一体。从国家征税的过程来看，税收就是把一部分社会产品强制地、无偿地转为国家所有，归国家支配使用。

税收分配的依据是政治权力。在对社会总产品的分配过程中，存在两种权力：一是财产权力，即所有者权力；二是政治权力，即国家权力。国家征税是把一部分属于社会成员所有的产品无偿地转为国家所有，意味着政治权力凌驾于所有者权力之上，而这种分配之所以能够实现，也正是因为它依据的是政治权力。

税收分配的目的，是满足国家行使其职能的需要，是国家通过筹集资金以满足社会公共需要。一个国家要维持政权的存在，就必须建立相应的国家机关，同时还要兴办各种必不可少的社会事业。这些都需要庞大的财政收入作为后盾。税收作为取得财政收入的主要方式，已为现代国家所普遍采用。

税收分配是国家把生产者创造的一部分社会产品强制地转变为国家所有的过程。这一过程分配的客体是一般社会剩余产品。在社会总产品($C+V+M$，其中 C 可理解成生产资料的价值，V 可理解成消费资料的价值，M 则是剩余产品的价值)中，税收分配来源于社会剩余产品(M)。

(二)税收的特征

税收的特征是税收的基本标志，是不同社会形态下税收所具有的共性，是税与非税的重要区别。税收与其他财政收入形式相比，具有三个基本特征：强制性、无偿性和固定性。

第一，强制性。税收的强制性是指税收是凭借国家政治权力强制征收的。税收具有强制性，即税收是国家以政治权力作为依据而进行的一种分配，并且是以法律形式加以规范的；在国家税法规定的范围内，任何单位和个人都必须依法纳税，否则就要受到法律的制裁。

第二，无偿性。税收的无偿性是指国家征税是无条件的取得收入。国家征税以后，纳税人缴纳的实物或货币随之就转变为国家所有，既不需要立即付给纳税人任何报酬，也不再直接返还给纳税人。这一特性与税收原则之一的“取之于民，用之于民”并不矛盾。“取之于民，用之于民”是指对全体社会成员而言，税收是有偿的，国家通过履行各种职能，为全体社会成员提供公共产品和公共服务，是对全体纳税人的一种利益返还，因而是有偿的；对于具体的纳税个体而言，国家征税以后，不会向某一个纳税人支付任何报酬和代价。税收的无偿性是以强制性为条件的。

第三，固定性。税收的固定性是指国家在征税之前，就通过法律形式，把每种税的纳税人、课税对象及征收比例等都规定出来，以便征纳双方共同遵守，不仅纳税人必须严格依法按时足额申报纳税，而且征税机关也必须依照法定程序和标准征税。当然，税收的固定性也不是绝对的、永不更改的，而是指在一定的效力期限内，税收法律的规定是相对固定的。

二、税法与税法体系

(一)税法

税收是经济学概念，税法则是法学概念。税法是指国家制定的有关调整税收分配过程中形成的国家与纳税人在征纳方面的权利义务关系的法律规范的总称。它是国家依法征税、纳税人依法纳税的依据，是国家利益和纳税人的合法权益的根本保障。

税法的概念包含以下三个方面的内容。

(1) 税法调整的税收关系，即有关税收活动的各种社会经济关系，包括各种税收制度之间的关系、税收征收和缴纳关系、税收管理关系和其他有关的税收关系。

(2) 税法是一系列税收法律规范的总称，是各种税收法律法规的总和，是由税收实体法、税收程序法等构成的法律体系。

(3) 税法由国家权力机关或其授权的行政机关制定。目前，我国税收的立法机关是全国人民代表大会或其授权的国务院、地方人民代表大会以及财政部、国家税务总局。

(二)我国的税法体系

从法律角度来讲，一个国家在一定时期内、一定体制下以法定形式规定的各种税收法律、法规的总和，被称为税法体系。

1. 税收实体法和税收程序法

从税法所涵盖的不同内容来看，税法体系包括税收实体法和税收程序法。

1) 税收实体法

税收实体法是规定税收法律关系主体的权利、义务的法律规范的总称。税收实体法直接影响到国家与纳税人之间权利义务的分配，是税法的核心部分，没有税收实体法，税法体系就不能成立。

2) 税收程序法

税收程序法是指以国家税收活动中所发生的程序关系为调整对象的税法，是规定国家征税权行使程序和纳税人纳税义务履行程序的法律规范的总称，是税法体系的基本组成部分，《中华人民共和国税收征收管理法》就属于税收程序法。

2. 税收法律、法规、规章和行政规范

根据我国国家立法体制规定，不同级次的权力立法机关行使不同级次的税收立法权力，从而制定并形成了一系列的税收法律、法规、规章和规范性文件，构成了我国目前的税收法律体系。

从税法的法律效力来看，税法体系包括税收法律、法规、规章和行政规范。

1) 税收法律

税收法律是指享有国家立法权的国家最高权力机关，依照法律程序制定的规范性税收文件。其法律地位仅次于宪法，但高于税收法规、规章。例如，我国现行税法体系中《中华人民共和国个人所得税法》、《中华人民共和国企业所得税法》等都属于税收法律。

2) 税收法规

税收法规是指国家最高行政机关、地方立法机关根据其职权或国家最高权力机关的授权，依据宪法和税收法律，通过一定的法律程序制定的规范性税收文件。我国目前税法体系的主要组成部分即是税收法规，由国务院制定的税收行政法规和由地方立法机关制定的地方税收法规两部分组成，具体形式主要是“条例”或“暂行条例”，其法律效力低于税收法律，但高于税收规章。例如，《中华人民共和国增值税暂行条例》《中华人民共和国个人所得税法实施细则》等都属于税收行政法规。

3) 税务规章

税务规章是税务部门规章的简称，是指国务院有关部门根据法律和国务院的行政法规、决定、命令，在本部门的权限内按照规定程序制定的规范性文件的总称。在我国，税务规章具体是指财政部、国家税务总局、海关总署以及地方政府在其权限内制定的有关税收的“办法”“规则”“规定”等。税务规章可增强税法的灵活性和可操作性，是税法体系的必要组成部分，但其法律效力较低，如国家税务总局发布的第一部税务规章《税务部门规章制定实施办法》。

4) 税务行政规范

税务行政规范，即税收规范性文件，是指税务机关依照法定职权和规定程序，针对普遍的、不特定的对象作出的对征纳双方具有普遍约束力的、可反复适用的行为规则。从性质上说，税务行政规范多表现为行政解释，是对法律、行政法规和规章的含义、界限以及税务行政中具体应用相关法律规范所作的说明。

(三)税法实施的原则

1. 税法优位原则

税法优位原则也称为行政立法不得抵触法律原则，是指法律的效力高于行政立法的效力。税法优位原则在税法中的作用主要体现在处理不同等级税法的关系上，明确了效力低的税法与效力高的税法发生冲突时，效力低的税法即是无效的。

2. 法律不溯既往原则

法律不溯既往原则的基本含义为：一部新法实施后，对新法实施之前人们的行为不得适用新法，而只能沿用旧法。其目的在于维护税法的稳定性和可预测性，使纳税人能在知

道纳税结果的前提下作出相应的经济决策。

3．新法优于旧法原则

新法优于旧法原则也称为后法优于先法原则，是指新法、旧法对同一事物有不同规定时，新法的效力优于旧法。其作用在于避免因法律修订给新法、旧法对同一事项有不同规定而带来法律适用的混乱，为法律的更新与完善提供法律适用的保障。

4．特别法优于普通法原则

特别法优于普通法原则是指对同一事项两部法律分别订有一般和特别规定时，特别规定的效力高于一般规定的效力。特别法优于普通法原则打破了税法效力等级的限制，即居于特别法地位级别较低的税法，其效力可以高于作为普通法级别较高的税法。

5．实体从旧、程序从新原则

实体从旧、程序从新原则包含两个方面的内容：一是实体税法不具备溯及力；二是程序税法在特定条件下具备一定的溯及力。也就是说，有关税收权利义务的产生、变更和灭失的税收实体法，若在应税行为或事实发生后有所变动，除非法律有特别规定外，否则对该行为或事实应适用其发生当时的税法规定，即遵循法律不溯及既往的原则，但税务机关在适用征税程序或履行税收债务时，则不问税收债权债务发生的时期，征管程序上一律适用新法；对于新法公布实施以前发生的税收债务，在新法公布实施以后进入履行程序的，新法对其具有拘束力，即遵循新法优于旧法的原则。例如，2003 年 4 月税务机关对 A 企业进行税务检查时发现，A 企业在 1999 年生产卷烟少计算消费税 50 万元。在进行查补税款时适用 2001 年 6 月 1 日前规定的从价征收的办法，而不是 2001 年 6 月 1 日后的复合计税办法。而在征收管理中计算滞纳金依据《国家税务总局关于贯彻实施〈中华人民共和国税收征收管理法〉有关问题的通知》国税发〔2001〕54 号第四点：滞纳金分两段计征(新《征管法》第三十二条)，2001 年 4 月 30 日前按照千分之二计算，从 2001 年 5 月 1 日起按照万分之五计算，累计后征收。

三、税法要素

(一)税制结构

一个国家的税收制度是指在既定的管理体制下设置的税种以及与这些税种的征收、管理有关的，具有法律效力的各级成文法律、行政法规、部门规章等的总和。从法律角度来讲，一个国家在一定时期内、一定体制下以法定形式规定的各种税收法律、法规的总和，被称为税法体系；但从税收工作的角度来讲，税法体系往往被称为税收制度。换句话说，税法体系就是通常所说的税收制度(简称税制)。

在不同类别的税种中，有的可以充当主体税种，有的只能充当辅助税种。主体税种是普遍征收的税种，其收入在全部税收收入总额中占较大比重，因而在税收体系中占主要地位，决定税收体系的性质和主要功能。税收体系的财政、公平和效率目标主要通过主体税种来实现。辅助税种则作为主体税种某一方面的补充。我国现行的税制是以商品和劳务税为主体，其他税为辅助的税制结构。

(二)税法要素

税法要素，即税法构成要素，又称课税要素，是指各种单行税法具有的共同的基本要素的总称。这一概念包含以下基本含义：一是税法要素既包括实体性的，也包括程序性的；二是税法要素是所有完善的单行税法都共同具备的，仅为某一税法所单独具有而非普遍性的内容，不构成税法要素，如扣缴义务人。税法要素一般包括总则，纳税义务人，课税对象，税目，税率，纳税环节，纳税期限，纳税地点，减税、免税，罚则，附则等项目。

1. 总则

总则主要包括立法依据、立法目的、适用原则等。

2. 纳税义务人

纳税义务人简称纳税人，是税法中规定的直接负有纳税义务的单位和个人，也称“纳税主体”。每一种税都有关于纳税义务人的规定，通过规定纳税义务人落实税收任务和法律责任。纳税义务人一般分为自然人和法人两种。自然人是指依法享有民事权利，并承担民事义务的公民个人。例如，在我国从事工商业活动的个人，以及工资和劳务报酬的获得者等，都是以个人身份来承担法律规定的民事责任及纳税义务。法人是指依法成立，能够独立支配财产，并能以自己的名义享受民事权利和承担民事义务的社会组织。例如，我国的国有企业、集体企业、合资企业等，都是以其社会组织的名义承担民事责任，称之为法人。法人同自然人一样，负有依法向国家纳税的义务。

实际纳税过程中与纳税义务人相关的概念有以下三个。

1) 负税人

纳税人与负税人是两个既有联系又有区别的概念。纳税人是直接向税务机关缴纳税款的单位和个人，负税人是实际负担税款的单位和个人。纳税人如果能够通过一定途径把税款转嫁或转移出去，纳税人就不再是负税人；否则，纳税人同时也是负税人。纳税人与负税人不一致主要是由于价格和价值背离引起税负转移或转嫁造成的。我国出现的价格与价值背离有两种情况：一种是国家为了调节生产、消费，有计划地使一些商品的价格与价值

背离，把一部分税收负担转移到消费者身上。例如，对烟、酒、化妆品等采取的高价高税政策就属于这种情况。另一种情况是在市场经济条件下，商品价格随着市场供求关系的变化而自由波动。当某些商品供不应求时。纳税人可以通过提高价格把税款转嫁给消费者，从而使纳税人与负税人不一致。

2)　代扣代缴义务人

代扣代缴义务人是指虽不承担纳税义务，但依照有关规定，在向纳税人支付收入、结算货款、收取费用时有义务从持有的纳税人收入中扣除其应纳税款并代为缴纳的单位或个人。对税法规定的扣缴义务人，税务机关应向其颁发代扣代缴证书，明确其代扣代缴义务。代扣代缴义务人必须严格履行扣缴义务。对不履行扣缴义务的，税务机关应视情节轻重予以适当处置，并责令其补缴税款。例如，我国《个人所得税法》规定：个人所得税以所得人为纳税义务人，以支付所得的单位或个人为扣缴义务人。在两处以上取得工资、薪金和没有扣缴义务人的，纳税义务人应当自行申报纳税，即实行支付单位源泉控制和纳税人自行申报两种办法。实行单位源泉扣缴办法的，以向个人支付应纳税收入的单位为扣缴义务人，其应纳的个人所得税，由支付单位按规定税率计算扣缴。

3)　代收代缴义务人

代收代缴义务人是指虽不承担纳税义务，但依照有关规定，在向纳税人收取商品或劳务收入时，有义务代纳税人收取应纳税款并代为缴纳的单位，主要有受托加工单位、生产并销售原油的单位等。代收代缴义务人不同于代扣代缴义务人。代扣代缴义务人直接持有纳税人的收入，可以从中扣除纳税人的应纳税款；代收代缴义务人不直接持有纳税人的收入，只能在与纳税人的经济往来中收取纳税人的应纳税款并代为缴纳。

3．课税对象

课税对象又称征税对象，是税法中规定的征税的目的物，是国家据以征税的依据。通过规定课税对象，解决对什么征税这一问题。

每一种税都有自己的课税对象。凡是列为课税对象的，就属于该税种的征收范围；凡是未列为课税对象的，就不属于该税种的征收范围。例如，我国增值税的课税对象是货物和应税劳务在生产、流通过程中的增值额；所得税的课税对象是企业利润和个人工资、薪金等项所得；房产税的课税对象是房屋等。总之，每一种税首先要选择确定它的课税对象，因为它体现着不同税种征税的基本界限，决定着不同税种名称的由来以及各个税种在性质上的差别。

课税对象是构成税收实体法诸要素中的基础性要素。这是因为：第一，课税对象是一种税区别于另一种税的最主要标志。也就是说，税种的不同主要是由于课税对象的不同。正是由于这一原因，各种税的名称通常都是根据其课税对象确定的，如增值税、所得税、房产税、车船使用税等。第二，课税对象体现着各种税的征税范围。第三，其他要素的内容一般都是以课税对象为基础确定的。例如，纳税人这一要素，国家开征一种税，之所以要选择这些单位和个人作为纳税人，而不选择其他单位和个人作为纳税人，是因为这些单位和个人拥有税法或税收条例中规定的课税对象，或者是发生了规定的课税行为。可见，纳税人同课税对象相比，课税对象是第一性的。凡拥有课税对象或发生了课税行为的单位和个人，才有可能成为纳税人。又如，税率这一要素，也是以课税对象为基础确定的。税率本身表示对课税对象征税的比率或征税数额，没有课税对象，也就无从确定税率。此外，纳税环节、减税免税等，也都是以课税对象为基础确定的。

与课税对象相关的概念还有计税依据。计税依据又称税基，是指税法中规定的据以计算各种应征税款的依据或标准。正确掌握计税依据，是税务机关贯彻执行税收政策、法令，保证国家财政收入的重要方面，也是纳税人正确履行纳税义务，合理负担税收的重要标志。

不同税种的计税依据是不同的。我国增值税的计税依据一般都是货物和应税劳务的增值额；所得税的计税依据是企业和个人的利润、工资或薪金所得额；消费税的计税依据是应税产品的销售额；等等。需要注意的是，计税依据在表现形态上一般有两种：一种是价值形态，即以征税对象的价值作为计税依据。在这种情况下，课税对象和计税依据一般是一致的，如所得税的课税对象是所得额，计税依据也是所得额。另一种是实物形态，就是以课税对象的数量、重量、容积、面积等作为计税依据。在这种情况下，课税对象和计税依据一般是不一致的，如我国的车船使用税，其课税对象是各种车辆、船舶，而计税依据则是车船的吨位和辆数。

课税对象与计税依据的关系是：课税对象是指征税的目的物，计税依据则是在目的物已经确定的前提下，对目的物据以计算税款的依据或标准；课税对象是从质的方面对征税所作的规定，而计税依据则是从量的方面对征税所作的规定，是课税对象量的表现。

4. 税目

税目是课税对象的具体化，反映具体的征税范围，代表征税的广度。不是所有的税种都规定了税目。有些税种的征税对象简单、明确，没有另行规定税目的必要，如房产税等。但是，从大多数税种来看，一般课税对象都比较复杂，且税种内部不同课税对象之间又需要采取不同的税率档次进行调节。这样就需要对课税对象作进一步的划分，做出具体的界限规定，这个规定的界限范围，就是税目。

1) 划分税目的作用

划分税目的主要作用有两个：一是进一步明确征税范围。凡列入税目的都征税，未列入的不征税。例如，商品批发和零售未列入营业税税目，则该项业务不属于营业税征税范围。二是解决课税对象的归类问题，并根据归类确定税率。每一个税目都是课税对象的一

个具体类别或项目，通过这种归类可以为确定差别税率打下基础。在实际工作中，确定税目同确定税率是同步考虑的，并以“税目税率表”的形式将税目和税率统一表示出来。例如，消费税税目税率表、资源税税目税额表等。

需要说明的是，并不是每一种税都要划分税目。一般来说。在只有通过划分税目才能够明确本税种内部哪些项目征税、哪些项目不征税，并且只有通过划分税目，才能对课税对象进行归类并按不同类别和项目设计高低不同的税率，平衡纳税人负担的情况下，对这类税种才有必要划分税目。

2) 税目的种类

(1) 列举税目。列举税目就是将每一种商品或经营项目采用一一列举的方法，分别规定税目，必要时还可以在税目之下划分若干个细目。制定列举税目的优点是界限明确，便于征管人员掌握；缺点是税目过多，不便于查找，不利于征管。在我国现行税法中，列举税目的方法也可分为两类：一类是细列举，即在税法中按每一产品或项目设计税目。本税目的征税范围仅限于列举的产品或项目，属于本税目列举的产品或项目，则按照本税目适用的税率征税；否则，就不能按照本税目适用的税率征税，如消费税中的“粮食白酒”等税目。另一类是粗列举，即在税种中按两种以上产品设计税目。本税目的征税范围不体现为单一产品，而是列举的两种以上产品都需按本税目适用的税率征税，如消费税中的“鞭炮、焰火”税目。

(2) 概括税目。概括税目就是按照商品大类或行业采用概括方法设计税目。制定概括税目的优点是税目较少，查找方便；缺点是税目过粗，不便于贯彻合理负担政策。

5. 税率

税率是应纳税额与课税对象之间的比例，是计算税额的尺度，代表课税的深度，关系着国家的收入多少和纳税人的负担程度，因而它是体现税收政策的中心环节。各税种的职能作用，主要是通过税率来体现的，因此税率是税收制度的核心和灵魂。合理地设计税率，正确地执行有关税率的规定，是依法治税的重要内容。我国税率的设计主要是根据国家的经济政策和财政需要，产品的盈利水平和我国生产力发展不平衡的现状，以促进国民经济协调发展为目标，兼顾国家、部门、企业的利益关系，做到合理负担，取之适度。

税率是一个总的概念，在实际应用中可分为两种形式：一种是按相对量形式规定的征收比例，这种形式又可分为比例税率和累进税率，适用于从价计征的税种；另一种是按绝对量形式规定的固定征收额度，即定额税率，适用于从量计征的税种。

1) 比例税率

比例税率是指对同一征税对象或同一税目，不论数额大小只规定一个比例，都按同一比例征税，税额与课税对象成正比例关系。在具体运用上，比例税率又可分为以下三种。

(1) 单一比例税率。它是指对同一征税对象的所有纳税人都适用同一比例税率。我国现行的企业所得税就采用这种税率形式。

(2) 差别比例税率。它是指对同一征税对象的不同纳税人适用不同的比例税率。我国现行税法又分别按产品、行业和地区的不同将差别比例税率划分为以下三种类型：①产品差别比例税率，即对不同产品分别适用不同的税率，同一产品采用同一比例税率，如消费税、关税等。分类、分级、分档比例税率是产品比例税率的特殊形式，是按课税对象的性质、用途、质量、设备、生产能力等规定不同的税率。例如，在消费税中，酒按类设计税率，卷烟原来按级设计税率，小汽车依照排气量分档设计税率等。②行业差别比例税率，即对不同行业分别适用不同的税率，同一行业采用同一比例税率。例如，在交通运输业税率为11%，服务业税率为6%。③地区差别比例税率，即区分不同的地区分别适用不同的比例税率。例如，我国的城市维护建设税。

(3) 幅度比例税率。即对同一征税对象，税法只规定最低税率和最高税率。在这个幅度内，各地区可以根据自己的实际情况确定适当的税率。

比例税率的基本特点是税率不随课税对象数额的变动而变动，因此具有计算简便，税负透明度高，有利于保证财政收入和纳税人公平竞争等优点，也便于按不同的产品设计不同的税率，有利于调整产业(产品)结构，实现资源的合理配置。同时，课税对象数额越大，纳税人相对直接负担越轻，从而在一定程度上推动经济的发展。但是，从另一个角度看，上述情况有悖于税收公平的原则。比例税率调节纳税人收入的能力不及累进税率，不能针对不同收入水平实施不同的税收负担，在调节纳税人的收入水平方面难以体现税收的公平原则，这是它的不足。

2) 累进税率

累进税率是指同一课税对象，随着数量的增大，征收比例也随之增高的税率，表现为将课税对象按数额大小分为若干等级。不同等级适用由低到高的不同税率，包括最低税率、最高税率和若干等级的中间税率，课税数额越大，适用税率越高，一般多在收益课税中使用。它可以更有效地调节纳税人的收入，正确处理税收负担的纵向公平问题。按照税率的累进依据的性质，累进税率分为“额累”和“率累”两种。额累是按课税对象数量的绝对额分级累进，如所得税一般按所得额大小分级累进。率累是按与课税对象有关的某一比率分级累进，如土地增值税即按照土地增值率的高低分级累进。额累和率累按累进依据的构成又可分为“全累”和“超累”。如额累分为全额累进和超额累进，率累分为全率累进和超率累进。两种方式相比，全累的计算方法比较简单，但在累进分界点上税负呈跳跃式递增，不够合理；超累的计算方法复杂一些，但累进程度比较缓和，因而比较合理。

(1) 全额累进税率。它是以课税对象的全部数额为基础计征税款的累进税率。其特点是：①对具体纳税人来说，在应税所得额确定以后，相当于按照比例税率计征，计算方法

简单；②税收负担不合理，特别是在各级征税对象数额的分界处负担相差悬殊，甚至会出现增加的税额超过增加的课税对象数额的现象，不利于鼓励纳税人增加收入。

(2) 超额累进税率。它是分别以课税对象数额超过前级的部分为基础计算应纳税的累进税率。我国现行个人所得税中，工资、薪金等税目采用了超额累进税率。表 1-1 所示为工资薪金税目适用的七级超额累进税率。采用超额累进税率征税的特点是：①计算方法比较复杂，征税对象的数量越大，包括等级越多，计算步骤也越多；②累进幅度比较缓和，税收负担较为合理，特别在征税对象级次分界点上下，只就超过部分按高一级税率计算，一般不会发生增加的税额超过增加的征税对象数额的不合理现象，有利于鼓励纳税人增产增收。超额累进税率是各国普遍采用的一种税率。为解决超额累进税率计算税款比较复杂的问题，在实际工作中引进了“速算扣除数”这个概念，通过预先计算出的速算扣除数，即可直接计算应纳税额，不必再分级分段计算。采用速算扣除数计算应纳税额的公式如下。

应纳税额 ＝ 应税所得额×适用税率－速算扣除数

速算扣除数 ＝ 按全额累进方法计算的税额－按超额累进方法计算的税额

表 1-1　工资、薪金所得适用税率

级　数	全月应纳税所得额	税率/%	速算扣除数/元
1	不超过 1 500 元的	3	0
2	超过 1 500 元至 4 500 元的部分	10	105
3	超过 4 500 元至 9 000 元的部分	20	555
4	超过 9 000 元至 35 000 元的部分	25	1 005
5	超过 35 000 元至 55 000 元的部分	30	2 755
6	超过 55 000 元至 80 000 元的部分	35	5 505
7	超过 80 000 元的部分	45	13 505

【例 1-1】 居民 A、B 于 2015 年 10 月份应税工资收入分别为 8 000 元和 8 010 元，不适用附加减除费用，则各自的应纳税所得额分别为 4 500 元和 4 510 元。根据现行税法规定，采用超额累进税率，按其定义计算，则为

A 应纳税额 ＝1 500×3%+(4 500−1500)×10%＝345(元)

B 应纳税额 ＝1 500×3%+(4 500−1500)×10%＋(4 510−4 500)×20%＝347(元)

假定上述征税采用全额累进税率计算，则为

A 应纳税额 ＝4 500×10%＝450(元)

B 应纳税额 ＝4 510×20%＝902(元)

由此可见，B 工资收入只比 A 多出 10 元，采用全额累进税率计算，B 却要比 A 多纳税 452 元；而采用超额累进税率计算，B 只比 A 多纳税 2 元。显然，超额累进比全额累进更为科学、合理，也更能被纳税人所接受。

(3) 超率累进税率。它是指以课税对象数额的相对率为累进依据，按超累方式计算应纳税额的税率。采用超率累进税率，首先需要确定课税对象数额的相对率。例如，在对利润征税时以销售利润率为相对率，对工资征税时以工资增长率为相对率，然后再把课税对象的相对率从低到高划分为若干级次，分别规定不同的税率。计税时，先按各级相对率计算出应税的课税对象数额，再按对应的税率分别计算各级税款，最后汇总求出全部应纳税额。现行税制中的土地增值税即采用超率累进税率计税(见表 1-2)。

表 1-2　土地增值税税率

档　次	级　距	税率/%	速算扣除系数/%
1	增值额未超过扣除项目金额 50%的部分	30	0
2	增值额超过扣除项目金额 50%，未超过 100%的部分	40	5
3	增值额超过扣除项目金额 100%，未超过 200%的部分	50	15
4	增值额超过扣除项目金额 200%的部分	60	35

(4) 超倍累进税率。它是指以课税对象数额相当于计税基数的倍数为累进依据，按超累方式计算应纳税额的税率。采用超倍累进税率，首先必须确定计税基数，然后把课税对象数按相当于计税基数的倍数划分为若干级次，分别规定不同的税率，再分别计算应纳税额。计税基数可以是绝对数，也可以是相对数。是绝对数时，超倍累进税率实际上是超额累进税率，因为可以把递增倍数换算成递增额；是相对数时，超倍累进税率实际上是超率累进税率，因为可以把递增倍数换算成递增率。

3) 定额税率

定额税率又称固定税额。这种税率是根据课税对象的计量单位直接规定固定的征税数额。课税对象的计量单位可以是重量、数量、面积、体积等自然单位，也可以是专门规定的复合单位。例如，现行税制中的土地使用税、耕地占用税分别以“平方米”和“亩”这些自然单位为计量单位；资源税中的盐以“吨”为计量单位；消费税中的汽油、柴油以“升”为计量单位。按定额税率征税，税额的多少只同课税对象的数量有关，同价格无关。当价格普遍上涨或下跌时，仍按固定税额计税。定额税率适用于从量计征的税种。

定额税率在表现形式上可分为单一定额税率和差别定额税率两种。①单一定额税率。在同一税种中只采用一种定额税率的，为单一定额税率。②差别定额税率。在同一税种中同时采用几个定额税率的，为差别定额税率。差别定额税率有以下两种形式。地区差别定额税率，即对同一课税对象按照不同地区分别规定不同的征税数额。该税率具有调节地区之间级差收入的作用。现行税制中的资源税、土地使用税、耕地占用税，1994 年以前的盐税等都属于这种税率。其中，土地使用税和耕地占用税又是有幅度的地区差别税率。分类分项定额税率，即首先按某种标志把课税对象分为几类，每一类再按一定标志分为若干项，然后对每一项分别规定不同的征税数额。现行税制中，车船税就属于这种税率。定额税率的基本特点是：税率与课税对象的价值量脱离了联系，不受课税对象价值量变化的影响。这使它适用于对价格稳定、质量等级和品种规格单一的大宗产品征税的税种。同时对某些产品采用定额税率，有助于提高产品质量或改进包装。但是，如果对价格变动频繁的产品采用定额税率，会因为产品价格变动的总趋势是上升的，而使产品的税负呈现累退性，从宏观上看，将无法保证国家财政收入随国民收入的增加而持续、稳步地增长。

6．纳税环节

纳税环节是指税法上规定的课税对象从生产到消费的流转过程应当缴纳税款的环节。纳税环节有广义和狭义之分。广义的纳税环节是指全部课税对象在再生产过程中的分布情况。例如，资源税分布在生产环节，商品税分布在流通环节，所得税分布在分配环节等。狭义的纳税环节是指应税商品在流转过程中应纳税的环节，具体指每一种税的纳税环节，是商品课税的特殊概念。商品经济条件下，商品从生产到消费要经过许多环节，如工业品一般要经过生产(制造)、批发和零售环节；农产品一般要经过生产、收购、批发和零售环节，这些环节都存在商品流转额，都可以成为纳税环节。但是，为了更好地发挥税收促进经济发展、保证财政收入的作用，以及便于征收管理，国家对不同的商品课税往往确定不同的纳税环节。按照纳税环节的多少，可将税收课征制度划分为一次课征制和多次课征制两类。

一次课征制是指同一税种在商品流转的全过程中只选择某一环节课征的制度，是纳税环节的一种具体形式。实行一次课征制，纳税环节多选择在商品流转的必经环节和税源比较集中的环节，以便既避免重复课征，又避免税款流失。多次课征制是指同一税种在商品流转全过程选择两个或两个以上环节课征的制度。

7．　纳税期限

1)　纳税期限概述

纳税期限是纳税人向国家缴纳税款的法定期限。国家开征的每一种税都有纳税期限的规定。合理确定和严格执行纳税期限，对于保证财政收入的稳定性和及时性有重要作用。不同性质的税种以及不同情况的纳税人，其纳税期限也不相同，这主要是由以下因素决定的。

(1)　税种的性质。不同性质的税种，其纳税期限也不同。例如，流转税，据以征税的是经常发生的销售收入或营业收入，故纳税期限比较短；所得税，据以征税的是企业利润和个人的工资、奖金等各项所得，企业利润通过年终决算才能确定，个人所得一般是按月或按次计算，因此企业所得税是按年征收，个人所得税是按月或按次征收。

(2)　应纳税额的大小。同一种税，纳税人生产经营规模大，应纳税额多的，纳税期限短；反之，则纳税期限长。

(3) 交通条件。交通条件好，到银行交款方便的，纳税期限短；反之，则纳税期限长。

2) 我国现行税制中纳税期限的形式

我国现行税制的纳税期限有三种形式。

(1) 按期纳税。即根据纳税义务的发生时间，通过确定纳税间隔期，实行按日纳税。按期纳税的纳税间隔期分为 1 天、3 天、5 天、10 天、15 天和 1 个月，共 6 种期限。纳税人的具体纳税间隔期限由主管税务机关根据情况分别核定。以 1 个月为一期纳税的，自期满之日起 10 天内申报纳税；以其他间隔期为纳税期限的，自期满之日起 5 天内预缴税款，于次月 1 日起 10 天内申报纳税并结清上月税款。

(2) 按次纳税。即根据纳税行为的发生次数确定纳税期限。例如，车辆购置税、耕地占用税，均采取按次纳税的办法。

(3) 按年计征，分期预缴。即按规定的期限预缴税款，年度结束后汇算清缴，多退少补。这是为了对按年度计算税款的税种及时、均衡地取得财政收入而采取的一种纳税期限。分期预缴一般是按月或按季预缴，如企业所得税、房产税、土地使用税等。

采取哪种形式的纳税期限缴纳税款，同课税对象的性质有着密切的关系。一般来说，商品课税大都采取“按期纳税”的形式，所得课税采取“按年计征，分期预缴”的形式。无论采取哪种形式，如纳税申报期的最后一天遇公休或节假日，都可以顺延。

8. 纳税地点

纳税地点是指纳税人申报缴纳税款的地点，是根据各个税种纳税对象的纳税环节和有利于对税款的源泉控制而规定的纳税人(包括代征、代扣、代缴义务人)的具体纳税地点。规定纳税人申报纳税的地点，既有利于税务机关实施税源控管，防止税收流失，又便利纳税人缴纳税款。

我国税收制度对纳税地点规定的总原则是纳税人在其所在地就地申报纳税。同时考虑到某些纳税人生产经营和财务核算的不同情况，对纳税地点也作了不同规定。主要方式有:①企业所在地纳税。如增值税、消费税及各种国内企业所得税等，除另有规定者外，由纳税人向其所在地税务机关申报纳税。②营业行为所在地纳税。主要适用于跨地区经营和临时经营的纳税人。如有关营业税条例规定，临时经营者在营业行为发生地缴纳；固定工商业户总、分支机构不设在同一县(市)的，分别在其营业行为所在地纳税。建筑安装企业承包建筑安装工程和修理业务(不包括承包铁路、公路、管道、输变电和通信线路等跨省、自治区、直辖市移动施工工程)，在承包工程所在地纳税。③集中纳税。对少数中央部、局实行统一核算的生产经营单位，由主管部、局集中纳税。如对铁路运营(不包括铁道部直属独立核算的企业)、金融、保险企业(不包括中国人民保险总公司所属各省、自治区、直辖市分公司)和中国医药管理局直属企业，分别由中央各主管部、行、局、总公司集中纳税。④口岸纳税。主要适用于关税。进出口商品的应纳关税，在商品进出口岸地，由收、发货人或其

代理人向口岸地海关纳税。外贸企业、其他单位自营或接受委托进口的商品除缴纳关税外，还需向口岸地海关缴纳产品税(或增值税)、盐税或工商统一税等有关税。

9．减税、免税

减税、免税是对某些纳税人或课税对象的鼓励或照顾措施。减税是从应征税款中减征部分税款，免税是免征全部税款。减税、免税规定是为了解决按税制规定的税率征税时所不能解决的具体问题而采取的一种措施，是在一定时期内给予纳税人的一种税收优惠，同时也是税收的统一性和灵活性相结合的具体体现。正确制定并严格执行减税、免税规定，可以更好地贯彻国家的税收政策，发挥税收调节经济的作用。世界各国的税收法规中都有减税、免税的规定，我国的税收制度也有很多减税、免税的规定。例如，困难性减免、鼓励性减免、投资性减免等。关于减税、免税的具体规定，有些是在税法、税收条例或者实施细则中规定的，有些则是后来所作的补充规定。减税、免税的管理权限是由税收管理体制决定的，对于国家在税收管理体制中已经作出的决定，各级政府和财税部门都必须严格执行，不得乱开减税、免税口子，越权减免国家税收。

1)　减税、免税的基本形式

(1)　税基式减免是通过直接缩小计税依据的方式实现的减税、免税。它具体包括起征点、免征额、项目扣除以及跨期结转等。其中起征点是征税对象达到一定数额开始征税的起点。免征额是在征税对象的全部数额中免予征税的数额。起征点与免征额同为征税与否的界限，对纳税人来说，在其收入没有达到起征点或没有超过免征额的情况下，都不缴税，两者是一样的。但是它们又有明显的区别：其一，当纳税人收入达到或超过起征点时，就其收入全额征税；而当纳税人收入超过免征额时，则只就超过的部分征税。其二，当纳税人的收入恰好达到起征点时，就要按其收入全额征税；而当纳税人收入恰好与免征额相同时，则免予征税。两者相比，享受免征额的纳税人就要比享受同额起征点的纳税人税负轻。此外，起征点只能照顾一部分纳税人，而免征额则可以照顾适用范围内的所有纳税人。项目扣除是指在课税对象中扣除一定项目的数额，以其余额作为依据计算税额。跨期结转是将以前纳税年度的经营亏损等在本纳税年度经营利润中扣除，也等于直接缩小了税基。

(2)　税率式减免是通过直接降低税率的方式实行的减税、免税。它具体包括重新确定税率、选用其他税率、零税率等形式。

(3)　税额式减免是通过直接减少应纳税额的方式实行的减税、免税。它具体包括全部免征、减半征收、核定减免率以及另定减征税额等。

在上述三种形式的减税、免税中，税基式减免适用范围最广泛，从原则上说它适用于所有生产经营情况；税率式减免比较适用于对某个行业或某种产品“线”上的减免，因此流转税中运用最多；税额式减免适用范围最窄，它一般仅限于解决“点”上的个别问题，往往仅在特殊情况下使用。

2) 减税、免税的分类

(1) 法定减免是减税、免税的一种分类。凡是由各种税的基本法规定的减税、免税都称为法定减免。它体现了该种税减免的基本原则规定，具有长期的适用性。法定减免必须在基本法规中明确列举减免税项目、减免税的范围和时间。例如，我国现行的《中华人民共和国增值税暂行条例》中明确规定：农业生产者销售的自产农业产品、避孕用品等免税。

(2) 临时减免又称“困难减免”，是指除法定减免和特定减免以外的其他临时性减税、免税，主要是为了照顾纳税人的某些特殊的、暂时的困难，而临时批准的一些减税、免税。它通常是定期的减税、免税或一次性的减税、免税。例如，纳税人遇有风、火、水等自然灾害或其他特殊原因，纳税有困难的，经税务机关批准后，可给予定期的或一次性的减税、免税照顾。

(3) 特定减免是根据社会经济情况发展变化和发挥税收调节作用的需要，而规定的减税、免税。特定减免主要有两种情况：一是在税收的基本法确定以后，随着国家政治经济情况的发展变化所作的新的减免税补充规定；二是在税收基本法中不能或不宜一一列举，而采用补充规定的减免税形式。以上两种特定减免，通常是由国务院或作为国家主管业务部门的财政部、国家税务总局、海关总署作出规定。特定减免可分为无限期的和有限期的两种。大多特定减免都是有限期的，减免税到了规定的期限，就应该按规定恢复征税。

国家之所以在税法中规定减税、免税，是因为各税种的税收负担是根据经济发展的一般情况的社会平均负担能力来考虑的，税率基本上是按平均销售利润率来确定的。而在实际经济生活中，不同的纳税人之间或同一纳税人在不同时期，由于受各种主、客观因素的影响，在负担能力上会出现一些差别，在有些情况下这些差别比较悬殊。因此，在统一税法的基础上，需要有某种与这些差别相适应的灵活的调节手段，即用减税、免税政策来加以补充，以解决一般规定所不能解决的问题，照顾经济生活中的某些特殊情况，从而达到调节经济和促进生产发展的目的。

3) 税收附加与加成

减税、免税是减轻税负的措施。与之相对应，税收附加和税收加成是加重纳税人负担的措施。税收附加也称为地方附加，是地方政府按照国家规定的比例随同正税一起征收的列入地方预算外收入的一种款项。正税是指国家正式开征并纳入预算内收入的各种税收。税收附加由地方财政单独管理并按规定的范围使用，不得自行变更。例如，教育费附加只能用于发展地方教育事业。税收附加的计算方法是以正税税款为依据，按规定的附加率计算附加额。

税收加成是指根据税制规定的税率征税以后，再以应纳税额为依据加征一定成数和税额。加征一成相当于纳税额的 10%，加征成数一般规定在一成至十成之间。和加成相适应的还有税收加倍，即在应纳税额的基础上加征一定倍数的税款。因此，加成和加倍没有实

质性区别。税收加成或加倍实际上是税率的延伸，但因为这种措施只是针对个别情况，所以没有采取提高税率的办法，而是以已征税款为基础再加征一定的税款。

无论是税收附加还是税收加成，都增加了纳税人的负担，但这两种加税措施的目的是不同的。实行地方附加是为了给地方政府筹措一定的机动财力，用于发展地方建设事业。实行税收加成则是为了调节和限制某些纳税人获取过多的收入或者是对纳税人违章行为进行的处罚措施。

10. 总则、罚则、附则

总则是规定立法的目的、制定依据、适用原则、征收主体等内容。罚则是对纳税人和扣缴义务人违反税法行为而采取的处罚措施。附则一般规定与该法紧密相关的内容，主要有该法的解释权、生效时间、适用范围及其他的相关规定。

四、税收的分类

税收的分类是按照一定的标准把性质相同或相近的税种划为一类。科学合理的税收分类，既有助于分析税制结构，又有助于分析税源分布和税收负担的状况以及税收对经济的影响。不同标准下可以对税种进行不同的分类，通常主要有以下几种分类方式。

(一)按征税对象不同分类

按征税对象不同分类，税收可分为流转税、所得税、资源税、财产税和行为税。

流转税是指以流转额为征税对象的税种，包括增值税、消费税和关税。所得税是指以所得额为征税对象的税种，包括企业所得税和个人所得税。资源税是指以自然资源为征税对象的税种，包括资源税、城镇土地使用税和耕地占用税。财产税是指以财产为征税对象的税种，包括房产税和车船税。行为税是指以行为为征税对象的税种，包括印花税、车辆购置税和契税。

(二)按计税依据不同分类

按计税依据不同分类，税收可分为从价税和从量税。计税依据是价格或金额的税种为从价税。计税依据是重量、容积、体积、面积等的税种为从量税。

(三)按税负是否能够转嫁分类

按税负是否能够转嫁分类，税收可分为直接税和间接税。

凡是税收负担不能转嫁的税种统称为直接税，直接税的纳税人同时为其负税人。凡是税收负担可以转嫁的税种统称为间接税，间接税的纳税人不是其负税人。

(四)按税收收入管理权限的归属关系不同分类

按税收收入管理权限的归属关系不同分类，税收可分为中央税、地方税和中央地方共享税。

中央税是收入归中央政府所有的税种，税收管理权集中于中央，如我国现行的消费税和关税。地方税是收入归地方政府所有的税种，由地方税务机关负责征收，如我国现行的土地增值税、房产税等。中央地方共享税是指收入归中央和地方共同享有的税种，如我国现行的增值税和资源税。

(五)按税收和价格的关系不同分类

按税收和价格的关系不同分类，税收可分为价内税和价外税。

价内税是指税金包含在价格中，构成价格的一部分的税种，其计税依据为含税价格，如消费税、营业税。价外税是指税金不包含在价格中，而是在价格之外的附加部分的税种，其计税依据为不含税价格，如增值税。

任务二　税务会计概述

一、税务会计的概念

税务会计也称纳税会计，是进行税务筹划、税额核算和纳税申报的一种会计系统。通常，人们认为税务会计是财务会计和管理会计的自然延伸，这种自然延伸的先决条件是税收法规的日益复杂化。在我国，由于各种原因，致使多数企业中的税务会计并未真正从财务会计和管理会计中分离出来成为一个相对独立的会计系统。

与财务会计相比较，税务会计是以税法法律制度为准绳，以货币为计量单位，运用会计学的原理和方法，对纳税人应纳税款的形成、申报、缴纳进行反映和监督的一种管理活动，是税务与会计结合而形成的一门交叉学科。

税务会计应按照税法规定，正确计算和缴纳税款，做到不重不漏、准确无误，确保在税法规定的期限内缴纳税款，做到不拖不占、迅速缴库。

二、税务会计的作用

税务会计以提供税务信息为目标。税务会计采用记录、计算、检查等专门方法，特别

是通过设置各税种的明细账、编制纳税报表，连续、系统地反映应交税款、未交税款、退税款等内容，目的在于为纳税人、税务机关及其他有关方面提供税务信息，具体包括以下三个方面。

(一)为国家税务机关提供税收方面的信息

税收是现代国家财政收入的主要来源，是国家正常运转的经济基础，也是宏观调控的重要手段。税务会计是以现行税法为依据，结合财务会计方法为国家预算的编制、经济政策的制定提供所需的税收收入总量、增长速度及结构等方面的信息。此外，税务会计又为查账征收税款提供查证、核算依据。因此，税务会计是提供税务信息的一种专门方法。

(二)为纳税人提供纳税信息

纳税人应按照国家税法规定正确地计算税款并及时足额地解缴入库。税务会计利用专门的方法可以为纳税人提供税款计算依据、应纳税款、税款缴纳情况等方面的信息。

(三)为纳税人进行科学税务筹划提供信息

税务会计除了像财务会计那样为投资人、债权人、经营者服务外，还有一个特殊的服务领域，那就是税务筹划领域。在不违反财务会计核算原则规定和基本方法的前提下，应选择减轻企业税负的纳税方案，尤其是在企业经营的各个环节上做到事先预测并选择企业税负最轻的决策方案，为纳税人进行科学的税收筹划提供信息。

三、税务会计与财务会计的关系

税务会计与财务会计都属于专业会计，两者存在必然的联系，但由于各自的核算对象和服务领域不一致，两者间也存在着一定的区别。

(一)税务会计与财务会计的联系

1. 税务会计是财务会计的一个特殊领域

税务会计是社会经济发展到一定历史阶段的必然产物，是完善的税收制度和财务会计制度条件下，为了满足社会发展的需要，从财务会计中分离出来的，是财务会计的一个特殊领域。

2. 财务会计是税务会计的基础

税务会计作为从财务会计中分离出来的一门专业会计，无论是核算方法，还是核算程序都是以财务会计为基础的。税务会计在核算中仍然运用会计学的理论和核算方法，进行连续、系统、全面的核算和监督。在企业实务中，税务会计不要求单独建立账套进行核算，而是和财务会计一起只设一套完整的会计账表，平时只按会计准则等会计规章制度进行核算，在计税和纳税时可依现行税法等做调整，因此财务会计是税务会计的基础。

(二)税务会计与财务会计的区别

(1) 目标不同。财务会计的主要目标是向政府管理部门、股东、经营者、债权人以及其他相关的报表资料使用者，及时、准确、完整地提供企业财务状况、经营成果和现金流量变动等信息，以便更好地为企业会计信息使用者服务。税务会计的目标是使纳税人向税务部门及有关信息使用者提供真实、准确的纳税信息，依法计算缴纳税款，履行纳税人的纳税义务。

(2) 业务处理依据不同。财务会计核算以会计准则为依据，讲求会计信息的客观真实、公允完整；税务会计则是依据税收法规进行会计处理，以保证足额、及时地缴纳税款。在税法与会计准则不一致时，税务会计以税法为准绳，在财务会计资料基础上进行相应的调整。

(3) 核算基础不同。财务会计是以权责发生制为核算基础，目的在于正确计算企业收益；税务会计是以收付实现制和权责发生制结合作为核算基础，这是因为税务会计不仅要遵循一般会计原则，更要严格按照税法的要求进行涉税业务的处理。

(4) 核算范围不同。财务会计以企业日常经营管理活动为主，核算企业生产经营过程中能以货币计量的全部经济事项，且不论是否与税务活动有关；税务会计只核算与税务活动有关的经济事项，如有关税款的计算、核算、申报、解缴、减免等与税务活动相关的事项。

案例导入分析

解析： 税收是国家为了实现其职能，凭借政治权力，按照法律规定标准，对一部分社会产品进行无偿分配，以取得财政收入的一种形式。

税收具有强制性、无偿性和固定性。税收的要素有纳税人、征税对象、税率、纳税期限和纳税地点等。

项目实务训练

一、单项选择题

1. 税法构成要素中，用以区分不同税种的是(　　)。

A. 纳税义务人　　B. 征税对象　　C. 税目　　D. 税率

2. 采用超额累进税率征收的税种是(　　)。

A. 资源税　　B. 土地增值税　　C. 个人所得税　　D. 企业所得税

3. 下列税种中，不属于国税局系统征收管理的有(　　)。

A. 增值税　　B. 消费税　　C. 个人所得税　　D. 车辆购置税

4. 税收是凭借(　　)取得财政收入的一种形式。

A. 国有资产所有权　　B. 国家对纳税人提供的服务

C. 政治权力　　D. 人权

5. 国家对取得的(　　)收入具有偿还的义务。

A. 税收　　B. 财政货币发行　　C. 国债　　D. 规费收入

6. 税收作为取得财政收入的手段，属于(　　)。

A. 生产范畴　　B. 交换范畴　　C. 分配范畴　　D. 消费范畴

7. 税收的三性包括(　　)。

A. 强制性、无偿性、固定性　　B. 自愿性、固定性、无偿性

C. 强制性、无偿性、波动性　　D. 无偿性、自愿性、波动性

8. 税收采取的是(　　)方式。

A. 强制征收　　B. 有偿筹集　　C. 自愿缴纳　　D. 自愿认购

9. 国家征税的目的在于(　　)。

A. 为制止违法行为的发生　　B. 增加企业收入

C. 减少货币发行　　D. 筹集必要的资金

10. 负有代扣代缴义务的单位和个人是(　　)。

A. 实际负税人　　B. 扣缴义务人　　C. 纳税义务人　　D. 征税人

11. 从价计征的税收，以(　　)为计征依据。

A. 重量　　B. 体积　　C. 计税金额　　D. 数量

12. 在征税对象的全部数额中，免予征税的数额称为(　　)。

A. 免征额　　B. 起征点　　C. 免税额　　D. 减税额

13. 一个征税对象同时适用几个等级的税率的形式是(　　)。

A. 定额税率　　B. 比例税率　　C. 累进税率　　D. 边际税率

14. (　　)的特点是税率不随着征税对象金额的变动而变动。

A. 比例税率　　B. 定额税率　　C. 累进税率　　D. 边际税率

15. 在特定税种中，对应纳税额在正税之外额外多征一部分税款称为(　　)。

A. 附加　　B. 加征　　C. 加成　　D. 超额负担

16. 下列税种中，属于直接税的有(　　)。

A. 消费税　　B. 关税　　C. 财产税　　D. 营业税

17. 按(　　)分类，是我国目前税收分类的基本方法。

A. 税收缴纳形式不同　B. 税负能否转嫁　C. 计量标准不同　D. 征税对象不同

二、多项选择题

1. 税制基本要素包括(　　)。

A. 纳税环节　　B. 纳税人　　C. 纳税期限　　D. 税率

E. 征税对象

2. 下列税种中，属于中央与地方共享税的有(　　)。

A. 房产税　　B. 资源税　　C. 土地增值税　　D. 增值税

E. 车辆购置税

3. 税率的基本形式包括(　　)。

A. 名义税率　　B. 比例税率　　C. 定额税率　　D. 累进税率

4. 下列关于起征点、免征额的说法中，正确的有(　　)。

A. 起征点只能照顾一部分纳税人　　B. 起征点和免征额是一回事

C. 免征额可以照顾适用范围内的所有纳税人　D. 达到起征点就对其进行全额征税

E. 达到免征额的对其进行全额征税

5. 按照税收与价格的关系，税收可以分为(　　)。

A. 从价税　　B. 价内税　　C. 价外税　　D. 从量税

E. 直接税

6. 下列属于特定目的税类的税种有(　　)。

A. 土地增值税　　B. 城镇土地使用税

C. 城市维护建设税　　D. 车辆购置税

7. 构成我国现行税法体系的是(　　)。

A. 税收基本法　　B. 税收普通法

C. 税收实体法　　D. 税收征收管理法

8. 下列关于税务会计与财务会计区别的论述中，正确的有(　　)。

A. 服务主体不同　　B. 核算对象和范围不同

C. 核算依据不同　　D. 核算基础不同

9. 在税收执法过程中，对其适应性和法律效力的判断上，一般按(　　)的原则掌握。

A. 层次高的法律优于层次低的法律　　B. 普通法优于特别法

C. 国际法优于国内法　　D. 实体法从旧，程序法从新

10. 税务会计的职能包括(　　)。

A. 核算反映职能　　B. 纳税筹划职能

C. 监督管理职能　　D. 财务分析职能

三、判断题

1. 国家征税只能依据国家政治权力。(　　)
2. 税收的固定性是指在一定时期内税法是固定不变的。(　　)
3. 在税法规定范围内，任何单位和个人都必须依法纳税，否则将受到法律制裁。(　　)
4. 免征额就是征税对象达到一定数额就开始全额征税。(　　)
5. 对企业所得税来说，纳税人与负税人是重合的。(　　)
6. 对于适用于定额税率计算的税种，应从量计征。(　　)
7. 直接税是由纳税人直接负担、不易转嫁的税种，如所得税、财产税、消费税等。(　　)
8. 调节社会经济是税收的基本职能。(　　)
9. 纳税期限是指纳税人按税法规定缴纳税款的期限，也就是税款的入库期限。(　　)
10. 以所得税为主的税制结构是社会经济发展的必然结果，也是我国目前的税制结构。(　　)

项目二　增值税及其会计核算

项目目的及要求

通过本项目的学习，学生应了解增值税的含义、类型、纳税人、征税范围及税率、征收率，增值税的计税依据、纳税期限等内容；理解并熟练掌握增值税一般纳税人进项税额、销项税额、应交税额的计算及其会计处理方法，小规模纳税人增值税的计算及会计处理方法。

项目重点和难点

本项目的学习重点是增值税的计算及会计业务处理，难点是增值税应纳税额的计算。

案例导入

某洗衣机厂 2015 年 10 月发生以下经营业务：①批发销售洗衣机一批，取得不含税销售额 400 万元。②向个体户销售洗衣机一批，价税合并收取销售额 117 万元。③将零售价 2.34 万元的洗衣机作为礼品赠送给客户。④购进原材料一批，增值税专用发票上注明的货款和进项税额分别为 240 万元、40.80 万元，专用发票本月已通过税务机关的认定。另外，支付运费 2 万元，并取得承运单位开具的专用发票。⑤购进生产设备一台，增值税专用发票上注明的价款和税款分别为 120 万元、20.40 万元。以上款项均以银行存款支付。

要求：计算该洗衣机厂 2015 年 10 月应纳的增值税并进行相关账务处理。

任务一　增值税概述

一、增值税的概念和分类

(一)增值税的概念

增值税是以商品(含应税劳务和应税服务)在流转过程中产生的增值额作为征税对象而征收的一种流转税。按照我国增值税法的规定，增值税是对在我国境内销售货物或者提供加工、修理修配劳务(以下简称“应税劳务”)，销售服务、无形资产或者不动产(以下简称“应税行为”)，以及进口货物的企业单位和个人，就其销售货物、提供应税劳务、发生应税行为取得的增值额和货物进口金额为计税依据而课征的一种流转税。销售服务、无形资产或者不动产，具体包括：销售交通运输服务、邮政服务、电信服务、建筑服务、金融服务、现代服务、生活服务、无形资产服务或者不动产。

我国现行增值税的基本规范是 2016 年 1 月 13 日国务院常务会议通过最新版的《中华人民共和国增值税暂行条例》。

增值税之所以能够在世界上众多国家推广，是因为它可以有效地防止商品在流转过程中的重复征税问题，并使其具备保持税收中性、普遍征收、税收负担由最终消费者承担、实行税款抵扣制度、实行比例税率、实行价外税制度等特点。我国从 1979 年开始在部分城市试行生产型增值税。2008 年，国务院决定全面实施改革，即将生产型增值税转为消费型增值税。2011 年年底，国家决定在上海试点营业税改征(以下简称“营改增”)工作，近几年“营改增”试点地区已扩展到全国，“营改增”的行业不断扩大，自 2016 年 5 月 1 日起，全面推开“营改增”，将建筑业、房地产业、金融业、生活服务业纳入应税范围。

从理论上讲，增值额是企业在生产经营过程中新创造的那部分价值，即货物或劳务价值中的 $V + M$ 部分，在我国相当于净产值或国民收入部分。在现实经济生活中，对增值额这一概念可从以下两个方面理解：第一，从一个生产经营单位来看，增值额是指该单位销售货物或提供劳务的收入额扣除为生产经营这种货物(包括劳务，下同)而外购的生产资料价款后的余额；第二，从一项货物来看，增值额是指该货物经历的生产和流通的各个环节所创造的增值额之和，也就是该项货物的最终销售价值。实行增值税的国家，据以征税的增值额都是一种法定增值额，并非理论上的增值额。所谓法定增值额，是指各国政府根据各自的国情、政策要求，在增值税制度中人为地确定的增值额。法定增值额可以等于理论上的增值额，也可以大于或小于理论上的增值额。造成法定增值额与理论增值额不一致的一个重要原因是，各国在规定扣除范围时，对外购固定资产的处理办法不同。

(二)增值税的分类

由于对外购固定资产的处理方式不同，造成法定增值额与理论增值额不一致，据此可将增值税划分为生产型增值税、收入型增值税和消费型增值税。

1. 生产型增值税

生产型增值税是指计算增值税时，不允许扣除任何外购固定资产所支付的增值税税额，而是将其作为固定资产入账价值的一个组成部分。就全社会而言，增值额相当于国民生产总值，故称为生产型增值税。这种类型的增值税对固定资产存在重复征税，虽然不利于鼓励投资，但可以保证财政收入。

2．收入型增值税

收入型增值税是指计算增值税时，对外购固定资产价款只允许扣除当期计入产品价值的折旧费部分。就全社会而言，增值额相当于国民收入部分，故称为收入型增值税。这种类型的增值税从理论上讲是一种标准的增值税，但由于外购固定资产价款是以计提折旧的方式分期转入产品价值的，且转入部分没有逐笔对应的外购凭证，故会给凭发票扣税的计算方法带来困难，从而影响这种方法的广泛采用。

3．消费型增值税

消费型增值税是指计算增值税时，允许将当期购入的固定资产价款一次全部扣除。作为课税基数的法定增值额相当于纳税人当期的全部销售额扣除外购的全部生产资料价款后的余额。就全社会而言，增值额仅限于消费资料价值的部分，故称为消费型增值税。这种类型的增值税在购进固定资产的当期因扣除额大大增加，会减少财政收入，但这种方法最宜规范凭发票扣税的计算方法，因为凭固定资产的外购发票可以一次将其已纳税款全部扣除，既便于操作，也便于管理，所以是最简便、最能体现增值税优越性的一种类型。

二、增值税的特点

我国现行增值税具有以下特点。

(1) 实行价外计税。我国增值税的计税依据为不含增值税税额的价格，增值税不是价格的组成部分，增值税金不影响企业的成本核算及经济效益。

(2) 实行发票扣税法。我国实行凭增值税专用发票抵扣税款的制度，企业以增值税专用发票或海关完税凭证作为已纳税款抵扣的依据，该税款在计算本环节货物或提供应税劳务应纳税款时予以扣除。

(3) 实行消费型增值税。我国从2009年开始对增值税进行转型改革，允许企业新购入的机器设备所含进项税额从销项税额中抵扣。

(4) 不同类型的纳税人实行不同的计税方法。我国现行增值税将纳税人按经营规模大小及会计核算健全与否划分，可分为一般纳税人及小规模纳税人，且分别采用不同的征收管理办法。对一般纳税人采用发票扣税法；对小规模纳税人则采用简易办法征收，即按征收率计算税额。

三、增值税的征税范围

根据我国《增值税暂行条例》和“营改增”的规定，在中华人民共和国境内销售货物、提供应税劳务、提供应税服务以及进口货物的单位和个人要缴纳增值税。增值税的征税范

围包括在境内销售货物、提供应税劳务、发生应税行为以及进口货物。境内是指销售货物的起运地或者所在地在境内、提供的应税劳务发生在境内以及服务(租赁不动产除外)或者无形资产(自然资源使用权除外)的销售方或者购买方在境内或者所销售或者租赁的不动产在境内，以及所销售自然资源使用权的自然资源在境内。

下列情形不属于在境内销售服务或者无形资产。

(1) 境外单位或者个人向境内单位或者个人销售完全在境外消费的服务或者无形资产。

(2) 境外单位或者个人向境内单位或者个人出租完全在境外使用的有形动产。

(3) 财政部和国家税务总局规定的其他情形。

在境内销售或者租赁不动产，是指所销售或者租赁的不动产在境内。

下列情形视同销售服务、无形资产或者不动产，但用于公益事业或者以社会公众为对象的除外。

(1) 单位或者个体工商户向其他单位或者个人无偿提供服务。

(2) 单位或者个人向其他单位或者个人无偿转让无形资产或者不动产。

(3) 财政部和国家税务总局规定的其他情形。

(一)征税范围的一般规定

1. 销售货物

“货物”是指除土地、房屋和其他建筑物等一切不动产之外的有形动产，包括电力、热力和气体在内。销售货物是指有偿转让货物的所有权。“有偿”不仅仅指从购买方取得货币，还包括取得实物或其他经济利益。

2. 提供应税劳务

应税劳务是指纳税人提供的加工、修理修配劳务。“加工”是指受托加工业务，即委托方提供原料及主要材料，受托方按照委托方的要求制造货物并收取加工费的业务。“修理修配”是指受托对损伤和丧失功能的货物进行修复，使其恢复原状和功能的业务。“提供应税劳务”是指有偿提供加工和修理修配劳务。但是单位或个体经营者聘用的员工为本单位或雇主提供加工、修理修配劳务则不包括在内。

有偿是指从购买方取得货币、货物或其他经济利益。

3. 销售应税服务、不动产和无形资产

销售应税服务、不动产和无形资产是指销售服务、无形资产或者不动产，具体包括：销售交通运输服务、邮政服务、电信服务、建筑服务、金融服务、现代服务、生活服务、无形资产或者不动产。

提供应税服务是指有偿提供应税服务。有偿，是指取得货币、货物或其他经济利益，但不包括非营业活动中提供的应税服务。

非营业活动是指：①非企业性单位按照法律和行政法规的规定，为履行国家行政管理和公共服务职能收取政府性基金或者行政事业性收费的活动；②单位或者个体工商户聘用的员工为本单位或者雇主提供交通运输业和部分现代服务业服务；③单位或者个体工商户为员工提供交通运输业和部分现代服务业服务；④财政部和国家税务总局规定的其他情形。

在境内提供应税服务是指应税服务提供方或者接受方在境内。下列情形不属于在境内提供应税服务：①境外单位或者个人向境内单位或者个人提供完全在境外消费的应税服务；②境外单位或者个人向境内单位或者个人出租完全在境外使用的有形动产；③财政部和国家税务总局规定的其他情形。

4．进口货物

进口货物是指申报进入我国海关境内的货物。只要是报关进口的应税货物，均属于增值税征税范围，在进口环节缴纳增值税。

注意：应税服务的具体范围

一、交通运输业

交通运输业是指使用运输工具将货物或者旅客送达目的地，使其空间位置得到转移的业务活动。它包括陆路运输服务、水路运输服务、航空运输服务和管道运输服务。

(一) 陆路运输服务

陆路运输服务是指通过陆路(地上或者地下)运送货物或者旅客的运输业务活动，包括铁路运输和其他陆路运输。

(1) 铁路运输服务是指通过铁路运送货物或者旅客的运输业务活动。

(2) 其他陆路运输服务是指除铁路运输以外的陆路运输业务活动。它包括公路运输、缆车运输、索道运输、地铁运输、城市轻轨运输等。

出租车公司向使用本公司自有出租车的出租车司机收取的管理费用，按陆路运输服务征收增值税。

(二) 水路运输服。

水路运输服务是指通过江、河、湖、川等天然、人工水道或者海洋航道运送货物或者旅客的运输业务活动。

远洋运输的程租、期租业务属于水路运输服务。

(1) 程租业务是指远洋运输企业为租船人完成某一特定航次的运输任务并收取租赁费的业务。

(2) 期租业务是指远洋运输企业将配备有操作人员的船舶承租给他人使用一定期限，

承租期内听候承租方调遣，不论是否经营，均按天向承租方收取租赁费。

(三) 航空运输服务

航空运输服务是指通过空中航线运送货物或者旅客的运输业务活动。

航空运输的湿租业务属于航空运输服务。湿租业务是指航空运输企业将配备有机组人员的飞机承租给他人使用一定期限，承租期内听候承租方调遣，不论是否经营，均按一定标准向承租方收取租赁费，发生的固定费用均由承租方承担的业务。

航天运输服务按照航空运输服务征收增值税。航天运输服务是指利用火箭等载体将卫星、空间探测器等空间飞行器发射到空间轨道的业务活动。

(四) 管道运输服务

管道运输服务是指通过管道设施输送气体、液体、固体物质的运输业务活动。

二、邮政业

邮政业是指中国邮政集团公司及其所属邮政企业提供邮件寄递、邮政汇兑、机要通信和邮政代理等邮政基本服务的业务活动。它包括邮政普遍服务、邮政特殊服务和其他邮政服务。

(一) 邮政普遍服务

邮政普遍服务是指函件、包裹等邮件寄递，以及邮票发行、报刊发行和邮政汇兑等业务活动。

函件是指信函、印刷品、邮资封片卡、无名址函件和邮政小包等。

包裹是指按照封装上的名址递送给特定个人或者单位的独立封装的物品，其重量不超过 50 千克，任何一边的尺寸不超过 150 厘米，长、宽、高合计不超过 300 厘米。

(二) 邮政特殊服务

邮政特殊服务是指义务兵平常信函、机要通信、盲人读物和革命烈士遗物的寄递等业务活动。

(三) 其他邮政服务

其他邮政服务是指邮册等邮品销售、邮政代理等业务活动。

三、电信业

财政部和国家税务总局于 2014 年 4 月 29 日联合下发《关于将电信业纳入营业税改征增值税试点的通知》(财税〔2014〕43 号)文件，根据通知，在我国境内提供电信业服务的单位和个人，为增值税纳税人，自 2014 年 6 月 1 日起按相关规定缴纳增值税，不再缴纳营业税。电信业是指利用有线、无线的电磁系统或者光电系统等各种通信网络资源，提供语音通话服务，传送、发射、接收或者应用图像、短信等电子数据和信息的业务活动。它包括基础电信服务和增值电信服务。

基础电信服务是指利用固网、移动网、卫星、互联网，提供语音通话服务的业务活动，以及出租或者出售带宽、波长等网络元素的业务活动。

增值电信服务是指利用固网、移动网、卫星、互联网、有线电视网络，提供短信和彩信服务、电子数据和信息的传输及应用服务、互联网接入服务等业务活动。卫星电视信号落地转接服务，按照增值电信服务计算缴纳增值税。

四、部分现代服务业

部分现代服务业是指围绕制造业、文化产业、现代物流产业等提供技术性、知识性服务的业务活动。它包括研发和技术服务、信息技术服务、文化创意服务、物流辅助服务、有形动产租赁服务、鉴证咨询服务和广播影视服务。

(一) 研发和技术服务

研发和技术服务包括研发服务、技术转让服务、技术咨询服务、合同能源管理服务和工程勘察勘探服务。

(1) 研发服务是指就新技术、新产品、新工艺或者新材料及其系统进行研究与试验开发的业务活动。

(2) 技术转让服务是指转让专利或者非专利技术的所有权或者使用权的业务活动。

(3) 技术咨询服务是指对特定技术项目提供可行性论证、技术预测、专题技术调查、分析评价报告和专业知识咨询等业务活动。

(4) 合同能源管理服务是指节能服务公司与用能单位以契约形式约定节能目标，节能服务公司提供必要的服务，用能单位以节能效果支付节能服务公司投入及其合理报酬的业务活动。

(5) 工程勘察勘探服务是指在采矿、工程施工以前，对地形、地质构造、地下资源蕴藏情况进行实地调查的业务活动。

(二) 信息技术服务

信息技术服务是指利用计算机、通信网络等技术对信息进行生产、收集、处理、加工、存储、运输、检索和利用，并提供信息服务的业务活动。它包括软件服务、电路设计及测试服务、信息系统服务和业务流程管理服务。

(1) 软件服务是指提供软件开发服务、软件咨询服务、软件维护服务和软件测试服务的业务行为。

(2) 电路设计及测试服务是指提供集成电路和电子电路产品设计、测试及相关技术支持服务的业务行为。

(3) 信息系统服务是指提供信息系统集成、网络管理、桌面管理与维护、信息系统应用、基础信息技术管理平台整合、信息技术基础设施管理、数据中心、托管中心、安全服务的业务行为。它包括网站对非自有的网络游戏提供的网络运营服务。

(4) 业务流程管理服务是指依托计算机信息技术提供的人力资源管理、财务经济管理、

金融支付服务、内部数据分析、呼叫中心和电子商务平台等服务的业务活动。

(三) 文化创意服务

文化创意服务包括设计服务、商标和著作权转让服务、知识产权服务、广告服务和会议展览服务。

(1) 设计服务是指把计划、规划、设想通过视觉、文字等形式传递出来的业务活动。它包括工业设计、造型设计、服装设计、环境设计、平面设计、包装设计、动漫设计、展示设计、网站设计、机械设计、工程设计、广告设计、创意策划、文印晒图等。

(2) 商标和著作权转让服务是指转让商标、商誉和著作权的业务活动。

(3) 知识产权服务是指处理知识产权事务的业务活动。它包括对专利、商标、著作权、软件、集成电路布图设计的代理、登记、鉴定、评估、认证、咨询、检索服务。

(4) 广告服务是指利用图书、报纸、杂志、广播、电视、电影、幻灯、路牌、招贴、橱窗、霓虹灯、灯箱、互联网等各种形式为客户的商品、经营服务项目、文体节目或者通告、声明等委托事项进行宣传和提供相关服务的业务活动。它包括广告代理和广告的发布、播映、宣传、展示等。

(5) 会议展览服务是指为商品流通、促销、展示、经贸洽谈、民间交流、企业沟通、国际往来等举办或者组织安排的各类展览和会议的业务活动。

(四) 物流辅助服务

物流辅助服务包括航空服务、港口码头服务、货运客运场站服务、打捞救助服务、货物运输代理服务、代理报关服务、仓储服务和装卸搬运服务。

(1) 航空服务包括航空地面服务和通用航空服务。航空地面服务是指航空公司、飞机场、民航管理局、航站等向在我国境内航行或者在我国境内机场停留的境内外飞机或者其他飞行器提供的导航等劳务性地面服务的业务活动。它包括旅客安全检查服务、停机坪管理服务、机场候机厅管理服务、飞机清洗消毒服务、空中飞行管理服务、飞机起降服务、飞行通信服务、地面信号服务、飞机安全服务、飞机跑道管理服务、空中交通管理服务等。通用航空服务是指为专业工作提供飞行服务的业务活动。它包括航空摄影、航空测量、航空勘探、航空护林、航空吊挂播洒、航空降雨等。

(2) 港口码头服务是指港务船舶调度服务、船舶通信服务、航道管理服务、航道疏浚服务、灯塔管理服务、航标管理服务、船舶引航服务、理货服务、系解缆服务、停泊和移泊服务、海上船舶溢油清除服务、水上交通管理服务、船只专业清洗消毒检测服务和防止船只漏油服务等为船只提供服务的业务活动。

港口设施经营人收取的港口设施保安费按照"港口码头服务"征收增值税。

(3) 货运客运场站服务是指货运客运场站(不包括铁路运输)提供的货物配载服务、运输组织服务、中转换乘服务、车辆调度服务、票务服务和车辆停放服务等业务活动。

(4) 打捞救助服务是指提供船舶人员救助、船舶财产救助、水上救助和沉船沉物打捞服务的业务活动。

(5) 货物运输代理服务是指接受货物收货人、发货人、船舶所有人、船舶承租人或船舶经营人的委托，以委托人的名义或者以自己的名义，在不直接提供货物运输服务的情况下，为委托人办理货物运输、船舶进出港口、联系安排引航、靠泊、装卸等货物和船舶代理相关业务手续的业务活动。

(6) 代理报关服务是指接受进出口货物的收、发货人委托，代为办理报关手续的业务活动。

(7) 仓储服务是指利用仓库、货场或者其他场所代客储放、保管货物的业务活动。

(8) 装卸搬运服务是指使用装卸搬运工具或人力、畜力将货物在运输工具之间、装卸现场之间或者运输工具与装卸现场之间进行装卸和搬运的业务活动。

(五) 有形动产租赁服务

有形动产租赁包括有形动产融资租赁和有形动产经营性租赁。

(1) 有形动产融资租赁是指具有融资性质和所有权转移特点的有形动产租赁的业务活动。即出租人根据承租人所要求的规格、型号、性能等条件购入有形动产租赁给承租人，合同期内设备所有权属于出租人，承租人只拥有使用权，合同期满付清租金后，承租人有权按照残值购入有形动产，以拥有其所有权。不论出租人是否将有形动产残值销售给承租人，均属于融资租赁。

(2) 有形动产经营性租赁是指在约定时间内将物品、设备等有形动产转让给他人使用且租赁物所有权不变更的业务活动。

远洋运输的光租业务、航空运输的干租业务都属于有形动产经营性租赁。光租业务是指远洋运输企业将船舶在约定的时间内出租给他人使用，不配备操作人员，不承担运输过程中发生的各项费用，只收取固定租赁费的业务活动。干租业务是指航空运输企业将飞机在约定的时间内出租给他人使用，不配备机组人员，不承担运输过程中发生的各项费用，只收取固定租赁费的业务活动。

(六) 鉴证咨询服务

鉴证咨询服务包括认证服务、鉴证服务和咨询服务。

(1) 认证服务是指具有专业资质的单位利用检测、检验、计量等技术，证明产品、服务、管理体系符合相关技术规范、相关技术规范的强制性要求或者标准的业务活动。

(2) 鉴证服务是指具有专业资质的单位，为委托方的经济活动及有关资料进行鉴证，发表具有证明力的意见的业务活动。它包括会计鉴证、税务鉴证、法律鉴证、工程造价鉴证、资产评估、环境评估、房地产土地评估、建筑图纸审核、医疗事故鉴定等。

(3) 咨询服务是指提供和策划财务、税收、法律、内部管理、业务运作和流程管理等

信息或者建议的业务活动。

代理记账按照“咨询服务”征收增值税。

(七) 广播影视服务

广播影视服务包括广播影视节目(作品)的制作服务、发行服务和播映(含放映，下同)服务。

(1) 广播影视节目(作品)制作服务是指进行专题(特别节目)、专栏、综艺、体育、动画片、广播剧、电视剧、电影等广播影视节目和作品制作的服务。它具体包括与广播影视节目和作品相关的策划、采编、拍摄、录音、音视频文字图片素材制作、场景布置、后期的剪辑、翻译(编译)、字幕制作、片头、片尾、片花制作、特效制作、影片修复、编目和确权等业务活动。

(2) 广播影视节目(作品)发行服务是指以分账、买断、委托、代理等方式，向影院、电台、电视台、网站等单位和个人发行广播影视节目(作品)以及转让体育赛事等活动的报道及播映权的业务活动。

(3) 广播影视节目(作品)播映服务是指在影院、剧院、录像厅及其他场所播映广播影视节目(作品)，以及通过电台、电视台、卫星通信、互联网、有线电视等无线或有线装置播映广播影视节目(作品)的业务活动。

五、建筑服务

建筑服务是指各类建筑物、构筑物及其附属设施的建造、修缮、装饰，线路、管道、设备、设施等的安装以及其他工程作业的业务活动。它包括工程服务、安装服务、修缮服务、装饰服务和其他建筑服务。

(1) 工程服务。工程服务是指新建、改建各种建筑物、构筑物的工程作业，包括与建筑物相连的各种设备或者支柱、操作平台的安装或者装设工程作业，以及各种窑炉和金属结构工程作业。

(2) 安装服务。安装服务是指生产设备、动力设备、起重设备、运输设备、传动设备、医疗实验设备以及其他各种设备、设施的装配、安置工程作业，包括与被安装设备相连的工作台、梯子、栏杆的装设工程作业，以及被安装设备的绝缘、防腐、保温、油漆等工程作业。固定电话、有线电视、宽带、水、电、燃气、暖气等经营者向用户收取的安装费、初装费、开户费、扩容费以及类似收费，按照安装服务缴纳增值税。

(3) 修缮服务。修缮服务是指对建筑物、构筑物进行修补、加固、养护、改善，使之恢复原来的使用价值或者延长其使用期限的工程作业。

(4) 装饰服务。装饰服务是指对建筑物、构筑物进行修饰装修，使之美观或者具有特定用途的工程作业。

(5) 其他建筑服务。其他建筑服务是指上列工程作业之外的各种工程作业服务，如钻井(打井)、拆除建筑物或者构筑物、平整土地、园林绿化、疏浚(不包括航道疏浚)、建筑物平移、搭脚手架、爆破、矿山穿孔、表面附着物(包括岩层、土层、沙层等)剥离和清理等工程作业。

六、金融服务

营改增后，对从事“金融服务”税目范围的单位和个人征收增值税。金融服务是指经营金融保险的业务活动。包括贷款服务、直接收费金融服务、保险服务和金融商品转让。

(1) 贷款服务。贷款是指将资金贷与他人使用而取得利息收入的业务活动。各种占用、拆借资金取得的收入，包括金融商品持有期间(含到期)利息(保本收益、报酬、资金占用费、补偿金等)收入、信用卡透支利息收入、买入返售金融商品利息收入、融资融券收取的利息收入，以及融资性售后回租、押汇、罚息、票据贴现、转贷等业务取得的利息及利息性质的收入，按照贷款服务缴纳增值税。

融资性售后回租是指承租方以融资为目的，将资产出售给从事融资性售后回租业务的企业后，从事融资性售后回租业务的企业将该资产出租给承租方的业务活动。

以货币资金投资收取的固定利润或者保底利润，按照贷款服务缴纳增值税。

(2) 直接收费金融服务。直接收费金融服务是指为货币资金融通及其他金融业务提供相关服务并且收取费用的业务活动。包括提供货币兑换、账户管理、电子银行、信用卡、信用证、财务担保、资产管理、信托管理、基金管理、金融交易场所(平台)管理、资金结算、资金清算、金融支付等服务。

(3) 保险服务。保险服务是指投保人根据合同约定，向保险人支付保险费，保险人对于合同约定的可能发生的事故因其发生所造成的财产损失承担赔偿保险金责任，或者当被保险人死亡、伤残、疾病或者达到合同约定的年龄、期限等条件时承担给付保险金责任的商业保险行为。包括人身保险服务和财产保险服务。

人身保险服务是指以人的寿命和身体为保险标的的保险业务活动

财产保险服务是指以财产及其有关利益为保险标的的保险业务活动。

(4) 金融商品转让。金融商品转让是指转让外汇、有价证券、非货物期货和其他金融商品所有权的业务活动。

其他金融商品转让包括基金、信托、理财产品等各类资产管理产品和各种金融衍生品的转让。

七、生活服务

生活服务是指为满足城乡居民日常生活需求提供的各类服务活动。包括文化体育服务、教育医疗服务、旅游娱乐服务、餐饮住宿服务、居民日常服务和其他生活服务。

1. 文化体育服务

文化体育服务包括文化服务和体育服务。

(1) 文化服务是指为满足社会公众文化生活需求提供的各种服务。包括：文艺创作、文艺表演、文化比赛，图书馆的图书和资料借阅，档案馆的档案管理，文物及非物质遗产保护，组织举办宗教活动、科技活动、文化活动，提供游览场所。

(2) 体育服务是指组织举办体育比赛、体育表演、体育活动，以及提供体育训练、体育指导、体育管理的业务活动。

2. 教育医疗服务

教育医疗服务包括教育服务和医疗服务。

(1) 教育服务是指提供学历教育服务、非学历教育服务、教育辅助服务的业务活动。

学历教育服务是指根据教育行政管理部门确定或者认可的招生和教学计划组织教学，并颁发相应学历证书的业务活动。它包括初等教育、初级中等教育、高级中等教育、高等教育等。

非学历教育服务包括学前教育、各类培训、演讲、讲座、报告会等。

教育辅助服务包括教育测评、考试、招生等服务。

(2) 医疗服务是指提供医学检查、诊断、治疗、康复、预防、保健、接生、计划生育、防疫服务等方面的服务，以及与这些服务有关的提供药品、医用材料器具、救护车、病房住宿和伙食的业务。

3. 旅游娱乐服务

旅游娱乐服务包括旅游服务和娱乐服务。

(1) 旅游服务是指根据旅游者的要求，组织安排交通、游览、住宿、餐饮、购物、文娱、商务等服务的业务活动。

(2) 娱乐服务是指为娱乐活动同时提供场所和服务的业务。

它具体包括：歌厅、舞厅、夜总会、酒吧、台球、高尔夫球、保龄球、游艺(包括射击、狩猎、跑马、游戏机、蹦极、卡丁车、热气球、动力伞、射箭、飞镖)。

4. 餐饮住宿服务

餐饮住宿服务包括餐饮服务和住宿服务。

(1) 餐饮服务是指通过同时提供饮食和饮食场所的方式为消费者提供饮食消费服务的业务活动。

(2) 住宿服务是指提供住宿场所及配套服务等的活动。包括宾馆、旅馆、旅社、度假村和其他经营性住宿场所提供的住宿服务。

5. 居民日常服务

居民日常服务是指主要为满足居民个人及其家庭日常生活需求提供的服务，包括市容市政管理、家政、婚庆、养老、殡葬、照料和护理、救助救济、美容美发、按摩、桑拿、氧吧、足疗、沐浴、洗染、摄影扩印等服务。

6. 其他生活服务

其他生活服务是指除文化体育服务、教育医疗服务、旅游娱乐服务、餐饮住宿服务和居民日常服务之外的生活服务。

八、销售无形资产

销售无形资产是指转让无形资产所有权或者使用权的业务活动。无形资产是指不具实物形态，但能带来经济利益的资产，包括技术、商标、著作权、商誉、自然资源使用权和其他权益性无形资产。

技术包括专利技术和非专利技术。

自然资源使用权包括土地使用权、海域使用权、探矿权、采矿权、取水权和其他自然资源使用权。

其他权益性无形资产包括基础设施资产经营权、公共事业特许权、配额、经营权(包括特许经营权、连锁经营权、其他经营权)、经销权、分销权、代理权、会员权、席位权、网络游戏虚拟道具、域名、名称权、肖像权、冠名权、转会费等。

注：原营业税税目“转让无形资产”是指转让无形资产的所有权或使用权的行为。无形资产，是指不具实物形态、但能带来经济利益的资产。税目的征收范围包括：转让土地使用权、转让商标权、转让专利权、转让非专利技术、转让著作权、转让商誉。

财税〔2012〕6号在“转让无形资产”税目注释中增加“转让自然资源使用权”子目。转让自然资源使用权是指权利人转让勘探、开采、使用自然资源权利的行为。自然资源使用权是指海域使用权、探矿权、采矿权、取水权和其他自然资源使用权(不含土地使用权)。

九、销售不动产

销售不动产是指转让不动产所有权的业务活动。不动产是指不能移动或者移动后会引起性质、形状改变的财产，包括建筑物、构筑物等。

建筑物包括住宅、商业营业用房、办公楼等可供居住、工作或者进行其他活动的建造物。

构筑物包括道路、桥梁、隧道、水坝等建造物。

转让建筑物有限产权或者永久使用权的，转让在建的建筑物或者构筑物所有权的，以及在转让建筑物或者构筑物时一并转让其所占土地的使用权的，按照销售不动产缴纳增值税。

(二)征税范围的特殊行为

1. 视同销售行为

单位或个体经营者的下列行为，视同销售货物，征收增值税：①将货物交付他人代销；②销售代销货物；③设有两个以上机构并实行统一核算的纳税人，将货物从一个机构移送到其他机构用于销售，但相关机构设在同一县(市)的除外；④将自产或委托加工的货物用于

非增值税应税项目；⑤将自产、委托加工或购买的货物作为投资，提供给其他单位或个体经营者；⑥将自产、委托加工或购买的货物分配给股东或投资者；⑦将自产、委托加工的货物用于集体福利或个人消费；⑧将自产、委托加工或购买的货物无偿赠送给他人；⑨单位和个体户向其他单位或者个人无偿提供应税劳务，但以公益活动为目的或者以社会公众为对象的除外；⑩单位和个体户向其他单位或者个人无偿转让无形资产或者不动产，但以公益活动为目的或者以社会公众为对象的除外；财政部和国家税务总局规定的其他情形。

对上述行为应该确定视同销售货物行为，均要征收增值税。其确定的目的主要有三个：一是保证增值税税款抵扣制度的实施，不致因发生上述行为而造成各相关环节税款抵扣链条的中断，如①②的情况就是这种原因。如果不将之视同销售就会出现销售代销货物方仅有销项税额而无进项税额，而将货物交付给其他单位或者个人代销方仅有进项税额而无销项税额的情况，就会出现增值税抵扣链条不完整的现象。二是为了避免因发生上述行为而造成货物、应税劳务和应税服务销售税收负担不平衡的矛盾，防止以上述行为逃避纳税的现象。三是体现增值税计算的配比原则，即购进货物、应税劳务和应税服务产生相应的销售额，同时就应该产生相应的销项税额，否则就会产生不配比的情况，如上述④～⑨的几种情况就属于此种原因。

2. 混合销售行为

一项销售行为如果既涉及服务又涉及货物，则为混合销售。“货物”是指增值税从事货物的生产、批发或者零售的单位和个体工商户的混合销售行为，按照销售货物缴纳增值税；其他单位和个体工商户的混合销售行为，按照销售服务缴纳增值税。

从事货物的生产、批发或者零售的单位和个体工商户，包括以从事货物的生产、批发或者零售为主，并兼营销售服务的单位和个体工商户。

混合销售行为是指现实生活中有些销售行为同时涉及货物和应税服务，即在同一项销售行为中既包括销售货物又包括提供应税服务。例如：某计算机公司向A单位销售计算机并负责安装调试，根据合同规定，销售计算机的货款及安装调试的劳务款由A单位一并支付。在这项业务中既存在销售货物，又存在提供应税服务，属于混合销售行为。

需要解释的是，出现混合销售行为，涉及的货物和应税服务只是针对一项销售行为而言的，也就是说，应税服务是为了直接销售一批货物而提供的，二者之间是紧密相连的从属关系。为便于征管，根据《营业税改征增值税试点实施办法》第四十条规定，从事货物的生产、批发或者零售的单位和个体工商户的混合销售行为，按照销售货物缴纳增值税；其他单位和个体工商户的混合销售行为，按照销售服务缴纳增值税。

3. 兼营行为

试点纳税人销售货物、加工修理修配劳务、服务、无形资产或者不动产适用不同税率或者征收率的，应当分别核算适用不同税率或者征收率的销售额，未分别核算销售额的，按照以下方法适用税率或者征收率：

(1) 兼有不同税率的销售货物、加工修理修配劳务、服务、无形资产或者不动产，从高适用税率。

(2) 兼有不同征收率的销售货物、加工修理修配劳务、服务、无形资产或者不动产，从高适用征收率。

(3) 兼有不同税率和征收率的销售货物、加工修理修配劳务、服务、无形资产或者不动产，从高适用税率。

四、增值税的纳税人

(一)基本规定

根据我国《增值税暂行条例》和“营改增”的规定，凡在中华人民共和国境内销售货物或者提供应税劳务和销售服务、无形资产或者不动产(以下简称“应税行为”)以及进口货物的单位和个人，为增值税的纳税义务人。

其中，“单位”是指一切从事销售或进口货物、提供应税劳务的单位，包括国有企业、集体企业、私有企业、股份制企业、外商投资企业和外国企业、其他企业和行政单位、事业单位、军事单位、社会团体及其他单位。“个人”是指从事销售或进口货物、提供应税劳务的人，包括个体经营者和其他个人。在境内销售货物或进口货物、提供应税劳务的单位和个人或者个人经营的承租人或者承包人为纳税人。“营改增”试点的单位以承包、承租、挂靠方式经营的，承包人、承租人以发包人、出租人名义对外经营并由发包人承担相关法律责任的，以该发包人为纳税人。否则，以承包人为纳税人。

中华人民共和国境外的单位或者个人在境内提供应税劳务和应税服务，在境内未设有经营机构的，以境内代理人为扣缴义务人；在境内没有代理人的，以购买方或接收方为扣缴义务人。

增值税实行凭专用发票抵扣税款的制度，客观上要求纳税人具备健全的会计核算制度和能力。在实际生活中，我国增值税纳税人众多，会计核算水平差异较大，大量小企业和个人还不具备用发票抵扣税款的条件，为了既简化增值税的计算和征收，有利于减少税收征管漏洞，根据我国《增值税暂行条例》及其实施细则的规定，将增值税纳税人按会计核算水平和经营规模分为一般纳税人和小规模纳税人两类，分别采用不同的增值税计税方法。

对增值税纳税人进行分类的目的，是为了配合增值税专用发票的管理。专用发票既是增值税纳税人纳税的依据，又是纳税人据以扣税的凭证。由于增值税实施面广、情况复杂、纳税人多且核算水平差距很大，为保证对专用发票的正确使用和安全管理，有必要对增值

税纳税人进行分类。

这两类纳税人在税款计算方法、适用税率以及管理办法上都有所不同。对一般纳税人实行凭发票扣税的计税方法，对小规模纳税人规定简便易行的计税方法和征收管理办法。

(二)一般纳税人的认定及管理

1. 一般纳税人的认定标准

一般纳税人是指年应征增值税销售额(以下简称年应税销售额，是指一个公历年度内的全部应税销售额)超过财政部规定的小规模纳税人标准的企业和企业性单位。

纳税人发生应税行为年应税销售额标准为500万元(含本数)。年应税销售额超过500万元的纳税人为一般纳税人；年应税销售额未超过 500 万元的纳税人为小规模纳税人。财政部和国家税务总局可以根据试点情况对年应税销售额标准进行调整。

小规模纳税人会计核算健全，能够提供准确税务资料的，可以向主管税务机关申请资格认定，不作为小规模纳税人，依照有关规定计算应纳税额。

试点实施前应税服务年销售额未超过 500 万元的试点纳税人，如符合相关规定条件，也可以向税务机关申请增值税一般纳税人资格认定。

自 2018 年 5 月 1 日起统一增值税小规模纳税人标准。将工业企业和商业企业小规模纳税人的年销售额标准由 50 万元和 80 万元上调至 500 万元，并在一定期限内允许已登记为一般纳税人的企业转登记为小规模纳税人，让更多企业享受按较低征收率计税的优惠。

年应税销售额未超过财政部、国家税务总局规定的小规模纳税人标准以及新开业的纳税人，可以向主管税务机关申请一般纳税人资格认定。对提出申请并且符合以下条件的纳税人，主管税务机关应当为其办理一般纳税人资格认定：有固定的生产经营场所；能够按照国家统一的会计制度规定设置账簿，根据合法、有效凭证核算，能够提供准确的税务资料。

2. 无须办理一般纳税人资格认定的纳税人

根据《增值税一般纳税人资格认定管理办法》(国家税务总局令 第22号)第五条的规定：下列纳税人不办理一般纳税人资格认定。

(1) 个体工商户以外的其他个人。其他个人是指自然人。

(2) 选择按照小规模纳税人纳税的非企业性单位。非企业性单位是指行政单位、事业单位、军事单位、社会团体和其他单位。

(3) 选择按照小规模纳税人纳税的不经常发生应税行为的企业。

(4) 应税服务年销售超过规定标准的其他个人不属于一般纳税人；不经常提供应税服务的非企业性单位、企业和个体工商户可选择按照小规模纳税人纳税。

纳税人应当向其机构所在地主管税务机关收取一般纳税人资格认定。一般纳税人资格认定的权限，在县(市、区)国家税务局或者同级别的税务分局。

除国家税务总局另有规定外，纳税人一经认定为一般纳税人后，不得转为小规模纳税人。

(三)小规模纳税人的认定及管理

小规模纳税人是指年销售额在规定标准以下，并且会计核算不健全，不能按规定报送有关税务资料的增值税纳税人。所谓会计核算不健全，是指不能正确核算增值税的销项税额、进项税额和应纳税额。

根据《增值税暂行条例》及其《增值税暂行条例实施细则》和“营改增”及相关文件的规定，小规模纳税人的认定标准如下。

(1) 从事货物生产或者提供应税劳务的纳税人，以及以从事货物生产或者提供应税劳务为主，并兼营货物批发或者零售的纳税人，年应征增值税销售额(以下简称“应税销售额”)在50万元以下。

(2) 对上述规定以外的纳税人(不含提供应税服务的纳税人)，年应税销售额在80万元以下。

(3) 年应税销售额超过小规模纳税人标准的其他个人按小规模纳税人纳税。

(4) 非企业性单位、不经常发生应税行为的企业，可选择按小规模纳税人纳税；对于应税服务年销售额超过规定标准但不经常提供应税服务的单位和个体工商户可选择按照小规模纳税人纳税。

(5) 应税服务年销售额标准为500万元，应税服务年销售额未超过500万元的纳税人为小规模纳税人。试点纳税人试点实施前的应税服务年销售额按以下公式换算。

应税服务年销售额=连续不超过12个月应税服务营业额合计÷(1+3%)

(6) 旅店业和饮食业纳税人销售非现场消费的食品，属于不经常发生应税行为的单位和个体工商户，可选择按照小规模纳税人缴纳增值税。

(7) 兼有销售货物、提供加工修理修配劳务以及应税服务，且不经常发生应税行为的单位和个体工商户可选择按照小规模纳税人纳税。

小规模纳税人会计核算健全，能够提供准确税务资料的，可以向主管税务机关申请资格认定，不作为小规模纳税人。会计核算健全是指能够按照国家统一会计制度规定设置账簿，根据合法、有效凭证核算。

五、增值税的税率和征收率

我国增值税采用比例税率形式。为了发挥增值税的中性作用，原则上增值税的税率应该对不同行业不同企业实行单一税率，称为基本税率。实践中为照顾一些特殊行业或产品

也增设了低税率档次，对出口产品实行零税率。为了适应增值税纳税人分成两类的情况，故对这两类不同的纳税人又采用了不同的税率和征收率。

近年来，特别是党的十八大以来，按照党中央、国务院统一部署，我国扎实推进营改增试点工作。一是2012年1月1日，在上海市针对交通运输业和部分现代服务业启动了营改增试点。之后，将上海改革试点分批扩大至北京等11个省市，并在2013年8月1日，将上述试点在全国推开。二是2014年1月1日将铁路运输和邮政业纳入试点，2014年6月1日将电信业纳入试点。三是2016年5月1日，将建筑业、房地产业、金融业和生活服务业纳入试点，全面推开营改增试点。四是2017年7月1日，将17%、13%、11%、6%四档税率简并至17%、11%、6%三档。

2018年5月1日将制造业等行业增值税税率从17%降至16%，将交通运输、建筑、基础电信服务等行业及农产品等货物的增值税税率从11%降至10%，预计全年可减税2400亿元。出台上述改革措施后，现行17%、11%、6%三档税率调整为16%、10%、6%。

(一)基本税率

纳税人销售或者进口货物，提供应税劳务，提供应税服务，除低税率适用范围外，税率均为17%，这一税率就是通常所说的基本税率。

(二)低税率

(1) 增值税一般纳税人销售或者进口下列货物的，按低税率13%计征增值税：①粮食、食用植物油。②自来水、暖气、冷水、热水；煤气、石油液化气、天然气、沼气、居民用煤炭制品。③图书、报纸、杂志。④饲料、化肥、农药、农机、农膜。⑤国务院规定的其他货物。如农产品初级产品、音像制品(自2007年1月1日起)、电子出版物(自2007年1月1日起)等。

自2017年7月1日起，简并增值税税率结构，取消13%的增值税税率。纳税人销售或者进口下列货物，税率为11%。

农产品(含粮食)、自来水、暖气、石油液化气、天然气、食用植物油、冷气、热水、煤气、居民用煤炭制品、食用盐、农机、饲料、农药、农膜、化肥、沼气、二甲醚、图书、报纸、杂志、音像制品、电子出版物。

(2) 提供交通运输业服务，税率为11%。

(3) 提供邮政服务，税率为11%。

(4) 提供基础电信服务，税率为11%；提供增值电信服务，税率为6%。

(5) 提供现代服务业服务，税率为6%(有形动产租赁服务适用17%的税率)。

(6) 提供建筑服务，税率为11%。

(7) 提供金融服务，税率为 6%。

(8) 提供生活服务，税率为 6%。

(9) 销售无形资产，税率为 6%(销售土地使用权，税率为 11%)。

(10) 销售不动产，税率为 11%。

2018 年 5 月 1 日起调整增值税税率有关政策如下。

(1) 纳税人发生增值税应税销售行为或者进口货物，原适用 17%和 11%税率的，税率分别调整为 16%、10%。

(2) 纳税人购进农产品，原适用 11%扣除率的，扣除率调整为 10%。

(3) 纳税人购进用于生产销售或委托加工 16%税率货物的农产品，按照 12%的扣除率计算进项税额。

(4) 原适用 17%税率且出口退税率为 17%的出口货物，出口退税率调整至 16%。原适用 11%税率且出口退税率为 11%的出口货物、跨境应税行为，出口退税率调整至 10%。

增值税税率一览表如表 2-1 所示。

表 2-1 增值税税率一览表

<table>
<tr><th>征税项目(大类)</th><th>征税项目(中类)</th><th>征税项目(小类)</th><th>税 率</th><th>征 收 率</th></tr>
<tr><td rowspan="2">销售货物</td><td>一般货物</td><td></td><td>17%</td><td rowspan="18">3%</td></tr>
<tr><td>低税率货物</td><td></td><td>13%</td></tr>
<tr><td rowspan="2">提供应税劳务</td><td>加工</td><td></td><td>17%</td></tr>
<tr><td>修理修配</td><td></td><td>17%</td></tr>
<tr><td rowspan="14">销售应税服务</td><td rowspan="4">交通运输服务</td><td>铁路运输服务</td><td rowspan="4">11%</td></tr>
<tr><td>水路运输服务</td></tr>
<tr><td>航空运输服务</td></tr>
<tr><td>管道运输服务</td></tr>
<tr><td rowspan="3">邮政服务</td><td>邮政普遍服务</td><td rowspan="3">11%</td></tr>
<tr><td>邮政特殊服务</td></tr>
<tr><td>其他邮政服务</td></tr>
<tr><td rowspan="2">电信服务</td><td>基础电信服务</td><td>11%</td></tr>
<tr><td>增值电信服务</td><td>6%</td></tr>
<tr><td rowspan="5">建筑服务</td><td>工程服务</td><td rowspan="4">11%</td></tr>
<tr><td>安装服务</td></tr>
<tr><td>修缮服务</td></tr>
<tr><td>装饰服务</td></tr>
<tr><td>其他建筑服务</td><td></td></tr>
</table>

续表

征税项目(大类)	征税项目(中类)	征税项目(小类)	税　率	征收率
销售应税服务	金融服务	贷款服务	6%	
		直接收费金融服务		
		保险服务		
		金融商品转让		
	现代服务	研发和技术服务	6%	
		信息技术服务		
		文化创意服务		
		物流辅助服务		
		租赁服务		
		鉴证咨询服务		
		广播影视服务		
		商业辅助服务		
		其他现代服务		
	生活服务	文化体育服务	6%	
		教育医疗服务		
		旅游娱乐服务		
		餐饮住宿服务		
		居民日常服务		
		其他生活服务		
销售无形资产	专利技术和非专利技术		6%	
	商标			
	著作权			
	商誉			
	自然资源使用权(不含土地使用权)			
	其他权益性无形资产			
	土地使用权		11%	
销售不动产	建筑物、构筑物		6%	
出口货物			0%	
跨境销售应税服务、无形资产			0%	

自2018年5月1日起调整后的增值税税率表如表2-2所示。

表2-2　调整后的增值税税率表

征税项目(大类)	征税项目(中类)	征税项目(小类)	税　率	征收率
销售货物	一般货物		16%	3%
	低税率货物		11%	
提供应税劳务	加工		16%	
	修理修配		16%	
销售应税服务	交通运输服务	铁路运输服务	10%	
		水路运输服务		
		航空运输服务		
		管道运输服务		
	邮政服务	邮政普遍服务	10%	
		邮政特殊服务		
		其他邮政服务		
	电信服务	基础电信服务	10%	
		增值电信服务	6%	
	建筑服务	工程服务	10%	
		安装服务		
		修缮服务		
		装饰服务		
		其他建筑服务		
	金融服务	贷款服务	6%	
		直接收费金融服务		
		保险服务		
		金融商品转让		
	现代服务	研发和技术服务	6%	
		信息技术服务		
		文化创意服务		
		物流辅助服务		
		租赁服务		
		鉴证咨询服务		
		广播影视服务		
		商业辅助服务		
		其他现代服务		

续表

征税项目(大类)	征税项目(中类)	征税项目(小类)	税 率	征 收 率
销售应税服务	生活服务	文化体育服务	6%	
		教育医疗服务		
		旅游娱乐服务		
		餐饮住宿服务		
		居民日常服务		
		其他生活服务		
销售无形资产	专利技术和非专利技术		6%	
	商标			
	著作权			
	商誉			
	自然资源使用权(不含土地使用权)			
	其他权益性无形资产			
	土地使用权		10%	
销售不动产	建筑物、构筑物		6%	
出口货物			0%	
跨境销售应税服务、无形资产			0%	

(三)零税率

纳税人出口货物和财政部、国家税务总局规定的应税服务，税率为零；但是，国务院另有规定的除外。

根据“营改增”的规定，应税服务的零税率政策如下。

(1) 提供国际运输服务。单位和个人提供的国际运输服务、向境外单位提供的研发服务和设计服务(不包括对境内不动产提供的设计服务)，适用增值税零税率。国际运输服务是指在境内载运旅客或者货物出境，在境外载运旅客或者货物入境，在境外载运旅客或者货物。

(2) 提供港澳台运输服务。境内的单位和个人提供的内地往返香港、澳门、台湾的交通运输服务，以及在香港、澳门、台湾提供的交通运输服务(以下简称港澳台运输服务)，适用增值税零税率。

(3) 自 2013 年 8 月 1 日起，境内单位或者个人提供程租、期租和湿租方式租赁交通运输工具用于国际运输服务和港澳台运输服务的，由出租方按规定申请适用增值税零税率。

(四)征收率

增值税对小规模纳税人及一些特殊情况采用简易征收办法，对小规模纳税人及特殊情况适用的税率称为征收率。

1. 一般规定

考虑到小规模纳税人经营规模小，且会计核算不健全，难以按上述增值税税率计税和使用增值税专用发票抵扣进项税款，因此实行按销售额与征收率计算应纳税额的建议办法。

自 2009 年 1 月 1 日起，为了平衡小规模纳税人与一般纳税人之间的税负水平，小规模纳税人的征收率不再区分工业企业和商业企业，由过去的 6%和 4%统一降低至 3%。

根据“营改增”的规定，交通运输业、邮政业、电信业和部分现代服务业营业税改征增值税中的小规模纳税人适用 3%的征收率。

2. 国务院及其有关部门的规定

根据财政部、国家税务总局发布《关于简并增值税征收率政策的通知》指出，为进一步规范税制、公平税负，经国务院批准，决定简并和统一增值税征收率，将 6%和 4%的增值税征收率统一调整为 3%。这一政策自 2014 年 7 月 1 日起执行。

(1) 下列按简易办法征收增值税的优惠政策继续执行，不得抵扣进项税额。

① 纳税人销售自己使用过的物品，按下列政策执行：

第一，一般纳税人销售自己使用过的属于《增值税暂行条例》规定不得抵扣且未抵扣进项税额的固定资产，按照简易办法依照 3%征收率减按 2%征收增值税。一般纳税人销售自己使用过的除固定资产以外的物品，应当按照适用税率征收增值税。

第二，小规模纳税人(除其他个人外，下同)销售自己使用过的固定资产，减按 2%征收率征收增值税。小规模纳税人销售自己使用过的除固定资产以外的物品，应按 3%的征收率征收增值税。

② 纳税人销售旧货，按照简易办法依照 3%征收率减按 2%征收增值税。所称旧货，是指进入二次流通的具有部分使用价值的货物(含旧汽车、旧摩托车和旧游艇)，但不包括自己使用过的物品。按下列公式确定销售额和应纳税额。

$$销售额=含税销售额\div(1+3\%)$$

$$应纳税额=销售额\times2\%$$

③ 一般纳税人销售货物属于下列情形之一的，暂按简易办法依照 3%征收率计算缴纳

增值税：寄售商店代销寄售物品(包括居民个人寄售的物品在内)；典当业销售死当物品。

(2) 对属于一般纳税人的自来水公司销售自来水按简易办法依照 3%征收率征收增值税，不得抵扣其购进自来水取得的增值税扣税凭证上注明的增值税税款。

任务二　增值税应纳税额的计算

一、一般纳税人应纳税额的计算

我国目前对一般纳税人采用的一般计税方法是国际上通行的购进扣税法，即先按当期销售额和适用税率计算出销项税额，然后对当期购进项目向对方支付的税款进行抵扣，从而间接计算出对当期增值额部分的应纳税额。

增值税一般纳税人销售货物或者提供应税劳务和应税服务，计算应纳增值税税额时，采用的是间接计算法，即应纳税额为当期销项税额抵扣当期进项税额后的余额。当期应纳税额的计算公式如下。

当期应纳税额=当期销项税额-当期进项税额

当期销项税额小于当期进项税额不足抵扣时，其不足部分可以结转下期继续抵扣。

纳税人销售货物或提供应税劳务和应税服务，按照销售额或者提供应税劳务和应税服务收入与规定税率计算并向购买方收取的增值税税额，称为销项税额。纳税人购进货物或接受应税劳务和应税服务所支付或者所负担的增值税，称为进项税额。

(一)销项税额的计算

销项税额是纳税人销售货物或者应税劳务和应税服务，按照销售额或提供应税劳务和应税服务收入和税法规定的税率计算并向购买方收取的增值税税额。销项税额的计算公式如下。

销项税额=销售额×税率

对于属于一般纳税人的销售方来说，在没有抵扣其进项税额前，销售方收取的销项税额还不是其应纳增值税税额。销项税额的计算取决于销售额和税率两个因素。在适用税率既定的前提下，销项税额的大小主要取决于销售额的大小。增值税适用税率的选择是比较简单的，因而销项税额计算的关键就是如何准确确定作为增值税计税依据的销售额。

1．一般销售方式下的销售额的确定

销售额是指纳税人销售货物或者提供应税劳务和应税服务向购买方(承受应税劳务和应税服务也视为购买方)收取的全部价款和价外费用，但是不包括收取的销项税额。“价外费

用”是指价外向购买方收取的手续费、补贴、基金、集资费、返还利润、奖励费、违约金、滞纳金、赔偿金、代收款项、代垫款项、包装费、包装物租金、储备费、运输装卸费以及其他各种性质的价外收费。

1) 价外费用的税务处理规定

凡随同销售货物或应税劳务向购买方收取的价外费用，无论其会计制度规定如何核算，均应并入销售额计算应纳税额。对增值税一般纳税人收取的价外费用和逾期包装物押金，应视为含税收入，在征税时换算成不含税收入再并入销售额。

2) 应税销售额中不包含的内容

(1) 向购买方收取的销项税额。

(2) 受托加工应征消费税的消费品所代收代缴的消费税。

(3) 同时符合以下两个条件的代垫运费：①承运部门的运费发票开具给购货方的；②纳税人将该项发票转交给购货方的。

(4) 销售货物的同时代办保险等而向购买方收取的保险费，以及向购买方收取的代购买方缴纳的车辆购置税、车辆牌照费。

上述四项允许不计入价外费用是因为在满足了上述相关条件后可以确认销售方在其中仅仅是代为收取了有关费用，这些价外费用确实没有形成销售方的收入。

3) 含税销售额的换算

现行增值税是以不含增值税税款的销售额作为计税销售额，即实行价外计税。但在实际工作中常常会出现一般纳税人将销售货物或者提供应税劳务和应税服务采用销售额和销项税额合并定价的方法。因此，应将含税销售额换算为不含税销售额后，再计算增值税税额。

计税销售额(不含税销售额) =含税销售额÷(1+增值税税率)

确定一般纳税人销售服务、无形资产或者不动产的销售额时，可能会遇到一般纳税人由于销售对象的不同、开具发票种类的不同而将销售额和销项税额合并定价的情况。对此，本条规定，一般纳税人采用销售额和销项税额合并定价方法的，按照销售额=含税销售额÷(1+税率)这一公式计算不含税销售额。

在营业税改征增值税之前，由于营业税属于价内税，纳税人根据实际取得的价款确认营业额，按照营业额和营业税税率的乘积确认应交营业税。在营业税改征增值税之后，由于增值税属于价外税，一般纳税人取得的含税销售额，先进行价税分离换算成不含税销售额，再按照不含税销售额与增值税税率之间的乘积确认销项税额。

2. 特殊销售方式下的销售额的确定

1) 采取折扣方式销售货物

纳税人销售过程中的折扣，是指销货方根据购货方购货数量和货款支付时间给予购货方的一种价格优惠，包括以下两种形式。

(1) 折扣销售。折扣销售是指销货方在销售货物或者提供应税劳务和应税服务时，因购货方购货数量较大等原因而给予购货方的价格优惠(如购买 5 件，销售价格折扣 10%；购买 10 件，折扣 20%等)。我国税法规定，纳税人采取折扣方式销售货物，如果销售额和折扣额在一张发票上分别注明的，可按折扣后的销售额征收增值税；如果将折扣额另开发票，不论其在财务上如何处理，均不得从销售额中减除折扣额。

“营改增”也规定：纳税人提供应税服务，将价款和折扣额在同一张发票上分别注明的，以折扣后的价款为销售额；未在同一张发票上分别注明的，以价款为销售额，不得扣减折扣额。

【例 2-1】 甲企业(增值税一般纳税人)主要生产销售农膜，不含增值税售价为 100 元/件。为促进销售，该企业决定，凡购买农膜 1 000 件以上的，给予 20%的价格折扣。当月甲企业一次性销售农膜 5 000 件给乙企业，则甲企业该笔业务应计算的增值税销项税额为多少？

折扣额与销售额在同一张发票上分别注明时：

销项税额 $=100\times(1-20\%)\times13\%\times5\ 000=52\ 000$(元)

折扣额与销售额不在同一张发票上分别注明时：

销项税额 $=100\times13\%\times5\ 000=65\ 000$(元)

(2) 销售折扣。销售折扣不同于折扣销售。销售折扣是指销货方在销售货物或者提供应税劳务和应税服务后，为了鼓励购货方及早偿还货款而协议许诺给予购货方的一种折扣优待(如 10 天内付款，货款折扣 2%；20 天内付款，折扣 1%；30 天内全价付款)。销售折扣发生在销货之后，是一种融资性质的理财费用，因此销售折扣的折扣额不得从销售额中减除。企业在确定销售额时应把折扣销售与销售折扣严格区分开来。

【例 2-2】 某年 7 月 6 日，乙商场与甲羊毛衫厂(甲、乙企业均为增值税一般纳税人)签订一项供货合同，合同内容为：乙商场以每件 80 元(不含税)的价格购买羊毛衫 1 000 件，如购货方在一个月内付清货款，销货方给予 10%的折扣；在两个月内付清货款，给予 5%的折扣；在三个月内付清货款，则全额支付货款。乙商场于当年 8 月 6 日付清货款，甲羊毛衫厂开具增值税专用发票一份，分别注明销售额和折扣额。

根据税法规定，甲羊毛衫厂给予乙商场的折扣发生在销售之后，是一种融资性的理财费用，属于销售折扣，计征增值税时不得从销售额中扣除。则甲羊毛衫厂该笔业务应计算的增值税销项税额为

销项税额 $=80\times1\ 000\times17\%=13\ 600$(元)

2) 以旧换新方式销售

以旧换新是指纳税人在销售自己的货物时，有偿收回旧货物的行为。根据税法规定，纳税人采取以旧换新方式销售货物，应按新货物同期销售价格确定销售额，不得扣减旧货物收购价格。

【例 2-3】 某家电商场(增值税一般纳税人)，8 月份为了促销，决定采取“以旧换新”的方式销售家用电器商品。当月销售新家用电器商品，实际取得含税现金收入共 50 万元，同时收购旧家用电器若干件，收购价款合计 5 万元。

根据税法规定，该商场该笔业务应计算的增值税销项税额为

销项税额 =(50 + 5) ÷ (1 + 17%) × 17% = 7.99(万元)

3) 还本销售方式销售

还本销售是指纳税人在销售货物后，到一定期限由销售方一次或分次退还给购货方全部或部分货款。这种方式实际上是一种筹资行为，是以货物换取资金的使用价值，到期还本付息的方法。根据税法规定，纳税人采取还本销售方式销售货物，销售额就是货物销售价格，不得从销售额中扣减还本支出。

【例 2-4】 某百货商场(增值税一般纳税人)于 8 月份采取还本销售方式销售彩电 1 000 台，含税零售价格为每台 3 510 元，均按 5 年期限平均还本。当月支付去年同期采用该销售方式的还本支出 3.51 万元。

根据税法规定，采取还本销售方式销售货物，其销售额就是货物的销售价格，不得从销售额中减除还本支出。则该商场该笔业务应计算的增值税销项税额为

销项税额= 3 510 ÷ (1 + 17%) × 17% × 1 000 = 510 000(元)

4) 以物易物方式销售

以物易物是一种较为特殊的购销活动，是指购销双方不是以货币结算，而是以同等价款的货物相互结算，实现货物购销的一种方式。在实务中，有的纳税人以为以物易物不是购销行为，销货方收到购货方抵顶货款的货物，认为自己不是购货；购货方发出抵顶货款的货物，认为自己不是销货，这两种认识都是错误的。正确的方法应当是：纳税人采取以物易物方式销售货物，双方均作购销处理，以各自发出的货物核算销售额并计算销项税额，以各自收到的货物核算购货额并计算进项税额。

需要注意的是，在以物易物销售活动中，应分别开具合法的票据，至于收到的货物，其进项税额能否抵扣，则需要视开具发票的种类和换进货物的用途而定，如收到的货物不能取得相应的增值税专用发票或其他合法票据，则不能抵扣进项税额。

【例 2-5】 甲企业(增值税一般纳税人)以市场含税价格 5 850 元(成本价为 3 500 元)的本企业自产产品从乙公司换取原材料一批，含税价格 5 850 元。双方交换的货物均适用

17%的增值税税率。

根据税法规定，采取以物易物方式销售，以物易物双方都应作购销处理，以各自发出的货物核算销售额并计算销项税额，以各自收到的货物核算购货金额并计算进项税额。则甲企业该笔业务应计算的增值税为

双方货物交换均开具增值税专用发票而且符合抵扣条件的情况下：

销项税额= 5 850 ÷ (1 + 17%) × 17% = 850(元)

进项税额= 5 850 ÷ (1 + 17%) × 17% = 850(元)

应纳增值税税额= 850 −850= 0(元)

双方货物交换不开具增值税专用发票的情况下：

销项税额= 5 850 ÷ (1 + 17%) × 17% = 850(元)

进项税额= 0(元)

应纳增值税税额= 850(元)

5)　混合销售

纳税人发生混合销售行为，且按规定应当征收增值税的，其销售额为货物与非应税劳务的销售额合计，该非应税劳务的销售额应视同含税销售额处理，且该混合销售行为涉及的非增值税应税劳务所用购进货物的进项税额，凡符合《增值税暂行条例》规定的，在计算混合销售行为增值税时，准予从销项税额中抵扣。

6)　兼营非增值税应税劳务

我国税法规定，纳税人兼营非应税劳务的，应分别核算货物或应税劳务和应税服务的销售额和非增值税应税项目的营业额，对货物或应税劳务和应税服务的销售额按各自适用的税率征收增值税，对非增值税应税劳务的销售额(营业额)按适用的税率征收营业税。如果不分别核算或者不能准确核算货物或应税劳务、应税服务和非增值税应税劳务销售额的，由主管税务机关核定货物或应税劳务和应税服务的销售额。

7)　包装物押金的税务处理

我国税法规定，纳税人为销售货物而出租出借包装物收取的押金，单独记账核算的，时间在 1 年以内，又未过期的，不并入销售额征税，但对因逾期(超过 1 年)未收回的包装物不再退还的押金，应并入销售额按所包装货物的适用税率计算销项税额。

注意：逾期包装物押金为含税收入，需换算成不含税价再并入销售额；征税税率为所包装货物的适用税率：13%或 17%。

国家事务总局文件规定，从 1995 年 6 月 1 日起，对销售除啤酒、黄酒以外的其他酒类产品而收取的包装物押金，无论是否返还以及财务会计如何处理，均应并入当期销售额计税。对销售啤酒、黄酒所收取的包装物押金，按上述一般押金的规定处理。

8) 对视同销售货物行为销售额的确定

对税法中所列单位和个体工商户的10种销售行为中某些行为由于不是以资金的形式反映出来，会出现无销售额的现象。因此，税法规定，对视同销售行为征税而无销售额的按下列顺序确定其销售额。

(1) 按纳税人最近时期同类货物的平均销售价格确定。

(2) 按其他纳税人最近时期同类货物的平均销售价格确定。

(3) 按组成计税价格确定，其计算公式如下。

组成计税价格=成本 × (1 + 成本利润率)

若该货物属于应纳消费税的货物，其组成计税价格中还应加计消费税额。

公式中的成本是指：销售自产货物的为实际生产成本，销售外购货物的为实际采购成本。公式中的成本利润率由国家税务总局确定。但属于应从价定率征税或者复合计征消费税的货物，其组成计税价格中的成本利润率，为国家税务总局确定的成本利润率。

“营改增”也规定：纳税人提供应税服务的价格明显偏低或者偏高且不具有合理商业目的的，或者发生视同提供应税服务而无销售额的，主管税务机关有权按照下列顺序核定其销售额。

(1) 按纳税人最近时期提供同类应税服务的平均价格确定。

(2) 按其他纳税人最近时期提供同类应税服务的平均价格确定。

(3) 按组成计税价格确定，其计算公式如下。

组成计税价格=成本 × (1 + 成本利润率)

成本利润率由国家税务总局确定。

【例2-6】 某企业(增值税一般纳税人)，2016年2月生产加工一批新产品共500件，每件成本价200元(无同类产品市场销售价格)，全部售给本企业职工，取得不含税销售额100 000元。则其

销项税额 = 200 × (1 + 10%) × 17% × 500 = 18 700(元)

(二)进项税额的计算

进项税额是指纳税人购进货物或接受应税劳务和应税服务所支付或者所负担的增值税。进项税额与销货方收取的销项税额相对应。在开具增值税专用发票的情况下，两者之间的对应关系是：销货方收取的销项税额，就是购货方支付的进项税额。对于任何一个一般纳税人而言，由于其在经营活动中，既会发生销售货物或者提供应税劳务和应税服务，又会发生购进货物或者接受应税劳务和应税服务，因此每一个一般纳税人都会有收取的销

项税额和支付的进项税额。增值税的核心就是用纳税人收取的销项税额抵扣其支付的进项税额，其余额为纳税人实际应缴纳的增值税税额。这样，进项税额作为可抵扣的部分，对于纳税人实际纳税多少就产生了举足轻重的作用。

增值税一般纳税人以其收取的销项税额抵扣其支付的进项税额后的余额，即为其实际缴纳的增值税税额。余额大于零，即为实际应纳税额；余额小于零，差额作为留抵税额结转下期继续抵扣。

需要注意的是，并不是纳税人支付的所有进项税额都可以从销项税额中抵扣。税法对可以抵扣的增值税进项税额作了明确规定，不得抵扣的项目随意抵扣按偷税论处。

1. 准予从销项税额中抵扣的进项税额

根据《增值税暂行条例》和“营改增”的规定，准予从销项税额中抵扣的进项税额，限于下列增值税扣税凭证上注明的增值税税额和按规定的扣除率计算的进项税额。

(1) 从销售方取得的增值税专用发票上注明的增值税税额。

(2) 从海关取得的完税凭证上注明的增值税税额。

纳税人进口货物，凡已缴纳了进口环节增值税的，不论其是否已经支付货款，其取得的海关进口增值税专用缴款书均可作为增值税进项税额抵扣凭证，在规定的期限内申报抵扣进项税额。

对纳税人丢失的海关完税凭证，纳税人应当凭海关出具的相关证明，向主管税务机关提出抵扣申请。主管税务机关受理申请后，应当进行审核，并将纳税人提供的海关完税凭证电子数据纳入稽核系统比对，稽核比对无误后，可予以抵扣进项税额。

上述规定说明，纳税人在进行增值税账务处理时，每抵扣一笔进项税额，就要有一份记录该进项税额的法定扣税凭证与之相对应。没有从销售方或海关取得注明增值税税额的法定扣税凭证，就不能抵扣进项税额。

(3) 购进农产品，除取得增值税专用发票或者海关进口增值税专用缴款书外，按照农产品收购发票或者销售发票上注明的农产品买价和13%的扣除率计算进项税额。

2017 年财政部、国家税务总局颁布《财政部税务总局关于简并增值税税率有关政策的通知》(财税〔2017〕37 号)，文件规定“《中华人民共和国增值税暂行条例》第八条第二款第(三)项和本通知所称销售发票，是指农业生产者销售自产农产品适用免征增值税政策而开具的普通发票”。财税〔2017〕37 号规定销售发票由农业生产者销售自产免税农产品时开具。即自 2017 年 7 月 1 日起，一般纳税人购进农产品凭农产品收购发票或销售发票抵扣进项税额，收购发票由购买方向农业生产者开具，销售发票由农业生产者向购买方开具，而且开具的产品范围必须是农业生产者自产的农产品。农业生产者包括从事农业生产的单位和个人，也包括增值税一般纳税人、小规模纳税人和其他个人。

目前，关于农产品进项税额抵扣，有以下七种情况。

(1) 从一般纳税人购进农产品，按照取得的增值税专用发票上注明的增值税额，从销项税额中抵扣。

(2) 进口农产品，按照取得的海关进口增值税专用缴款书上注明的增值税额，从销项税额中抵扣。

(3) 从按照简易计税方法依照 3%征收率计算缴纳增值税的小规模纳税人取得增值税专用发票的，以增值税专用发票上注明的金额和 11%的扣除率计算进项税额。

(4) 取得农产品销售发票的，以农产品销售发票上注明的农产品买价和 11%的扣除率计算进项税额。

(5) 开具农产品收购发票的，以农产品收购发票上注明的农产品买价和 11%的扣除率计算进项税额。

(6) 农产品进项税额核定扣除，按照《农产品增值税进项税额核定扣除试点实施办法》(财税〔2012〕38 号)等文件规定，纳税人购进农产品，不再凭扣税凭证直接抵扣增值税进项税额，而是根据购进农产品所生产的商品或服务的销售情况，按照一定扣除标准，核定出当期农产品可抵扣的进项税额。

(7) 加计扣除。营业税改征增值税试点期间，纳税人购进用于生产销售或委托受托加工 17%税率货物的农产品维持原扣除力度不变。

2018 年 5 月 1 日后，纳税人发生增值税应税销售行为或者进口货物，原适用 17%和 11%税率的，税率分别调整为 16%、10%。纳税人购进农产品，原适用 11%扣除率的，扣除率调整为 10%。纳税人购进用于生产销售或委托加工 16%税率货物的农产品，按照 12%的扣除率计算进项税额。

其进项税额的计算公式如下。

$$准予抵扣的进项税额=买价\times扣除率$$

对这项规定需要解释的是：所谓“农业产品”，是指直接从事植物的种植、收割和动物的饲养、捕捞的单位和个人销售的自产而且免征增值税的农业产品。购买农业产品的买价，包括纳税人购进农产品在农产品收购发票或者销售发票上注明的价款和按规定缴纳的烟叶税。

【例 2-7】 某面粉加工厂(增值税一般纳税人)8 月份的主要经营业务如下。

①销售面粉 120 吨，取得不含税销售价款 576 000 元，开出的增值税专用发票上注明的税款为 74 880 元。②从某粮油经营部(小规模纳税人)购入小麦 50 吨，支付金额 150 000 元，取得普通发票。③收购农民个人的玉米 50 吨，支付价款 120 000 元，收购时厂方按规定开具了由税务机关统一监制的收购凭证。④从某粮站购入玉米 100 吨，取得的增值税专用发票上注明的价款为 210 000 元，税款为 27 300 元。该专用发票当月已通过主管税务机关认证。

解析：根据税法规定，一般纳税人向农业生产者购买的免税农产品和向小规模纳税人购买的农业产品，准予按买价和 13%的扣除率计算进项税额予以抵扣；向一般纳税人购入的货物，则按取得的专用发票上注明的税额作为进项税额予以抵扣。

销项税额= 576 000 × 13% = 74 880(元)

进项税额= (150 000 + 120 000) × 13% + 27 300 = 62 400(元)

应纳增值税税额= 74 880 − 62 400 = 12 480(元)

【例 2-8】 某食品加工厂(一般纳税人)8 月份发生以下几笔经营业务。

① 从某农业生产者处收购花生一批，开具的收购凭证上注明的收购价格为 50 000 元，货物验收入库；另支付运输企业运费 400 元，取得合法的货运发票，相关发票当月均已通过主管税务机关认证。

② 销售给某商场副食品一批，并以该厂自备车辆送货上门，向对方开具增值税专用发票一份，注明不含税价款 65 000 元，另开普通发票收取运费共 585 元。

③ 销售给某连锁超市速冻食品一批，不含税价款 25 000 元，委托某货运公司运送货物，支付运费 500 元，取得该货运公司开具的货运发票。

要求：计算该企业当月应纳的增值税税额。

解析：该食品加工厂当期发生的运费中，从某农业生产者处收购免税农业产品支付的 400 元运费，可以计算进项税额抵扣；向某商场收取的 585 元运费属于混合销售行为，应视同销售货物计算销项税额；为销售货物支付的 500 元运费，将货票原票转交后，应由该连锁超市计算抵扣进项税额。由此，该食品加工厂当期应纳增值税税额计算如下：

① 进项税额 = 50 000 × 13% + 400 × 11% + 500 × 11% = 6 599(元)

② 销项税额 = 65 000 × 17% + 585 ÷ (1 + 17%) × 17% + 25 000 × 17% = 15 385(元)

③ 应纳税额 = 15 385 − 6 599 = 8 786(元)

2. “营改增”后原增值税纳税人进项税额的抵扣政策

原增值税纳税人是指按照《中华人民共和国增值税暂行条例》(以下称《增值税暂行条例》)缴纳增值税的纳税人，其有关进项税额抵扣的政策如下。

(1) 原增值税一般纳税人接受试点纳税人提供的应税服务，取得的增值税专用发票上注明的增值税额为进项税额，准予从销项税额中抵扣。

(2) 原增值税一般纳税人自用的应征消费税的摩托车、汽车、游艇，其进项税额准予从销项税额中抵扣。

(3) 原增值税一般纳税人接受境外单位或者个人提供的应税服务，按照规定应当扣缴增值税的，准予从销项税额中抵扣的进项税额为从税务机关或者代理人取得的解缴税款的税收缴款凭证上注明的增值税额。

纳税人凭税收缴款凭证抵扣进项税额的，应当具备书面合同、付款证明和境外单位的对账单或者发票。资料不全的，其进项税额不得从销项税额中抵扣。

3. 不得从销项税额中抵扣的进项税额

纳税人购进货物或接受应税劳务和应税服务，取得的增值税扣税凭证不符合法律、行政法规或者国务院税务部门有关规定的，其进项税额不得从销项税额中抵扣。增值税扣税凭证是指增值税专用发票、海关进口增值税专用缴款书、农产品收购发票和农产品销售发票等。

(1) 用于简易计税方法计税项目、非增值税应税项目、免征增值税项目、集体福利或者个人消费的购进货物、加工修理修配劳务、服务、无形资产和不动产。

【例 2-9】某生产企业(增值税一般纳税人)当月为其正在进行的扩建厂房工程购进建筑材料一批，取得的增值税专用发票上注明的价款为 32 000 元，税款为 5 440 元；同时支付运费 800 元，取得合法的货运发票，材料验收入库。

根据税法规定，该厂用于非应税项目的购进货物及其支付的运费，进项税额均不得抵扣，上述金额须全部计入在建工程成本。

【例 2-10】 某食品加工厂(增值税一般纳税人)当月从某果园(小规模纳税人)购进水果一批，支付价款 15 000 元，取得对方开具的普通发票，该批水果全部以福利形式发放给本厂职工；同时发放给职工的还包括上月购进的用于生产的精制食用油一批，该批食用油账面成本 20 000 元，其进项税额上月已抵扣。

根据税法规定，用于集体福利或者个人消费的购进货物，其进项税额不得抵扣，则该批购进的水果不得按照买价和 13%的扣除率计算进项税额予以抵扣；发放的外购食用油进项税额不得抵扣，因其进项税额已经抵扣，故应作进项税额转出。

进项税额转出 = 20 000 × 13% = 2 600(元)

(2) 非正常损失的购进货物及相关的应税劳务。

非正常损失是指因管理不善造成被盗、丢失、霉烂变质的损失，以及被执法部门依法没收或者强令自行销毁的货物。

【例 2-11】 某企业 8 月份发生火灾，损失 A 产品一批，账面成本 200 000 元，根据该企业年度“生产成本表”反映的各项数据可计算出 A 产品耗用原材料的比例为 80%，原材料适用的增值税率为 17%。

根据税法规定，非正常损失的在产品、产成品所耗用的购进货物，其进项税额不得从销项税额中抵扣。则该企业 8 月份进项税额的转出额为

进项税额转出 = 200 000 × 80% × 17% = 27 200(元)

(3) 非正常损失的在产品、产成品所耗用的购进货物或者应税劳务。

(4) 对于进口货物，由于纳税人取得的合法的海关进口增值税专用缴款书，是计算增值税进项税额的唯一依据，因此纳税人进口货物向境外实际付款低于进口报关价格的差额部分以及从境外供应商取得的退还或返还的资金，不作进项税额转出处理。

(5) 原增值税一般纳税人接受试点纳税人提供的应税服务，下列项目的进项税额不得从销项税额中抵扣。

① 纳税人购进其他权益性无形资产无论是专用于简易计税方法计税项目、免征增值税项目、集体福利或者个人消费，还是兼用于上述项目，均可以抵扣进项税额。

② 虽然取得合法的扣税凭证，但非正常损失的购进货物，以及相关的加工修理修配劳务和交通运输服务；非正常损失的在产品、产成品所耗用的购进货物(不包括固定资产)、加工修理修配劳务和交通运输服务；非正常损失的不动产(包括不动产在建工程)，以及该不动产(包括不动产在建工程)所耗用的购进货物、设计服务和建筑服务，上述所涉及的购进进项税额不得抵扣。

③ 一般意义上，旅客运输服务、餐饮服务、居民日常服务和娱乐服务主要接受对象是个人。对于一般纳税人购买的旅客运输服务、餐饮服务、居民日常服务和娱乐服务，难以准确的界定接受劳务的对象是企业还是个人，因此，一般纳税人购进的旅客运输服务、餐饮服务、居民日常服务和娱乐服务的进项税额不得从销项税额中抵扣。

(三)应纳税额的计算

应纳税额的计算公式如下。

应纳税额 = 当期销项税额-当期进项税额

为了保证计算应纳税额的合理性、准确性，纳税人必须严格把握当期进项税额从当期销项税额中抵扣这个要点。“当期”是个重要的时间限定，具体是指税务机关依照税法规定对纳税人确定的纳税期限；只有在纳税期内实际发生的销项税额、进项税额，才是法定的当期销项税额或者当期进项税额。

一般纳税人在计算出销项税额和进项税额后就可以得出实际应纳税额。为了正确计算增值税应纳税额，在实际操作时需注意以下规定。

1. 计算应纳税额的时限规定

1) 计算销项税额的时间限定

总的要求：确认时间不得滞后。

根据纳税人销售货物或应税劳务的货款结算方式不同，当期销项税额的确认时间，按照增值税纳税义务发生时间的规定执行。

2) 进项税额抵扣的时间限定

(1) 取得防伪税控系统开具的增值税专用发票进项税额抵扣的时间限定。

总的要求：抵扣时间不得提前，也不得滞后。

根据税法规定，增值税一般纳税人购进货物或应税劳务，取得防伪税控系统开具的增值税专用发票，抵扣的进项税额按以下规定处理。

增值税一般纳税人取得2010年1月1日以后开具的增值税专用发票、货物运输业增值税专用发票和机动车销售统一发票，应在开具之日起180日内到税务机关办理认证时间，并在认证通过的次月申报期内，向主管税务机关申报抵扣进项税额。纳税人取得2009年12月31日以前开具的增值税扣税凭证，仍按原规定执行。

(2) 海关进口增值税专用缴款书进项税额抵扣的时限规定。

为了进一步加强海关进口增值税专业缴款书的增值税抵扣管理，税务总局、海关总署决定在全国范围推广实施海关缴款书“先比对后抵扣”管理办法。

自2013年7月1日起，增值税一般纳税人进口货物取得属于增值税扣税范围的海关缴款书，须经税务机关稽核比对相符后，其增值税额方能作为进项税额在销项税额中抵扣。

增值税一般纳税人进口货物取得属于增值税扣税范围的海关缴款书，应当在开具之日起180日内向主管税务机关报送《海关完税凭证抵扣清单》(电子数据)，申请稽核比对，逾期未申请的不得抵扣进项税额。

2. 进项税额不足抵扣的税务处理

由于增值税实行购进扣税法，采用前述公式计算应纳税额时，可能会出现当期销项税额小于当期进项税额的情况，其不足抵扣部分，我国现行增值税规定将其差额作为留抵税额结转下期继续抵扣。

3. 扣减发生期进项税额的规定

由于增值税实行以当期销项税额抵扣当期进项税额的“购进扣税法”，当期购进的货物或接受应税劳务和应税服务如果实现并未确定将用于非生产经营项目，其进项税额会在当期销项税额中予以抵扣。但根据《增值税暂行条例》及其实施细则和“营改增”的规定，已抵扣进项税额的购进货物或接受应税劳务和应税服务如果事后改变用途，用于使用简易计税方法计税项目、用于非增值税应税项目、用于免征增值税项目、用于集体福利或者个人消费、购进货物发生非正常损失、在产品或产成品发生非正常损失，应当将购进货物或者应税劳务和应税服务的进项税额从当期进项税额中扣减；无法确定该进项税额的，按当期实际成本计算应扣减的进项税额。

4. 销货退回或折让的税务处理

一般纳税人销售货物或提供应税劳务和应税服务，开具增值税专用发票后，若发生销

货退回或折让、开票有误等情形的，应按国家税务总局的规定开具红字增值税专用发票。未按规定开具红字增值税专用发票的不得扣减销项税额或者销售额。

“营改增”也规定：纳税人提供的适用一般计税方法的应税服务，因服务中止或者折让而退还给购买方的增值税额，应当从当期的销项税额中扣减，发生服务中止、购进货物退出或者折让而收回的增值税额，应当从当期的进项税额中扣减。

一般纳税人因销货退回或折让而退还给购买方的增值税额，应从发生销货退回或折让当期的销项税额中扣减；因进货退出或折让而收回的增值税额，应从发生进货退出或折让当期的进项税额中扣减。

对于纳税人销货退回或折让扣减销项税额时，必须提供相应的法定扣减凭证，否则不予扣减；纳税人进货退出或折让不按规定扣减进项税额，造成进项税额虚增，不纳或少纳增值税的属于偷税行为，按偷税论处。

【例 2-12】 某商场为增值税一般纳税人，适用增值税税率 17%，2015 年 8 月发生以下购销业务。

① 购入服装一批，取得增值税专用发票。专用发票上注明的货款为 20 万元，进项税额为 3.4 万元，款项于当月已付清。另外，购进这批货物时已支付运费 1 万元，并取得运输公司开具的货物运输业增值税专业发票。

② 批发销售服装一批，取得不含税销售额 100 万元，采用委托银行收款方式结算，货已发出并办妥托收手续，货款尚未收回，另外取得销售甲产品的送货运费收入 5.85 万元(含增值税价格，与销售货物不能分别核算)。

③ 零售各种服装，取得含税销售额 23.4 万元，同时将零售价为 1.17 万元的服装作为礼品赠送给了顾客。

④ 采取以旧换新方式销售家用电脑 20 台，每台零售价 6 435 元，另支付顾客每台旧电脑收购款 500 元。

⑤ 将上月购进的一批服装发给本企业职工做福利，取得增值税专用发票上注明的购买价格为 5 万元。

要求： 计算该商场 2015 年 8 月应缴纳的增值税。

① 确定销售额

销售额 $= 100 + 5.85 \div (1 + 17\%) + (23.4+1.17) \div (1 + 17\%)+ (0.6435 \times 20) \div (1 + 17\%)$
$= 137$(万元)

② 确定销项税额

销项税额 $= 137 \times 17\% = 23.29$(万元)

③ 确定进项税额

可抵扣的进项税额 $= 3.4 + 1 \times 11\% - 5\times 17\% = 2.66$(万元)

④ 计算当期应纳税额

当期应纳税额=23.29−2.66 =20.63(万元)

二、简易计税方法应纳税额的计算

纳税人销售货物或者提供应税劳务和应税服务适用按简易计税方法的，按销售额和征收率的简易办法计算应纳税额，不得抵扣进项税额。其计算公式如下。

应纳税额 =(不含税)销售额 × 征收率

公式中的销售额应不含增值税额，但应含价外费用。

【例 2-13】 2016 年 5 月中旬，某商店(增值税小规模纳税人)购进童装 150 套，“六一”儿童节之前以每套 103 元的含税价格全部零售出去，同时收取包装费 1 030 元。该商店当月销售这批童装应纳增值税为多少？

解析： 小规模商业企业增值税征收率为 3%，则

应纳税额= (103 × 150 + 1 030)÷(1 + 3%) × 3%

= 16 000 × 3% = 480(元)

三、进口货物应纳税额的计算

由于进口货物既不是销售又没有增值，所以其应纳税额的计算比较特殊，没有销项税额与进项税额的概念，而是直接按照组成计税价格来计税。

纳税人进口货物，按照组成计税价格和规定税率计算应纳税额。其计算公式如下。

应纳进口环节增值税=组成计税价格×税率

组成计税价格=关税完税价格+关税+消费税

进口环节的增值税能否作为进项税额抵扣关键在于进口货物的用途。

【例 2-14】 某商场于 2016 年 10 月进口货物一批，该批货物在国外的买价为 40 万元，另该批货物运抵我国海关前发生的包装费、运输费、保险费等共计 20 万元。货物报关后，商场按规定缴纳了进口环节的增值税并取得了海关开具的完税凭证。请计算该批货物进口环节应缴纳的增值税税额(货物进口关税税率 15%，增值税税率 17%)。

解析:

关税的组成计税价格= 40 + 20 = 60(万元)

应缴纳进口关税= 60 × 15% = 9(万元)

进口环节应纳增值税的组成计税价格= 60 + 9 = 69(万元)

进口环节应缴纳增值税税额= 69 × 17% = 11.73(万元)

任务三　增值税征收管理与纳税申报

一、增值税的税收优惠

现行增值税的优惠政策主要有，在一定范围内规定起征点以及对某些项目给予免征增值税。为了贯彻落实国务院关于支持小型和微型企业发展的要求，我国增值税法律制度作出以下减免税规定。

(一)起征点

纳税人销售额未达到财政部、国家税务总局规定的增值税起征点的，免征增值税；达到起征点的，依照《中华人民共和国增值税暂行条例实施细则》①的规定全额计算缴纳增值税。

增值税起征点的适用范围限于个人(仅指个体工商户和其他个人)，而不适用于单位纳税人。增值税起征点的幅度规定如下：①销售货物的，为月销售额 5 000～20 000 元。②销售应税劳务的，为月销售额 5 000～20 000 元。③按次纳税的，为每次(日)销售额 300～500 元。④应税服务的起征点：按期纳税的，为月销售额 5 000～20 000 元。⑤按次纳税的，为每次(日)销售额 300～500 元。

(二)直接免税

按照现行税法规定，免征增值税的项目主要有：①农业生产者销售的自产农产品免征增值税；②避孕药品和用具；③古旧图书；④直接用于科学研究、科学实验和教学的进口仪器、设备；⑤外国政府、国际组织无偿援助的进口物质和设备；⑥由残疾人的组织直接进口供残疾人专用的物品；⑦销售自己使用过的物品；⑧批发和零售的种子、种苗、化肥、农药、农机、农膜。

(三)营业税改征增值税试点过渡政策的规定

下列项目免征增值税：

---

① 《中华人民共和国增值税暂行条例实施细则》已根据 2011 年 10 月 28 日《关于修改〈中华人民共和国增值税暂行条例实施细则〉和〈中华人民共和国营业税暂行条例实施细则〉的决定》修订，并于 2011 年 11 月 1 日起施行。

(1) 托儿所、幼儿园提供的保育和教育服务。

(2) 养老机构提供的养老服务。

(3) 残疾人福利机构提供的育养服务。

(4) 婚姻介绍服务。

(5) 殡葬服务。

(6) 残疾人员本人为社会提供的服务。

(7) 医疗机构提供的医疗服务。

(8) 从事学历教育的学校提供的教育服务。

(9) 学生勤工俭学提供的服务。

(10) 农业机耕、排灌、病虫害防治、植物保护、农牧保险以及相关技术培训业务，家禽、牲畜、水生动物的配种和疾病防治。

(11) 纪念馆、博物馆、文化馆、文物保护单位管理机构、美术馆、展览馆、书画院、图书馆在自己的场所提供文化体育服务取得的第一道门票收入。

(12) 寺院、宫观、清真寺和教堂举办文化、宗教活动的门票收入。

(13) 行政单位之外的其他单位收取的符合《试点实施办法》第十条规定条件的政府性基金和行政事业性收费。

(14) 个人转让著作权。

(15) 个人销售自建自用住房。

(16) 2018 年 12 月 31 日前，公共租赁住房经营管理单位出租公共租赁住房。

(17) 台湾航运公司、航空公司从事海峡两岸海上直航、空中直航业务在大陆取得的运输收入。

(18) 纳税人提供的直接或者间接国际货物运输代理服务。

(19) 以下利息收入。①2016 年 12 月 31 日前，金融机构农户小额贷款。②国家助学贷款。③国债、地方政府债。④人民银行对金融机构的贷款。⑤住房公积金管理中心用住房公积金在指定的委托银行发放的个人住房贷款。⑥外汇管理部门在从事国家外汇储备经营过程中,委托金融机构发放的外汇贷款。⑦统借统还业务中，企业集团或企业集团中的核心企业以及集团所属财务公司按不高于支付给金融机构的借款利率水平或者支付的债券票面利率水平，向企业集团或者集团内下属单位收取的利息。统借方向资金使用单位收取的利息，高于支付给金融机构借款利率水平或者支付的债券票面利率水平的，应全额缴纳增值税。

(20) 被撤销金融机构以货物、不动产、无形资产、有价证券、票据等财产清偿债务。

(21) 保险公司开办的一年期以上人身保险产品取得的保费收入。

(22) 下列金融商品转让收入。①合格境外投资者(QFII)委托境内公司在我国从事证券买卖业务。②香港市场投资者(包括单位和个人)通过沪港通买卖上海证券交易所上市 A 股。③对香港市场投资者(包括单位和个人)通过基金互认买卖内地基金份额。④证券投资基金(封闭式证券投资基金，开放式证券投资基金)管理人运用基金买卖股票、债券。⑤个人从事金融商品转让业务。

(23) 金融同业往来利息收入。①金融机构与人民银行所发生的资金往来业务。包括人民银行对一般金融机构贷款，以及人民银行对商业银行的再贴现等。②银行联行往来业务。同一银行系统内部不同行、处之间所发生的资金账务往来业务。③金融机构间的资金往来业务。是指经人民银行批准，进入全国银行间同业拆借市场的金融机构之间通过全国统一的同业拆借网络进行的短期(一年以下含一年)无担保资金融通行为。④金融机构之间开展的转贴现业务。

(24) 纳税人提供技术转让、技术开发和与之相关的技术咨询、技术服务。

(25) 2017 年 12 月 31 日前，科普单位的门票收入，以及县级及以上党政部门和科协开展科普活动的门票收入。

(26) 政府举办的从事学历教育的高等、中等和初等学校(不含下属单位)，举办进修班、培训班取得的全部归该学校所有的收入。

(27) 政府举办的职业学校设立的主要为在校学生提供实习场所、并由学校出资自办、由学校负责经营管理、经营收入归学校所有的企业，从事《销售服务、无形资产或者不动产注释》中“现代服务”(不含融资租赁服务、广告服务和其他现代服务)、“生活服务”(不含文化体育服务、其他生活服务和桑拿、氧吧)业务活动取得的收入。

(28) 家政服务企业由员工制家政服务员提供家政服务取得的收入。

(29) 福利彩票、体育彩票的发行收入。

(30) 军队空余房产租赁收入。

(31) 为了配合国家住房制度改革，企业、行政事业单位按房改成本价、标准价出售住房取得的收入。

(32) 将土地使用权转让给农业生产者用于农业生产。

(33) 涉及家庭财产分割的个人无偿转让不动产、土地使用权。

(34) 土地所有者出让土地使用权和土地使用者将土地使用权归还给土地所有者。

(35) 县级以上地方人民政府或自然资源行政主管部门出让、转让或收回自然资源使用权(不含土地使用权)。

(36) 随军家属就业。

(37) 军队转业干部就业。

(四)增值税即征即退

(1) 一般纳税人提供管道运输服务，对其增值税实际税负超过3%的部分实行增值税即征即退政策。

(2) 经人民银行、银监会或者商务部批准从事融资租赁业务的试点纳税人中的一般纳税人，提供有形动产融资租赁服务和有形动产融资性售后回租服务，对其增值税实际税负超过3%的部分实行增值税即征即退政策。商务部授权的省级商务主管部门和国家经济技术开发区批准的从事融资租赁业务和融资性售后回租业务的试点纳税人中的一般纳税人，2016年5月1日后实收资本达到1.7亿元的，从达到标准的当月起按照上述规定执行；2016年5月1日后实收资本未达到1.7亿元但注册资本达到1.7亿元的，在2016年7月31日前仍可按照上述规定执行，2016年8月1日后开展的有形动产融资租赁业务和有形动产融资性售后回租业务不得按照上述规定执行。

(3) 本规定所称增值税实际税负，是指纳税人当期提供应税服务实际缴纳的增值税额占纳税人当期提供应税服务取得的全部价款和价外费用的比例。

二、增值税的征收管理

(一)纳税义务发生时间

增值税纳税义务发生时间是指增值税、扣缴义务人发生应税或扣缴税款行为应承担纳税义务、扣缴义务的起始时间。

1．销售货物或应税劳务的纳税义务发生时间

(1) 纳税人销售货物或者应税劳务，纳税义务发生时间为收讫销售款或者取得销售款凭据的当天；先开具发票的，为开具发票的当天。按销售结算方式的不同，具体规定如下：①采取直接收款方式销售货物，无论货物是否发出，均为收到销售额或取得索取销售额的凭据，并将提货单交给买方的当天。②采取托收承付和委托银行收款方式销售货物的，为发出货物并办妥托收手续的当天。③采取赊销和分期收款方式销售货物的，为合同约定的收款日期的当天。④采取预收货款方式销售货物的，为货物发出的当天。⑤采取委托其他纳税人代销货物的，为收到代销单位销售的代销清单的当天。⑥销售应税劳务的，为提供劳务同时收讫销售额或取得索取销售额凭据的当天。⑦纳税人有视同销售货物行为的，为货物移送的当天。

(2) 进口货物，纳税义务发生时间为报关进口的当天。

2. 提供应税服务的纳税义务发生时间

(1) 纳税人发生应税行为并收讫销售款项或者取得索取销售款项凭据的当天；先开具发票的，为开具发票的当天。

收讫销售款项是指纳税人销售服务、无形资产或者不动产过程中或者完成后收到款项。取得索取销售款项凭据的当天，是指书面合同确定的付款日期；未签订书面合同或者书面合同未确定付款日期的，为服务、无形资产转让完成的当天或者不动产权属变更的当天。

(2) 纳税人提供建筑服务、租赁服务或者销售不动产采取预收款方式的，其纳税义务发生时间为收到预收款的当天。

(3) 纳税人从事金融商品转让，为金融商品所有权转移的当天。

(4) 纳税人发生视同提供应税服务及销售行为的，其纳税义务发生时间为服务、无形资产转让完成的当天或者不动产权归属变更的当天。

(5) 增值税扣缴义务发生时间为纳税人增值税纳税义务发生的当天。

(二)纳税期限

增值税的纳税期限分别为 1 日、3 日、5 日、10 日、15 日、1 个月或者 1 个季度。纳税人的具体纳税期限由主管税务机关根据纳税人应纳税额的大小分别核定。以 1 个季度为纳税期限的规定适用于小规模纳税人、银行、财务公司、信托投资公司、信用社，以及财政部和国家税务总局规定的其他纳税人。不能按照国定期限纳税的，可以按次纳税。

纳税人以 1 个月或者 1 个季度为 1 个纳税期的，自期满之日起 15 日内申报纳税；以 1 日、3 日、5 日、10 日或者 15 日为 1 个纳税期的，自期满之日起 5 日内预缴税款，于次月 1 日起 15 日内申报纳税并结清上月应纳税款。

纳税人进口货物，应当自海关填发海关进口增值税专用缴款书之日起 15 日内缴纳税款。

(三)纳税地点

纳税人申报缴纳增值税税款的地点，具体分为以下几种情况。

(1) 固定业户应当向其机构所在地主管税务机关申报纳税。总机构和分支机构不在同一县(市)的，应当分别向各自所在地主管税务机关申报纳税；经国家税务总局或其授权的税务机关批准，可以由总机构汇总向总机构所在地主管税务机关申报纳税。固定业户的总、分支机构不在同一县(市)，但在同一省、自治区、直辖市范围内的，其分支机构应纳的增值税是否可由总机构汇总缴纳，由省、自治区、直辖市税务局决定。

(2) 固定业户到外县(市)销售货物的，应当向其机构所在地主管税务机关申请开具外出经营活动税收管理证明，向其机构所在地主管税务机关申报纳税。未持有其机构所在地主管税务机关核发的外出经营活动税收管理证明，到外县(市)销售货物或者应税劳务的，应当向销售地主管税务机关申报纳税。

(3) 非固定业户销售货物或者应税劳务，应当向销售地主管税务机关申报纳税；非固定业户到外县(市)销售货物或者应税劳务未向销售地主管税务机关申报纳税的，由其机构所在地或者居住地主管税务机关补征税款。

(4) 进口货物，应当由进口人或其代理人向报关地海关申报纳税。

(5) 其他个人提供建筑服务，销售或者出租不动产，应向建筑劳务发生地、不动产所在地税务机关申报纳税。

(6) 扣缴义务人应当向其机构所在地或者居住地主管税务机关申报缴纳扣缴的税款。

营业税改征的增值税，由国家税务局负责征收。

三、增值税的纳税申报

(一)一般纳税人的纳税申报

一般纳税人办理纳税申报需纳税申报表及其附列资料和纳税申报其他资料，具体如下。

(1) 《增值税纳税申报表(一般纳税人适用)》。

(2) 《增值税纳税申报表附列资料(一)》(本期销售情况明细)。

(3) 《增值税纳税申报表附列资料(二)》(本期进项税额明细)。

(4) 《增值税纳税申报表附列资料(三)》(应税服务扣除项目明细)。

一般纳税人提供应税服务，在确定应税服务销售额时，按照有关规定可以从取得的全部价款和价外费用中扣除价款的，需填报《增值税纳税申报表附列资料(三)》，其他情况不填写该附列资料。

(5) 《增值税纳税申报表附列资料(四)》(税收递减情况表)。

(6) 《固定资产进项税额抵扣情况表》。

(7) 主管税务机关要求报送的其他资料。

增值税纳税申报表(适用于增值税一般纳税人)的格式如表 2-3 所示。

表 2-3　增值税纳税申报表

(适用于增值税一般纳税人)

根据《中华人民共和国增值税暂行条例》第二十二条和第二十三条的规定制定本表。纳税人不论有无销售额，均应按主管税务机关核定的纳税期限按期填报本表，并于次月一日起十日内，向当地税务机关申报。

税款所属时间：自　　年　月　日至　　年　月　日　　　　　填表日期：　　年　月　日

金额单位：元至角分

纳税人识别号						所属行业：	
纳税人名称	(公章)	法定代表人姓名		注册地址		营业地址	
开户银行及账号		企业登记注册类型				电话号码	

	项　目	栏　次	一般货物及劳务		即征即退货物及劳务	
			本月数	本年累计	本月数	本年累计
销售额	(一)按适用税率征税货物及劳务销售额	1				
	其中：应税货物销售额	2				
	应税劳务销售额	3				
	纳税检查调整的销售额	4				
	(二)按简易征收办法征税货物销售额	5				
	其中：纳税检查调整的销售额	6				
	(三)免、抵、退办法出口货物销售额	7			—	—
	(四)免税货物及劳务销售额	8			—	—
	其中：免税货物销售额	9			—	—
	免税劳务销售额	10			—	—
税款计算	销项税额	11				
	进项税额	12				
	上期留抵税额	13		—		—
	进项税额转出	14				
	免抵退货物应退税额	15			—	—

续表

税款计算	按适用税率计算的纳税检查应补缴税额	16			—	—
	应抵扣税额合计	17 = 12 + 13-14-15 + 16		—		—
	实际抵扣税额	18(如 17<11，则为 17，否则为 11)				
	应纳税额	19 = 11-18				
	期末留抵税额	20 = 17-18		—		—
	简易征收办法计算的应纳税额	21				
	按简易征收办法计算的纳税检查应补缴税额	22			—	—
	应纳税额减征额	23				
	应纳税额合计	24 = 19 + 21-23				
税款缴纳	期初未缴税额(多缴为负数)	25				
	实收出口开具专用缴款书退税额	26			—	—
	本期已缴税额	27 = 28 + 29 + 30 + 31				
	①分次预缴税额	28		—		—
	②出口开具专用缴款书预缴税额	29		—	—	—
	③本期缴纳上期应纳税额	30				
	④本期缴纳欠缴税额	31				
	期末未缴税额(多缴为负数)	32 = 24 + 25 + 26-27				
	其中：欠缴税额(≥0)	33 = 25 + 26-27		—		—
	本期应补(退)税额	34 = 24-28-29		—		—
	即征即退实际退税额	35	—	—		
	期初未缴查补税额	36			—	—
	本期入库查补税额	37			—	—
	期末未缴查补税额	38 = 16 + 22 + 36-37			—	—

续表

<table>
<tr><td>授权声明</td><td>如果你已委托代理人申报，请填写下列资料：
为代理一切税务事宜，现授权______________(地址)________为本纳税人的代理申报人，任何与本申报表有关的往来文件，都可寄予此人。
授权人签字：</td><td>申报人声明</td><td>此纳税申报表是根据《中华人民共和国增值税暂行条例》的规定填报的，我相信它是真实的、可靠的、完整的。
声明人签字：</td></tr>
</table>

以下由税务机关填写。

收到日期：　　　　　　　　接收人：　　　　　　　　主管税务机盖章：

(二)小规模纳税人的纳税申报

小规模纳税人办理纳税申报需纳税申报表及其附列资料和纳税申报其他资料，具体如下。

(1)　《增值税纳税申报表(小规模纳税人适用)》。

(2)　《增值税纳税申报表(小规模纳税人适用)附列资料》。

小规模纳税人提供应税服务，在确定应税服务销售额时，按照有关规定可以从取得的全部价款和价外费用中扣除价款的，需填报《增值税纳税申报表(小规模纳税人适用)附列资料》。其他情况不填写该附列资料。

增值税纳税申报表(适用于小规模纳税人)的格式如表 2-4 所示。

表 2-4　增值税纳税申报表

(适用于小规模纳税人)

纳税人识别号：

纳税人名称(公章)：　　　　　　　　　　　　金额单位：元(列至角分)

税款所属期：　　年　月　日至　　年　月　日　　　　填表日期：　　年　月　日

	项　目	栏　次	本 月 数	本年累计
一、计税依据	(一)应征增值税货物及劳务不含税销售额	1		
	其中：税务机关代开的增值税专用发票不含税销售额	2		
	税控器具开具的普通发票不含税销售额	3		
	(二)销售使用过的应税固定资产不含税销售额	4		
	其中：税控器具开具的普通发票不含税销售额	5		
	(三)免税货物及劳务销售额	6		
	其中：税控器具开具的普通发票销售额	7		

续表

	项　　目	栏　次	本 月 数	本年累计
一、计税依据	(四)出口免税货物销售额	8		
	其中：税控器具开具的普通发票销售额	9		
	直接出口货物免税销售额	10		
二、税款计算	本期应纳税额	11		
	本期应纳税额减征额	12		
	应纳税额合计	13 = 11 - 12		
	本期预缴税额	14		—
	本期应补(退)税额	15 = 13 - 14		—

纳税人或代理人声明：	如纳税人填报，由纳税人填写以下各栏：
此纳税申报表是根据国家税收法律的规定填报的，我确定它是真实的、可靠的、完整的。	办税人员(签章)：　　财务负责人(签章)： 法定代表人(签章)：　　联系电话：
	如委托代理人填报，由代理人填写以下各栏：
	代理人名称：　　经办人(签章)：　　联系电话： 代理人(公章)：

受理人：　　受理日期：　年　月　日　　受理税务机关(签章)：

本表为A4竖式一式二份，纳税人、税务机关各留存一份。

任务四　增值税的会计核算

一、账户设置

(一)一般纳税人会计科目的设置

为了准确反映应纳增值税的计算和缴纳情况，一般纳税人应设置“应交税费”科目进行核算，在“应交税费”科目下，设置“应交增值税”和“未交增值税”两个二级科目。

1.“应交税费——应交增值税”科目

该账户借方发生额反映企业购进货物或接受应税劳务和应税服务所支付的进项税额，实际已缴纳增值税额以及月末转出的当月发生的应缴未缴增值税额。

贷方发生额反映企业销售货物或提供应税劳务和应税服务所收取的销项税额，出口货物退税额、进项税额转出数以及月末转出的当月多缴增值税额(转入“未交增值税额”)。

期末借方余额反映企业尚未抵扣的增值税额(不会出现贷方余额)。

企业在“应交税费——应交增值税”二级科目下设置“进项税额”“已交税金”“减免税款”“出口抵减内销产品应纳税额”“销项税额”“出口退税”“进项税额转出”等明细专栏，并按规定进行核算，核算采用多栏式明细账。

2. “应交税费——未交增值税”科目

该账户用来核算企业欠缴增值税和待抵扣增值税的情况，借方反映企业上缴以前月份未缴增值税额以及当月多缴增值税额，贷方反映月末应缴未缴增值税额。期末借方余额反映企业尚未抵扣税额和多缴的增值税，贷方余额反映企业期末结转下期应缴的增值税。

(二)小规模纳税人会计科目的设置

小规模纳税人销售收入的核算方法与一般纳税人相同，不同的是小规模纳税人不得抵扣进项税额，因此小规模纳税人在进行会计核算时，只需设置“应交税费——应交增值税”二级账户进行核算即可，不必再设明细项目。

该账户贷方发生额反映企业销售货物或提供应税劳务应缴的增值税额，借方发生额反映企业已缴纳的增值税额。期末贷方余额反映企业应缴未缴的增值税额，借方余额反映企业多缴的增值税额。

小规模纳税人以及购入材料不能抵扣增值税的，发生的增值税计入材料成本，借记“材料采购”等科目，贷记“应交税费——应交增值税”科目。

二、会计核算

(一)一般纳税人账务处理

1. 销项税额的会计处理

1)　一般销售的核算

企业销售货物或提供应税劳务和应税服务，按实现的营业收入和按规定收取的增值税额，借记“应收账款”“应收票据”“银行存款”等科目；按专用发票上注明的增值税额，贷记“应交税费——应交增值税(销项税额)”；按实现的营业收入，贷记“主营业务收入”“其他业务收入”等科目。在正常销售业务发生时，由于其采取的结算方式不同，因此其销项税额的核算也有区别。

(1) 采用直接收款方式销售产品的销项税额的会计处理。

【例 2-15】 天华厂向光明厂销售甲产品 360 件，600 元/件，计价款 216 000 元、税额 36 720 元(360 × 600 × 17%)，货款用银行存款结算。

借：银行存款　　252 720
　　贷：主营业务收入　　216 000
　　　　应交税费——应交增值税(销项税额)　　36 720

【例 2-16】 某工业企业临时对外加工，加工费收入用现金结算，开出增值税专用发票，加工费 1 500 元，税额 255 元。作会计分录如下。

借：库存现金　　1 755
　　贷：其他业务收入　　1 500
　　　　应交税费——应交增值税(销项税额)　　255

【例 2-17】 天华厂销售给天力公司甲产品 110 件，开具普通发票，含税金额 77 220 元，用转账支票结清。

因天力公司不属于一般纳税人，按税法的规定，应开具普通发票，所收款项是价税合并收取的，故应倒算销售额和销项税额。

销售额= 含税销售额÷(1 + 税率) = 77 220÷(1 + 17%) = 66 000(元)

销项税额= 66 000 × 17% = 11 220(元)

作会计分录如下。

借：银行存款　　77 220
　　贷：主营业务收入　　66 000
　　　　应交税费—应交增值税(销项税额)　　11 220

【例 2-18】 2015 年 10 月，济南 A 物流企业，本月提供交通运输收入 100 万元，物流辅助收入 100 万元，按照适用税率，分别开具增值税专用发票，款项已收。当月委托上海 B 企业一项运输业务，取得 B 企业开具的货物运输业增值税专用发票，价款 20 万元，注明的增值税额为 2.2 万元(交通运输增值税税率为 11%)。

取得运输收入的会计处理如下。

借：银行存款　　1 110 000
　　贷：主营业务收入——运输　　1 000 000
　　　　应交税费——应交增值税(销项税额)　　110 000

取得物流辅助收入的会计处理如下。

借：银行存款　　1 060 000
　　贷：其他业务收入——物流　　1 000 000
　　　　应交税费——应交增值税(销项税额)　　60 000

(2) 采用商业汇票、委托收款、托收承付结算方式销售产品的销项税额的会计处理。

企业采用商业汇票、委托收款或托收承付结算方式销售产品，尽管结算程序不同，但按增值税法的规定，应于收到购货方交来的商业汇票或发出商品并向银行办妥托收手续的当天，确认销售实现并发生纳税义务。企业应根据委托收款或托收承付结算凭证和发票，借记“应收票据”“应收账款”，贷记“应交税费——应交增值税(销项税额)”“主营业务收入”。

【例 2-19】 天华厂向外地胜利厂发出乙产品 200 件，460 元/件，价款 92 000 元，税额 15 640 元(200 × 460 × 17%)，代垫运杂费 2 000 元。根据发货票和铁路运单等，已向银行办妥委托收款手续。作会计分录如下。

借：应收账款——胜利厂　　109 640
　　贷：应交税费——应交增值税(销项税额)　　15 640
　　　　主营业务收入　　92 000
　　　　银行存款　　2 000

(3) 采用赊销和分期收款方式销售产品的销项税额的会计处理。

采用赊销和分期收款方式销售产品，按增值税法的规定，销售实现并发生纳税义务和开具增值税专用发票的时间为合同约定收款日期的当天。发出商品时，借记“分期收款发出商品”，贷记“产成品”，按合同约定收款日期开具增值税专用发票，并按增值税专用发票上注明的金额，借记“银行存款”或“应收账款”，贷记“应交税费—应交增值税(销项税额)”“主营业务收入”。

【例 2-20】 天华厂向向阳厂销售丙产品 200 件，540 元/件，产品成本为 80 000 元，税率为 17%。按合同规定，贷款分 3 个月支付，本月为第 1 期产品销售实现月，增值税专用发票上注明：价款 36 000 元，税额 6 120 元(36 000 × 17%)，已收到款项。

本月按成本价发出全部商品，根据合同规定，分三期确认收入并结转成本，本月确认总收入的 1/3(200×540×1/3=36 000)及销项税额的 1/3(200×540×1/3×17%=6 120)并结转成本的 1/3(80000×1/3=26 667)。

作会计分录如下。

借：分期收款发出商品　　80 000
　　贷：产成品　　80 000

借：银行存款　　42 120
　　贷：应交税费——应交增值税(销项税额)　　6 120
　　　　主营业务收入　　36 000
借：主营业务成本　　26 667
　　贷：分期收款发出商品　　26 667

2) 混合销售行为的会计处理

按照税法的规定，一项销售行为如果既涉及服务又涉及货物，为混合销售。从事货物的生产、批发或者零售的单位和个体工商户的混合销售行为，按照销售货物缴纳增值税；其他单位和个体工商户的混合销售行为，按照销售服务缴纳增值税。

【例2-21】 某钢窗厂销售钢制防盗门，售价为300元(含税)，另收取运输及安装费50元(含税)。

防盗门价 = 300÷(1 + 17%) = 256.41(元)

防盗门增值税销项税额 = 256.41 × 17% = 43.59(元)

非应税劳务价 = 50÷(1 + 17%) = 42.74(元)

非应税劳务增值税销项税额 = 42.74 × 17% = 7.27(元)

混合销售行为增值税销项税额 = 43.59 + 7.27 =50.86(元)

作会计分录如下。

借：库存现金(或银行存款)　　350.00
　　贷：主营业务收入　　256.41
　　　　其他业务收入　　42.74
　　　　应交税费——应交增值税(销项税额)　　50.86

3) 视同销售行为的会计处理

(1) 将货物交付他人代销的会计处理。

第一，受托方作为自购自销处理的，不涉及手续费的问题，企业应在受托方销售货物并交回代销清单时，为受托方开具专用发票。按“价税合计”栏的金额，借记“银行存款”“应收账款”等科目；按“金额”栏的金额，贷记“主营业务收入”“其他业务收入”等科目；按“税额”栏的金额，贷记“应交税费——应交增值税(销项税额)”科目。

第二，受托方不作为自购自销处理只收取代销手续费的，企业应在受托方交回代销清单时，为受托方开具专门发票。按“价税合计”栏的金额扣除手续费后的余额，借记“银行存款”“应收账款”等科目；按手续费金额，借记“销售费用”等科目；按“金额”栏的金额，贷记“主营业务收入”“其他业务收入”等科目；按“税额”栏的金额，贷记“应交税费——应交增值税(销项税额)”科目。

增值税之所以规定委托方与受托方都作销售处理，是为了保持增值税的征收链条不中断，使各环节的税负更趋合理。对销售的确认，应该先由受托方开始，即当受托方销售代销货物时，要给购买方开出增值税专用发票，自己据以作销售处理；然后再按与委托方签订的协议，定期填制货物代销清单，与委托方结算货款及手续费，委托方根据代销清单，给受托方开出增值税专用发票，并据以作销售处理。

委托其他单位代销产品，按税法的规定，应于收到受托人送交的代销清单的当天，销售成立、发生纳税义务并开具增值税专用发票。收到代销清单时，借记“应收账款”或“银行存款”，贷记“应交税费——应交增值税(销项税额)”“主营业务收入”。委托单位支付的代销手续费，应在接到委托单位转来的普通发票后，借记“营业费用”，贷记“银行存款”“应收账款”。

【例 2-22】 天华厂委托光大商行代销甲产品 200 件，不含税代销价 550 元/件，税率为 17%，单位成本 400 元。月末收到光大商行转来的代销清单，上列已售甲产品 120 件的价款 66 000 元，收取增值税 11 220 元，开出增值税专用发票。代销手续费按不含税代销价的 5%支付，已通过银行收到扣除代销手续费的全部款项。

作会计分录如下。

发出代销商品时，

借：委托代销商品　　80 000
　　贷：产成品　　80 000

收到光大商行转来的代销清单并结转代销手续费时，

借：银行存款　　73 920
　　贷：主营业务收入[66 000 × (1−5%)]　　62 700
　　　　应交税费——应交增值税(销项税额)　　11 220
借：销售费用(66 000 × 5%)　　3 300
　　贷：主营业务收入　　3 300

结转代销商品成本时，

借：主营业务成本　　48 000
　　贷：委托代销商品　　48 000

(2) 销售代销货物的会计处理。

第一，企业将销售代销货物作为自购自销处理的，不涉及手续费问题，应在销售货物时，为购货方开具专用发票。编制会计分录时，按“金额”栏的金额，借记“应付账款”等科目；按“税额”栏的金额，贷记“应交税费——应交增值税(销项税额)”科目；按“价税合计”栏的金额，贷记“主营业务收入”“商品销售收入”等科目。

第二，企业销售代销货物不作为自购自销处理的，货物出售后，扣除手续费，余款如数归还委托方，应在销售货物时，为购货方开具专用发票。编制会计分录时，按“价税合计”栏的金额，借记“银行存款”等科目；按“金额”栏的金额，贷记“应付账款”科目；按“税额”栏的金额，贷记“应交税费——应交增值税(销项税额)”科目。

(3) 自产或委托加工货物用于非应税项目、集体福利或个人消费的会计处理。

企业将自产、委托加工的货物用于非应税项目、集体福利或个人消费等的，应视同销售货物计算应交增值税。按同类货物的成本价和销项税额，借记“在建工程”“应付职工薪酬”等科目；按货物的成本价，贷记“产成品”等科目；按同类货物的销售价格和规定的增值税税率计算的销项税额，贷记“应交税费——应交增值税(销项税额)”科目。

相关会计分录如下。

借：在建工程(或应付职工薪酬等)

　　贷：应交税费——应交增值税(销项税额)

　　　　主营业务收入(或产成品等)

【例 2-23】 天华厂将自产的商品——乙产品 40 件用于本企业第二车间的改建工程，该产品售价为 200 元/件。按规定将应纳的增值税税额和产品成本(单位生产成本 160 元)之和计入工程成本，销项税额 1 360 (40 × 200 × 17%)元。

作会计分录如下。

借：在建工程　　7 760

　　贷：产成品　　6 400

　　　　应交税费——应交增值税(销项税额)　　1 360

(4) 自产、委托加工货物或购买的货物无偿赠送他人、作为投资提供给其他单位或个体经营者、分配给股东或投资者的会计处理。

企业将自产或委托加工的货物无偿赠送他人、作为投资提供给其他单位或个体经营者、分配给股东或投资者，应视同销售货物计算应交增值税。按同类货物的成本价和销项税额，借记“营业外支出”“长期股权投资”“应付利润”等科目；按货物的成本价，贷记“产成品”“主营业务收入”等科目；按同类货物的销售价格和规定的增值税税率计算的销项税额，贷记“应交税费——应交增值税(销项税额)”科目。

相关会计分录如下。

借：营业外支出(或长期股权投资或应付股利等)

　　贷：应交税费——应交增值税(销项税额)

　　　　产成品(或库存商品或主营业务收入等)

4)　其他销售业务销项税额的核算

(1)　以物易物业务的会计处理。

以物易物是一种较为特殊的购销活动。它是指业务双方进行交易时，不以货币结算，而以同等价款的货物相互结算，从而实现货物购销的一种交易方式。按增值税法的规定，以物易物的，双方都要作购销处理，以各自发出的货物核定销售额并计算销项税额，以各自收到的货物核算购货额，并依据双方开具的增值税专用发票抵扣进项税额。

【例 2-24】　甲厂以账面价值 9 000 元，公允价值 10 000 元的 A 产品，兑换乙厂账面价值 11 000 元，公允价值 10 000 元的 B 材料，甲厂支付运费 300 元，乙厂支付运费 200 元，双方都为对方开具增值税专用发票及货物运输业增值税专用发票。

作会计分录如下。

甲厂借：原材料——B 材料　　10 300
　　应交税费——应交增值税(进项税额)　　1 733
　　贷：原材料——A 产品　　9 000
　　　　应交税费——应交增值税(销项税额)　　1 700
　　　　银行存款　　333
　　　　营业外收入——非货币性资产交换收入　　1 000

乙厂借：原材料——A 产品　　10 200
　　应交税费——应交增值税(进项税额)　　1 722
　　营业外支出——非货币性资产交换损失　　1 000
　　贷：原材料——B 材料　　11 000
　　　　应交税费——应交增值税(销项税额)　　1 700
　　　　银行存款　　222

在进行会计处理时，只有得到对方开具的增值税专用发票，才能据以借记“进项税额”，而不能仅据“材料入库单”自行估算进项税额；再则，对发出的产品必须按售价贷记“主营业务收入”，而不能直接冲减“产成品”，漏记收入。

(2)　以旧换新业务的会计处理。

【例 2-25】　甲公司为促销家电，用以旧换新方式向消费者个人销售 A 产品 81 900 元，同时收回旧产品 7 000 元(适用 17%增值税税率)。

由于销售给个人所取得的销售额是含税的，须换算为不含税销售额。

销售额= 81 900÷(1 + 17%) = 70 000(元)

销项税额= 70 000 × 17% = 11 900(元)

会计分录如下。

借：库存现金　　　　　　　　　　　　　　　74 900
　　原材料　　　　　　　　　　　　　　　　 7 000
　　贷：主营业务收入　　　　　　　　　　　　　　70 000
　　　　应交税费——应交增值税(销项税额)　　　　11 900

(3) 销货退回及折扣业务的会计处理。

第一，销货退回的销项税额的会计处理。

企业在产品销售过程中，如果发生因品种、规格、质量等不符合要求而退货或要求折让时，不论是当月销售的退货与折让还是以前月份销售的退货与折让，均应冲减当月的主营业务收入，在收到购货单位退回的增值税专用发票或寄来的证明单后，分别按不同情况进行账务处理，发生的服务中止或折让，作相反的会计分录。

一种情况是销货全部退回并收到购货方退回的增值税专用发票的发票联和抵扣联，因采用托收承付结算方式，对方尚未付款。其具体做法如下：如果属于当月销售，尚未登账，应在退回的发票联、抵扣联及本企业保存的存根联和记账联上均注明“作废”字样，并作废原做的记账凭证；如果属于以前月份的销售，应在退回的发票联、抵扣联上注明“作废”字样，并根据冲销当期的产品销售收入和销项税额的凭证，借记“主营业务收入”“应交税费——应交增值税(销项税额)”(实际登账时，应以红字记入贷方)、“营业费用”，贷记“应收账款”或“银行存款”(如属预收货款)、“应付账款”。

另一种情况是销货部分退回并收到购货方退回的增值税专用发票的发票联和抵扣联，一般情况是对方尚未付款。如果销售方尚未登账，应将退回的该发票联、抵扣联和本企业保存的存根联、记账联以及所填的记账凭证予以作废，然后再按购货方实收数量、价款和增值税税额重新开具增值税专用发票，并进行相应的账务处理。如果属以前月份销售，销售方已填制记账凭证并登账的，应将退回的发票联和抵扣联注明作废字样，然后根据购货方实收数量、价款和增值税税额重新开具增值税专用发票，根据作废的发票联、抵扣联与新开的增值税专用发票的记账联，作为冲销当月主营业务收入和当月销项税额的凭据，按原发票和新发票所列价款的差额和增值税税额的差额，借记“主营业务收入”“应交税费——应交增值税(销项税额)”，贷记“银行存款”或“应付账款”“应收账款”。

第二，销售折扣的销项税额的会计处理。

在财务会计中，销售折扣分为商业折扣和现金折扣两种形式。商业折扣也就是税法中所称的折扣销售，它是在实现销售时确认的，销货方应在开出同一张增值税专用发票上分别写明销售额和折扣额，可按折扣后的余额作为计算销项税额的依据，其会计处理同前述产品正常销售相同。但若将折扣额另开增值税专用发票的，不论财务会计如何处理，计算销项税额时都要用未折扣的销售额乘以税率，以此贷记“应交税费——应交增值税(销项税

额)”。如果是现金折扣，应在购货方实际付现时才能确认折扣额。现金折扣是企业的一种理财行为，因此按税法的规定，这种折扣不得从销售额中抵减，应该记入“财务费用”。

【例 2-26】 2015 年 9 月 2 日，济南 A 物流企业与 H 公司签订合同，为其提供购进货物的运输服务，H 公司于签订协议时全额支付现金 6 万元，且开具了增值税专用发票。9 月 8 日，由于前往目的地的道路被冲毁，双方同意中止履行合同。H 公司将尚未认证专用发票退还给 A 企业，A 企业返还运费。

A 企业 9 月 2 日取得运输收入的会计处理如下。

借：库存现金　　60 000
　贷：主营业务收入——运输　　54 054.05
　　应交税费——应交增值税(销项税额)　　5 945.95

A 企业 9 月 8 日发生服务中止的会计处理如下。

借：银行存款　　-60 000
　贷：主营业务收入——运输　　-54 054.05
　　应交税费——应交增值税(销项税额)　　-5 945.95

【例 2-27】 2015 年 9 月，无锡 X 设备租赁公司出租给 L 公司两台数控机床，收取半年租金 18 万元并开具发票，L 公司使用两个月后发现其中一台机床的齿轮存在故障无法运转，要求 X 公司派人进行维修并退还 L 公司维修期间租金 2 万元，L 公司至主管税务机关开具《开具红字增值税专用发票通知单》，X 公司开具红字专用发票，退还已收租金 2 万元。

X 企业 9 月份取得租金收入的会计处理如下。

借：银行存款　　180 000
　贷：主营业务收入——设备出租　　153 846.15
　　应交税费——应交增值税(销项税额)　　26 153.85

X 公司开具红字专用发票的会计处理如下。

借：银行存款　　20 000
　贷：主营业务收入——运输　　17 094.02
　　应交税费——应交增值税(销项税额)　　2 905.98

2. 进项税额的会计处理

1)　国内采购货物的增值税会计处理

一般纳税人国内购进货物、接受应税劳务和应税服务取得专用发票，购进农产品取得的增值税扣税凭证，按税法规定符合抵扣条件可在本期申报抵扣的进项税额，借记“应交税费——应交增值税(进项税额)”科目，按应计入相关项目成本的金额，借记“材料采购”

“商品采购”“原材料”“制造费用”“管理费用”“销售费用”“固定资产”“主营业务成本”“其他业务成本”等科目，按照应付或实际支付的金额，贷记“应付账款”“应付票据”“银行存款”等科目。购入货物发生的退货或接受服务中止，作相反的会计分录。

按照规定，企业购进货物或接受应税劳务和应税服务，未按照规定取得并保存增值税扣税凭证，或者增值税扣税凭证上未按照规定注明增值税额及其他有关事项的，其进项税额不得从销项税额中抵扣。在会计核算上，其购进货物或接受应税劳务和应税服务所支付的增值税不能记入“应交税费——应交增值税(进项税额)”科目，而要记入购进货物或接受应税劳务和应税服务的成本中。

【例 2-28】 甲公司购进 A 材料一批，计 500kg，每千克不含税价 10 元，运费 800 元，增值税进项税额为 850 元，货物运输业增值税专用发票上注明的运费允许抵扣的进项税额为 88 元，货款以银行存款支付(未付)。

作会计分录如下。

借：原材料——A 材料　　5 800

　　应交税费——应交增值税(进项税额)　　938

　　贷：银行存款(应付账款)　　6 738

2)　购进货物取得的普通发票的会计处理

一般纳税人在购进货物时(不包括购进免税农业产品)，只取得普通发票的，应按发票所列全部价款入账，不得将增值税额分离出来进行抵扣处理。在编制会计分录时，借记“材料采购”“商品采购”“原材料”“制造费用”“管理费用”“其他业务支出”等科目，贷记“银行存款”“应付票据”“应付账款”等科目。

3)　购进免税农产品的增值税会计处理

企业购进免税农产品，按购进农业产品的买价和规定的扣除率计算的进项税额，借记“应交税费——应交增值税(进项税额)”科目；按买价扣除按规定计算的进项税额后的差额，借记“材料采购”“商品采购”等科目；按应付或实际支付的价款，贷记“应付账款”“银行存款”等科目。

【例 2-29】 甲企业从某企业购进粮食类产品一批，支付价款并取得该企业粮食销售发票。发票上注明的价款为 45 000 元。

作会计分录如下。

借：库存商品　　39 150

　　应交税费——应交增值税(进项税额)　　5 850

　　贷：物资采购　　45 000

4)　接受投资、捐赠转入货物的核算

企业接受投资或捐赠转入的货物时，按照专用发票上注明的增值税额，借记“应交税费——应交增值税(进项税额)”科目；按照确认的不含税价值，借记“原材料”“库存商品”等科目，贷记“实收资本”“营业外收入”科目。

【例 2-30】 甲企业收到投资人转来材料一批作为对本企业的投资，同时转来专用发票一张，注明价款 150 000 元，增值税进项税额 25 500 元，假定该批材料全额享有注册资本份额。甲企业作会计处理如下。

借：原材料　　150 000

　　应交税费——应交增值税(进项税额)　　25 500

　　贷：实收资本　　175 500

5)　接受应税劳务的核算

企业接受应税劳务和应税服务时，应使用增值税专用发票，分别反映应税劳务和应税服务的成本和进项税额。按照专用发票上注明的增值税额，借记“应交税费——应交增值税(进项税额)”科目；按照专用发票上记载的应计成本的金额，借记“其他业务成本”“制造费用”“委托加工物资”“销售费用”等科目；按应付或实付金额，贷记“应付账款”“银行存款”等科目。

【例 2-31】 甲企业将价值 20 000 元的原木交给乙加工厂加工包装箱，乙加工厂加工完成后开来增值税专用发票，注明加工费 1 500 元，增值税额为 255 元，甲企业以银行存款支付该款项。

甲企业作会计处理如下。

发出加工材料时，

借：委托加工物资　　20 000

　　贷：原材料　　20 000

支付加工费时，

借：委托加工物资　　1 500

　　应交税费——应交增值税(进项税额)　　255

　　贷：银行存款　　1 755

加工完毕收回时，

借：包装物　　21 500

　　贷：委托加工物资　　21 500

【例 2-32】 2015 年 8 月，济南 A 物流企业本月取得交通运输服务收入 100 万元，物流辅助收入 100 万元，按照适用税率，分别开具增值税专用发票，款项已收。当月委托上海 B 企业一项运输业务，取得 B 企业开具的货物运输业增值税专用发票，价款 20 万元，注明的增值税额为 2.2 万元。

A 企业取得 B 企业货物运输业增值税专用发票后的会计处理如下。

借：主营业务成本　　200 000
　　应交税费——应交增值税(进项税额)　　22 000
　　贷：应付账款——B 企业　　222 000

【例 2-33】 2015 年 9 月 2 日，济南 A 物流企业(一般纳税人)与 H 公司(一般纳税人)签订合同，为其提供购进货物的运输服务，H 公司于签订协议时全额支付现金 6 万元，且开具了专用发票。9 月 8 日，由于前往目的地的道路被冲毁，双方同意中止履行合同。H 公司将尚未认证专用发票退还给 A 企业，A 企业返还运费。

H 公司 9 月 2 日取得专用发票时，

借：在途物资　　54 054.05
　　应交税费——应交增值税(进项税额)　　5 945.95
　　贷：库存现金　　60 000

H 公司 9 月 8 日发生服务中止时，

借：银行存款　　60 000
　　贷：在途物资　　−54 054.05
　　　　应交税费——应交增值税(进项税额)　　−5 945.95

6)　进项税额转出的核算

企业购入货物及接受应税劳务直接用于非应税项目，或直接用于免税项目以及直接用于集体福利和个人消费的或发生非正常损失，以及购进货物改变用途等原因的，其专用发票上注明的增值税额不能抵扣，应计入购入货物及接受劳务的成本。借记“在建工程”“应付职工薪酬”等科目，贷记“银行存款”等科目。

相关会计分录如下。

借：待处理财产损溢(或在建工程或应付职工薪酬)
　　贷：应交税费——应交增值税(进项税额转出)

【例 2-34】 某企业将购入的原材料作为困难补助分给企业困难职工。原材料采购成本 10 000 元，增值税率 17%。

该企业进行如下会计处理。

借：应付职工薪酬　　　　11 700

　　贷：应交税费——应交增值税(进项税额转出)　　　　1 700

　　　　原材料　　　　10 000

(二)小规模纳税人账务处理

1. 购入货物或接受应税劳务的会计处理

由于小规模纳税企业实行简易办法计算缴纳增值税，其购入货物或接受应税劳务所支付的增值税额应直接计入有关货物及劳务的成本。在编制会计分录时，应按支付的全部价款和增值税，借记“材料采购”“原材料”“制造费用”“管理费用”“经营费用”“其他业务支出”等科目，贷记“银行存款”“应付账款”“应付票据”等科目。

【例 2-35】甲企业为小规模纳税人，购进一批原材料，专用发票上注明的价款为 10 000 元，税额为 600 元，材料已入库，款项已支付。

甲企业作会计处理如下。

借：原材料　　　　10 600

　　贷：银行存款　　　　10 600

2. 简易计税方法的会计处理

一般纳税人提供适用简易计税方法应税服务的，借记“库存现金”“ 银行存款”“ 应收账款”等科目，贷记“主营业务收入”“其他业务收入”“应交税费——未交增值税”等科目。

一般纳税人提供适用简易计税方法应税服务，发生《试点实施办法》第十一条所规定情形的视同提供应税服务应缴纳的增值税额，借记“营业外支出”“应付利润”等科目，贷记“应交税费——未交增值税”科目。

【例 2-36】 2015 年 10 月 25 日，济南 Z 巴士公司当天取得公交乘坐费 85 000 元。

按简易计税办法计算增值税应纳税款 85 000÷103% × 3%=2 475.73 元，相应会计处理如下。

借：库存现金　　　　85 000

　　贷：主营业务收入　　　　82 524.27

　　　　应交税费——未交增值税　　　　2 475.73

3．销售货物或提供应税劳务的会计处理

小规模纳税企业销售货物或提供应税劳务和应税服务的，应按实现的销售收入(不含税)与按规定收取的增值税额合计，借记“银行存款”“应收账款”“应收票据”等科目；按实现的不含税销售收入，贷记“主营业务收入”“商品销售收入”“其他业务收入”等科目；按规定收取的增值税额，贷记“应交税费——应交增值税”科目。发生的销货退回，作相反的会计分录。

【例 2-37】 甲企业为小规模纳税人，销售给乙公司 A 产品一批，开具金额为 4 120 元的普通发票一张。产品已售出，货款未收到。

主营业务收入入账金额= 4 120÷(1 + 3%) = 4 000(元)

应纳增值税= 4 000 × 3% = 120(元)

借：应收账款——乙公司　　4 120

　　贷：主营业务收入　　4 000

　　　　应交税费——应交增值税　　120

(三)进口货物账务处理

企业进口货物时，按照海关提供的完税凭证上注明的增值税额，借记“应交税费——应交增值税(进项税额)”科目；按照进口货物应计采购成本，借记“原材料”“库存商品”“材料采购”等科目；按应付或实付金额，贷记“应付账款”“银行存款”等科目。

【例 2-38】 甲企业为增值税一般纳税人，从国外进口材料一批，海关审定的关税完税价格为 40 万元，应纳关税 2 万元，应纳消费税 2 万元，材料已入库，通过银行付款。

甲企业作会计处理如下。

增值税进项税额= (40 + 2 + 2) × 17% = 7.48(万元)

借：原材料　　440 000

　　应交税费——应交增值税(进项税额)　　74 800

　　贷：银行存款　　514 800

(四)缴纳增值税的会计处理

企业上缴增值税时，借记“应交税费——应交增值税(已交税金)”科目，贷记“银行存款”科目。收到退回多缴的增值税，作相反的会计分录。

案例导入分析

解析：这是一起关于增值税应纳税额计算的案例。

当期销项税额= 400 × 17% + (117 + 2.34)÷(1 + 17%) × 17% = 85.34 (万元)

当期进项税额= 40.8 + 2 × 11% + 20.4 = 61.42 (万元)

则当期应纳税额= 85.34−61.42 = 23.92 (万元)

该洗衣机厂当月以上业务账务处理如下。

(1) 批发销售洗衣机。

	借方	贷方
借：银行存款	4 680 000	
贷：主营业务收入		4 000 000
应交税费——应交增值税(销项税额)		680 000

(2) 向个体户销售洗衣机。

	借方	贷方
借：银行存款	1 170 000	
贷：主营业务收入		1 000 000
应交税费——应交增值税(销项税额)		170 000

(3) 将零售价 2 万元的洗衣机作为礼品赠送给客户，应视同销售。

	借方	贷方
借：银行存款	23 400	
贷：主营业务收入		20 000
应交税费——应交增值税(销项税额)		3 400

(4) 购进原材料，取得增值税专用发票。

	借方	贷方
借：原材料	2 420 000	
应交税费——应交增值税(进项税额)	410 200	
贷：银行存款		2 830 200

(5) 购进生产设备一台。

	借方	贷方
借：原材料	1 200 000	
应交税费——应交增值税(进项税额)	204 000	
贷：银行存款		1 404 000

(6) 企业缴纳增值税时。

	借方	贷方
借：应交税费——应交增值税(已交税金)	239 200	
贷：银行存款		239 200

项目实务训练

一、单项选择题

1. 不属于缴纳增值税范围的行为是(　　)。

A. 财务咨询公司提供咨询服务　　B. 歌厅销售饮料、糖果

C. 电视台播放广告　　D. 个人转让著作权

2. 下列哪种行为属于视同销售货物，应计算增值税销项税额(　　)。

A. 某生产企业外购钢材用于扩建厂房

B. 某厂家委托商店代销家具

C. 某运输企业外购棉大衣用于职工福利

D. 某歌厅购进一批饮料用于销售

3. 以1个月为1期的增值税纳税人，应自期限满之日起(　　)天内申报纳税。

A. 3　　B. 5　　C. 10　　D. 15

4. 征收增值税同时又征收消费税的货物，其增值税的组成计税价格为(　　)。

A. 成本+利润　　B. 成本+利润+消费税

C. 成本+利润+增值税　　D. 成本+利润+消费税+增值税

5. 纳税人采取分期收款方式销售货物，其应纳销项税额的发生时间为(　　)。

A. 发出货物的当天　　B. 收到全部货款的当天

C. 收到第一笔货款的当天　　D. 合同约定的收款日期

6. 某酒厂(增值税一般纳税人)2016年2月从农民手中购进一批玉米做原材料，委托某运输企业将其运回酒厂，支付的买价为60万元，因企业管理不善，入库前毁损10%。酒厂购进该批玉米可以抵扣的进项税额为(　　)万元。

A. 7.34　　B. 7.02　　C. 7.8　　D. 8.19

7. 下列行为中，涉及的进项税额不得从销项税额中抵扣的是(　　)。

A. 将外购的货物用于本单位集体福利

B. 将外购的货物分配给股东和投资者

C. 将外购的货物无偿赠送给其他个人

D. 将外购的货物作为投资提供给其他单位

8. 如果以当期取得的销售收入减去购入的除固定资产以外的存货以后的余额作为增值额，并以此来计算增值税属于(　　)。

A. 生产型　　B. 收入型　　C. 消费型　　D. 分配型

9. 一般纳税人发生的下列项目中，应视同销售计算销项税额的是(　　)。

A. 将购进货物用于非应税项目　　B. 将购进货物对外投资

C. 将购进货物用于生产应税产品　　D. 将购进货物用于职工福利或个人消费

10. 某煤气公司为一般纳税人，销售瓶装煤气，开具的增值税专用发票上注明的价款为100 000元，同时单独收取包装物押金3 510元，则该公司的销项税额为(　　)元。

A. 17 596.7　　B. 17 510　　C. 13 510　　D. 13 000

11. 某日用化妆品公司将自产的日用品发给职工作为福利，该批产品制造成本为80万元，成本利润率为20%，当月同类产品的平均售价为100万元，则该批产品的计税销售额为(　　)万元。

A. 80　　B. 96　　C. 88　　D. 100

12. 根据《增值税暂行条例》及其实施细则的规定，采取预收货款方式销售货物的，增值税纳税义务的发生时间是(　　)。

A. 销售方收到第一笔货款的当天　　B. 销售方收到剩余货款的当天

C. 销售方发出货物的当天　　D. 购买方收到货物的当天

13. 纳税人取得增值税专用发票时必须自该发票开具之日起(　　)天内到税务机关认证。

A. 30　　B. 60　　C. 90　　D. 360

14. 下列按照3%征收率计算增值税的有(　　)。

A. 死当销售　　B. 运输费收入

C. 小规模纳税人销售自产货物　　D. 一般纳税人销售自产货物

15. 下列各项中，应该计算缴纳增值税的是(　　)。

A. 邮政部门发行报刊

B. 农业生产者销售自产农产品

C. 电力公司向发电企业收取过网费

D. 残疾人的组织直接进口供残疾人专用的物品

二、多项选择题

1. 一般纳税人的下列经济业务中属于“营改增”的是(　　)。

A. 技术转让服务　　B. 出租设备

C. 转让土地使用权　　D. 转让商标权

2. 下列各项中，应纳增值税的有(　　)。

A. 会议展览　　B. 广告设计　　C. 技术咨询　　D. 代理报关

3. 增值税的纳税期限有(　　)。

A. 1天　　B. 1个月　　C. 5天　　D. 15天　　E. 10天

4. 下列货物中，免征增值税的有(　　)。

A. 农业生产者销售的自产农业产品

B. 将自产的货物用于集体福利

C. 避孕药品和用具

D. 居民用煤炭制品

5. 下列企业中，属于小规模纳税人的有(　　)。

A. 年应税销售额在30万元以上，会计核算健全的工业企业

B. 年应税销售额在80万元以下，会计核算健全的商业企业

C. 年应税销售额在180万元以上，会计核算健全的非企业性单位

D. 年应税销售额为300万元的个人

E. 年应税销售额超过180万元，不经常发生应税行为的企业

6. 一般纳税人的下列凭据中，可据以计算进项税额，以从当期销项税额中予以抵扣的是(　　)。

A. 从农业生产者手中购进农业产品开具的收购凭证

B. 购进固定资产支付运费所取得的运费普通发票

C. 购进废旧物资取得的普通发票

D. 生产免税货物耗用的原材料购进时取得的增值税专用发票

7. 按日纳税的企业期末结账前"应交税费——应交增值税"科目为借方余额，它可能反映(　　)。

A. 期末应交未交的增值税　　B. 本月预交的增值税

C. 期末尚未抵扣的进项税额　　D. 本期应退未退的出口退税

8. 下列销售应征收增值税的有(　　)。

A. 大型机器设备　　B. 电力

C. 热力　　D. 房屋

9. 下列各项中，应当征收增值税的有(　　)。

A. 医院提供治疗并销售药品

B. 邮局提供邮政服务并销售装物品的纸箱

C. 商店销售空调并负责安装

D. 汽车修理厂修车并提供洗车衣服

10. 下列行为中，属于增值税征收范围的有(　　)。

A. 销售商标权　　B. 销售计算机及软件

C. 修理汽车　　D. 销售汽车装饰物品

11. 根据我国现行增值税法的规定，纳税人提供下列劳务应当缴纳增值税的有(　　)。
A. 汽车的租赁　B. 汽车的修理　C. 房屋的修理　D. 受托加工白酒

12. 按照对外购固定资产所含增值税处理方式的不同进行划分，增值税的类型有(　　)。
A. 生产型增值税　B. 收入型增值税
C. 消费型增值税　D. 积累性增值税

13. 下列属于增值税特点的有(　　)。
A. 保持税收中性　B. 实行价外税制度
C. 税收负担由企业承担　D. 实行税款抵扣制度

14. 下列业务属于增值税免税项目的有(　　)。
A. 超市销售农产品　B. 农民个人销售自产的农产品
C. 粮油公司销售农产品　D. 国营农场销售自产的农产品

15. 关于增值税的计税销售额规定，下列说法中正确的有(　　)。
A. 以物易物方式销售货物，由多交付货物的一方以价差计算缴纳增值税
B. 以旧换新方式销售货物，以实际收取的不含增值税的价款计算缴纳增值税(金银首饰除外)
C. 还本销售方式销售货物，以实际销售额计算缴纳增值税
D. 销售折扣方式销售货物，不得从计税销售额中扣减折扣额

三、判断题

1. 电力公司向发电企业收取的过网费征收增值税。(　　)

2. 纳税人销售货物或应税劳务的价格明显偏低并无正当理由的，由主管税务机关核定其销售额。(　　)

3. 纳税人将购买的货物无偿赠送他人，因该货物购买时已缴增值税，因此赠送他人时可不再计入销售额征收增值税。(　　)

4. 企业在销售货物中，为了鼓励购货方尽早偿还货款，按付款时间给予购货方一定比例的货款折扣，可以从货物销售额中减除。(　　)

5. 将自产、委托加工或购买的货物用于基建项目时，应视同销售，计征增值税。(　　)

6. 某商店开展促销活动——买一赠一，在这项活动中售货取得销售额10万元，赠送的商品价值5 000元，因未取得收入，所以企业按10万元的销售额计算销项税额。(　　)

7. 纳税人采取以旧换新方式销售货物的，不得从新货物销售额中减除收购旧货物的金额。(　　)

8. 商业企业一般纳税人零售的烟、酒、食品、服装等消费品可以开具增值税专用

发票。 ( )

9. 纳税人外购货物因管理不善丢失的，该外购货物的增值税进项税额不得从销项税额中抵扣。 ( )

10. 所有缴纳增值税的货物，其计算缴纳增值税的组成计税价格中，成本利润率均为10%。 ( )

四、业务题

1. 某生产企业为增值税一般纳税人，适用增值税税率17%，2016年5月有关生产经营业务如下。

(1) 销售甲产品给某商场，开具增值税专用发票，取得不含税销售额80万元；另外，开具普通发票，取得销售甲产品的送货运输费收入5.85万元。

(2) 销售乙产品，开具普通发票，取得含税销售额29.25万元。

(3) 将试制一批应税新产品用于本企业基建工程，成本价为20万元，成本利润率为10%，该新产品无同类产品市场销售价格。

(4) 销售使用过的进口摩托车5辆，开具普通发票，每辆取得含税销售额1.04万元；该摩托车原值每辆0.9万元。

(5) 购进货物取得增值税专用发票，注明支付的货款为60万元、进项税额为10.2万元；另外支付购货的运输费用6万元，取得运输公司开具的普通发票。

(6) 向农业生产者购进免税农产品一批，支付收购价款30万元，支付给运输单位的运费5万元，取得相关的合法票据。本月下旬将购进农产品的20%用于职工福利（以上相关票据均符合税法的规定）。

要求：计算该企业2016年5月应缴纳的增值税税额。

2. 某电视机厂为一般纳税人，2015年9月发生以下购销业务。

(1) 9月2日，以交款提货方式向甲商场销售电视机500台，同类产品不含税售价每台3 000元，由于甲商场购入较多，每台给予5%的折扣，每台按不含税售价2 850元出售，货款全部收讫。9月5日，向乙商场销售彩色电视机200台，现金折扣条件为4/10,2/20,N/30，本月23日全部收回货款，厂家按规定给予优惠。

(2) 采取以旧换新方式，从消费者手中收购旧电视机，销售新型号电视机10台，收到货款31 100元，并注明已扣除旧电视机折价4 000元。

(3) 以还本销售方式向消费者销售电视机20台，产品不含税售价每台4 000元，5年后厂家将货款全部退还给购货方，共开出普通发票20张，合计金额93 600元。

(4) 以20台电视机向丙单位换取原料，电视机每台成本1 800元，同类产品不含税售价每台3 000元，双方均按规定开具增值税发票并通过认证。

(5) 9月4日，向丁商场销售电视机300台，同类产品不含税售价每台3 000元，商场在销售时发现5台商品存在严重质量问题，提出退货，并将当地主管税务机关开具的“开具红字发票通知单”交给厂家，该厂将5台电视机收回并按规定给商场开具了红字发票。

(6) 本月共发生可抵扣进项税400 000元(不含向丙单位换取原料取得的进项税额)。

要求：计算该企业2015年9月应缴纳的增值税并进行会计处理。

3. 某汽车制造企业为增值税一般纳税人，2015年12月有关生产经营业务如下。

(1) 销售A型小汽车30辆给汽车销售公司，每辆不含税售价15万元，开具税控专用发票注明应收价款450万元。

(2) 销售B型小汽车50辆给特约经销商，每辆不含税单价12万元，向特约经销商开具了增值税专用发票，注明价款600万元、增值税102万元，由于特约经销商当月支付了全部货款，汽车制造企业给予特约经销商原售价2%的销售折扣。

(3) 将新研制生产的C型小汽车5辆销售给本企业的中层干部，每辆按成本价10万元出售，共计取得收入50万元，C型小汽车尚无市场销售价格。

(4) 销售已使用半年的进口小汽车3辆，开具普通发票取得收入65.52万元，3辆进口小汽车固定资产的原值为62万元，销售时账面余值为58万元。

(5) 购进机械设备并取得税控专用发票注明价款20万元、进项税额3.4万元，该设备当月投入使用。

(6) 当月购进原材料并取得专用发票注明价款600万元、进项税额102万元，并经国家税务机关认证，支付购进原材料的运输费用20万元并取得运输发票、保险费用5万元、装卸费用3万元。

(7) 当月发生意外事故损失库存原材料金额35万元(其中含运输费用2.79万元)，直接记入“营业外支出”账户损失为35万元。

要求：计算该企业应纳的增值税并进行账务处理。

4. 某进出口公司当月进口一批货物，海关审定的关税完税价格为700万元，该货物关税税率为10%，增值税率为17%；当月销售一批货物取得不含税销售额1 800万元，适用税率为17%。

要求：计算该公司进口货物应纳增值税额和当月应纳增值税额。

项目三　消费税及其会计核算

项目目的及要求

通过本项目的学习，学生应了解消费税的纳税人和征税范围、税目、税率、纳税期限等；理解并掌握消费税应纳税额的计算方法以及消费税的会计处理方法；熟悉消费税的纳税申报等业务。

项目重点和难点

本项目的学习重点是消费税的计算及会计业务处理，难点是消费税应纳税额的计算。

案例导入

某化妆品厂为增值税一般纳税人，2015 年 11 月发生如下经济业务。

(1) 销售化妆品，开具的专用发票上注明的价款为 180 万元，增值税税额为 30.60 万元。

(2) 委托加工一批化妆品，受托方代收代缴消费税，材料成本 10 万元，支付加工费 4 万元，取得的增值税专用发票本月已经过税务机关认定。该批化妆品收回后直接销售，取得不含增值税收入 30 万元。

(3) 本月外购一批已税化妆品，取得的增值税专用发票上注明的价款、增值税税款分别为 60 万元、10.20 万元，本月已经过税务机关认证，并全部投入生产另一种化妆品，当月销售取得不含税销售额 80 万元。

要求：计算该化妆品厂当月应纳的消费税并进行账务处理(化妆品的消费税税率为 30%)。

任务一　消费税概述

一、消费税的概念

消费税是对在我国境内从事生产、委托加工和进口应税消费品的单位和个人，就其销售额、销售数量或组成计税价格，在特定环节征收的一种流转税。

在我国税制体系中，增值税是对生产经营活动实行普遍征收，具有普遍调节作用的税

种；而消费税是选择部分消费品进行征收，具有特殊调节作用的税种。增值税和消费税实行交叉重叠征收，目的在于调节产品结构，引导消费方向，进而保证国家财政收入。消费税具有以下特征。

(1) 征税环节单一性。这里所说的单一性指的是对特定的消费品生产、流通或消费的某一环节一次性征收。目前，我国的消费品是在应税消费品的生产、委托加工和进口环节缴纳，在以后的批发、零售环节中不再征收消费税。对同一种消费品，其征收环节是单一的。

(2) 征税范围具有选择性。从征税范围上来讲，我国目前的消费税只选择了 15 个税目征税，包括特殊消费品、奢侈品、高能耗及高档消费品、不可再生资源消费品及具有一定财政意义的消费品等，征税范围是有限的。只有消费税税目税率表上列举的应税消费品才征收消费税，没有列举的则不征收消费税。

(3) 征税方法具有灵活性。消费税在征税方法上，既可以采用从量定额的征收方法，也可以采用从价定率的征收方法，而且目前对烟和酒两类消费品既采用从价征收，同时又采用从量征收。

(4) 税率、税额具有差别性。消费税是按产品设计税率，同一产品同一税率，不同产品不同税率，而且不同产品的税率差异较大。以比例税率为例，最低的仅为 1%，最高的达到 56%，这种税率设计是由消费税的特殊调节作用决定的。

(5) 税收负担具有转嫁性。消费税无论在哪个环节征收，最终都由消费者负担。从实质上讲，消费税是对消费者消费支出的征收。

二、消费税的纳税人

消费税的纳税人是我国境内生产、委托加工、零售和进口《中华人民共和国消费税暂行条例》规定的应税消费品的单位和个人。

消费税的纳税人具体包括：在我国境内生产、委托加工、零售和进口应税消费品的国有企业、集体企业、私有企业、股份制企业、其他企业、行政单位、事业单位、军事单位、社会团体和其他单位、个体经营者及其他个人。

三、消费税的征税范围

1. 生产应税消费品

生产应税消费品的征收环节在出厂销售环节征收。货物在流通环节无论继续转销多少次，都不用再缴纳消费税。生产应税消费品除了直接对外销售应征收消费税外，纳税人将生产的应税消费品换取生产资料、消费资料、投资入股、偿还债务，以及用于继续生产应税消费品以外的其他方面都应缴纳消费税。

2．委托加工应税消费品

委托方提供原材料属于委托加工，如果由受托方提供原材料的，无论账上如何处理，一律不能视同加工应税消费品。委托加工收回的应税消费品收回后，再继续生产应税消费品销售的，其加工环节缴纳的消费税款可以扣除。

3．进口应税消费品

进口应税消费品的，海关代征进口环节的消费税。

4．零售应税消费品

在零售环节征收消费税的主要是金银首饰，此种金银首饰仅限于金基、银基的合金首饰以及金、银和金基、银基的镶嵌首饰。

对既销售金银首饰，又销售非金银首饰的生产、经营单位，应将两类商品划分清楚，分别核算销售额。凡划分不清或不能分别核算的，在生产环节销售的，一律从高适用税率征收消费税；在零售环节销售的，一律按金银首饰征收消费税。金银首饰与其他产品组成成套消费品销售的，应按销售额全额征收消费税。

四、消费税的税目与税率

消费税的税目与税率，具体可参见表 3-1。

表 3-1　消费税的税目、税率表

税　目	税　率
一、烟(生产环节)	
1．卷烟	
(1) 甲类卷烟(每标准条调拨价≥70 元)	56%加 0.003 元/支
(2) 乙类卷烟(每标准条调拨价<70 元)	36%加 0.003 元/支
(3) 烟(批发环节)	11%加 0.005 元/支
2．雪茄烟	36%
3．烟丝	30%
二、酒	
1．白酒	20%加 0.5 元/500 克(或者 500 毫升)
2．黄酒	240 元/吨
3．啤酒	
(1) 甲类啤酒	250 元/吨
(2) 乙类啤酒	220 元/吨
4．其他酒	10%

续表

税　目	税　率
三、化妆品 (2016 年 10 月 1 日起，调整为“高档化妆品”)	30%(2016 年 10 月 1 日起，调整后“高档化妆品”税率为 15%)
四、贵重首饰及珠宝玉石	
1．金银首饰、铂金首饰和钻石及钻石饰品	5%
2．其他贵重首饰和珠宝玉石	10%
五、鞭炮、焰火	15%
六、成品油	
1．汽油	1.52 元/升
2．柴油	1.2 元/升
3．航空煤油	1.2 元/升
4．石脑油	1.52 元/升
5．溶剂油	1.52 元/升
6．润滑油	1.52 元/升
7．燃料油	1.2 元/升
七、摩托车	10%
八、小汽车	
1．乘用车	
(1) 气缸容量(排气量，下同)在 1.0 升(含 1.0 升)以下的	1%
(2) 气缸容量在 1.0 升以上至 1.5 升(含 1.5 升)的	3%
(3) 气缸容量在 1.5 升以上至 2.0 升(含 2.0 升)的	5%
(4) 气缸容量在 2.0 升以上至 2.5 升(含 2.5 升)的	9%
(5) 气缸容量在 2.5 升以上至 3.0 升(含 3.0 升)的	12%
(6) 气缸容量在 3.0 升以上至 4.0 升(含 4.0 升)的	25%
(7) 气缸容量在 4.0 升以上的	40%
2．中轻型商用客车	5%
九、高尔夫球及球具	10%
十、高档手表	20%
十一、游艇	10%
十二、木制一次性筷子	5%
十三、实木地板	5%
十四、电池	4%
十五、涂料	4%

1．烟

烟包括卷烟、雪茄烟和烟丝。雪茄烟的生产不会耗用烟丝。

2．酒

酒包括粮食白酒、薯类白酒、黄酒、啤酒、果啤和其他酒。

对以粮食原酒作为基酒与薯类酒精或薯类酒进行勾兑生产的白酒应按粮食白酒的税率征收消费税。

对饮食业、商业、娱乐业举办的啤酒屋(啤酒坊)利用啤酒生产设备生产的啤酒，应当征收消费税。

3．化妆品

化妆品包括各类美容、修饰类化妆品、高档护肤类化妆品和成套化妆品。

美容、修饰类化妆品是指香水、香水精、香粉、口红、指甲油、胭脂、眉笔、唇笔、蓝眼油、眼睫毛以及成套化妆品。

舞台、戏剧、影视演员化妆用的上妆油、卸妆油、油彩不属于本税目的征收范围。

2016 年，《财政部国家税务总局关于调整化妆品消费税政策的通知》规定，自 2016 年 10 月 1 日起，化妆品消费税的征收对象调整为“高档化妆品”，税率从 30%降至 15%，普通化妆品不再征收消费税。

4．贵重首饰及珠宝玉石

贵重首饰及珠宝玉石包括以金、银、白金、宝石、珍珠、钻石、翡翠、珊瑚、玛瑙等高贵稀有物质以及其他金属、人造宝石等制作的各种纯金银首饰及镶嵌首饰(含人造金银、合成金银首饰等)。

5．鞭炮、焰火

鞭炮、焰火包括各种鞭炮、焰火。通常分为 13 类，即喷花类、旋转类、旋转升空类、火箭类、吐珠类、线香类、小礼花类、烟雾类、造型玩具类、爆竹类、摩擦炮类、组合烟花类、礼花弹类。

体育上用的发令纸，鞭炮药引线，不按本税目征收。

6．成品油

成品油包括汽油、柴油、石脑油、溶剂油、航空煤油、润滑油和燃料油 7 个子目。其中航空煤油暂缓征收。

7．摩托车

气缸容量 250 毫升和 250 毫升(不含)以上的摩托车继续分别按 3%和 10%的税率征收消费税。

8．小汽车

小汽车分设乘用车、中轻型商用客车两个子目。本税目征收范围包括含驾驶员座位在内最多不超过 9 个座位(含)的，在设计和技术特性上用于载运乘客和货物的各类乘用车以及含驾驶员座位在内的座位数在 10 至 23 座(含 23 座) 的，在设计和技术特性上用于载运乘客和货物的各类中轻型商用客车。

车身长度大于 7 米(含)，并且座位在 10 至 23 座(含)以下的商用客车，不属于中轻型商用客车征收范围，不征收消费税。

用排气量小于 1.5 升(含)的乘用车底盘(车架)改装、改制的车辆属于乘用车征收范围。用排气量大于 1.5 升的乘用车底盘(车架)或用中轻型商用客车底盘(车架)改装、改制的车辆属于中轻型商用客车征收范围。

沙滩车、雪地车、卡丁车、高尔夫车不属于消费税征收范围，不征收消费税。

9．高尔夫球及球具

高尔夫球及球具是指从事高尔夫球运动所需的各种专用装备，包括高尔夫球、高尔夫球杆及高尔夫球包(袋)等。

高尔夫球是指重量不超过 45.93 克、直径不超过 42.67 毫米的高尔夫球运动比赛、练习用球；高尔夫球杆是指被设计用来打高尔夫球的工具，由杆头、杆身和握把三部分组成；高尔夫球包(袋)是指专用于盛装高尔夫球及球杆的包(袋)。

本税目征收范围包括高尔夫球、高尔夫球杆和高尔夫球包(袋)。高尔夫球杆的杆头、杆身和握把属于本税目的征收范围。

10．高档手表

高档手表是指销售价格(不含增值税)每只在 10 000 元(含)以上的各类手表。

11．游艇

游艇包括艇身长度大于 8 米(含)小于 90 米(含)，内置发动机，可以在水上移动，一般为私人或团体购置，主要用于水上运动和休闲娱乐等非营利性活动的各类机动艇。

12．木制一次性筷子

本税目包括各种规格的木制一次性筷子。未经打磨、倒角的木制一次性筷子属于本税目征收范围。

13．实木地板

实木地板是指以木材为原料，经锯割、干燥、刨光、截断、开榫、涂漆等工序加工而成的块状或条状的地面装饰材料。实木地板按生产工艺不同，可分为独板(块)实木地板、实木指接地板、实木复合地板三类；按表面处理状态不同，可分为未涂饰地板(白坯板、素板)和漆饰地板两类。

本税目征收范围包括各类规格的实木地板、实木指接地板、实木复合地板及用于装饰墙壁、天棚的侧端面为榫、槽的实木装饰板。未经涂饰的素板属于本税目征收范围。

14．电池

电池是一种将化学能、光能等直接转换为电能的装置，一般有电极、电解质、容器、极端，通常还有隔离层组成的基本功能单元,以及用一个或多个基本功能单元装配成的电池组。电池的范围包括原电池、蓄电池、燃料电池、太阳能电池和其他电池。

为促进节能环保，经国务院批准,自 2015 年 2 月 1 日起对电池征收消费税。将电池、涂料列入消费税征收范围，在生产、委托加工和进口环节征收，适用税率均为 4%。对无汞原电池、金属氢化物镍蓄电池(又称“氢镍蓄电池”或“镍氢蓄电池”)、锂原电池、锂离子蓄电池、太阳能电池、燃料电池和全钒液流电池免征消费税。2015 年 12 月 31 日前对铅蓄电池缓征消费税；自 2016 年 1 月 1 日起,对铅蓄电池按 4%税率征收消费税。

15．涂料

涂料是指涂于物体表面能形成具有保护、装饰或特殊性能的固态涂膜的一类液体或固体材料之总称。自 2015 年 2 月 1 日起对涂料征收消费税。

任务二　消费税应纳税额的计算

根据消费税法，消费税的计算分别采用从价定率、从量定额和复合征税三种计税方法，每种计税方法的关键在于计税依据的确定。由于计算方法的不同，因此其计税依据是有差别的，在从价定率方法下是以销售额为计税依据的，在从量定额方法下是以销售数量为计税依据的，在复合计税方法下是以销售额和销售数量两者为计税依据的。

一、计税依据的确定

(一)从价定率计征

在从价定率计算方法下，应纳税额等于应税消费品的销售额乘以适用税率，应纳税额的多少取决于应税消费品的销售额和适用税率两个因素。

1. 应税消费品销售额的确定

应税消费品的销售额，是纳税人销售应税消费品向购买方收取的全部价款和价外费用。“价外费用”是指价外向购买方收取的手续费、补贴、基金、集资费、返还利润、奖励费、违约金、滞纳金、赔偿金、代收款项、代垫款项、包装费、包装物租金、储备费、运输装卸费以及其他各种性质的价外收费。价外费用应视为含税收入，需换算为不含税收入。

应税消费品连同包装物销售的，无论包装物是否单独计价，也不论在会计上如何核算，均应并入应税消费品的销售额中征收消费税。对出租、出借包装物收取的押金和包装物已作价随同应税消费品销售，又另外加收的押金，因逾期未收回包装物而没收的部分，也应并入应税消费品的销售额中缴纳消费税。对酒类产品生产企业销售酒类产品(黄酒、啤酒除外)而收取的包装物押金，无论押金是否返还，也无论会计上如何核算，均需并入应税消费品的销售额中，依酒类产品的适用税率征收消费税。

2. 含增值税销售额的换算

应税消费品在缴纳消费税的同时，与一般货物一样，还应缴纳增值税。应税消费品的销售额中未扣除增值税税款或因不得开具增值税专用发票，发生价款和增值税税款合并收取的，在计算消费税时，应当换算为不含增值税税款的销售额。其换算公式如下。

应税消费品的销售额=含(增值)税的销售额÷(1＋ 增值税税率或征收率)

(二)从量定额计征

在从量定额计算方法下，应纳税额等于应税消费品的销售数量乘以单位税额，应纳税额的多少取决于应税消费品的销售数量和单位税额两个因素。

1. 应税消费品销售数量的确定

销售数量是指纳税人生产、加工和进口应税消费品的数量，具体如下。

(1) 销售应税消费品的，为应税消费品的销售数量。

(2) 自产自用应税消费品的，为应税消费品的移送使用数量。

(3) 委托加工应税消费品的，为纳税人收回应税消费品的数量。

(4) 进口应税消费品的，为海关核定的应税消费品的进口征税数量。

2. 计量单位的换算标准

《消费税暂行条例》规定，黄酒、啤酒是以吨为税额单位的；汽油、柴油是以升为税额单位的。但是，考虑到在实际销售过程中，一些纳税人会把吨或升这两个计量单位混用，故规范了不同产品的计量单位，以准确计算应纳税额，吨与升两个计量单位的换算标准规定如下。

啤酒	1 吨= 988 升	黄酒	1 吨= 962 升
汽油	1 吨= 1 388 升	柴油	1 吨= 1 176 升
石脑油	1 吨= 1 385 升	溶剂油	1 吨= 1 282 升
润滑油	1 吨= 1 126 升	燃料油	1 吨= 1 015 升
航空煤油	1 吨= 1 246 升		

(三)复合计征

实行从量定额与从价定率相结合的复合计税方法征税的应税消费品，目前只有卷烟、粮食白酒和薯类白酒，应纳税额等于应税销售数量乘以定额的税率，再加上应税销售额乘以比例税率。

(四)计税依据的特殊规定

(1) 纳税人通过自设非独立核算门市部销售自产应税产品，应当按照门市部对外销售数额或销售数量计算征收消费税。

(2) 纳税人自产的应税消费品用于换取生产资料和消费资料、投资入股、抵偿债务等方面的，应当按照纳税人同类消费品的最高销售价格作为计税依据，计算征收消费税。

(3) 兼营不同税率应税消费品的税务处理。纳税人生产、销售应税消费品，如果不是单一经营某一税率的产品，而是经营不同税率的产品，就是兼营行为。

纳税人兼营不同税率的应税消费品，应当分别核算不同税率应税消费品的销售额、销售数量。未分别核算销售额、销售数量，或者将不同税率应税消费品组成成套消费品销售的，从高适用税率。所谓“从高适用税率”，就是对兼营高低不同税率的应税消费品，当不能分别核算销售额、销售数量，或者将不同税率的应税消费品组成成套消费品销售的，就以应税消费品中适用的高税率与混合在一起的销售额、销售数量相乘，得出应纳消费税额。

二、应纳税额的计算

(一)生产销售环节应纳消费税的计算

纳税人在生产销售环节应缴纳的消费税，包括直接对外销售应税消费品应缴纳的消费税和自产自用应税消费品应缴纳的消费税。

1. 直接对外销售应纳消费税的计算

1) 从价定率

在从价定率计算方法下，应纳消费税税额等于销售额乘以适用税率。

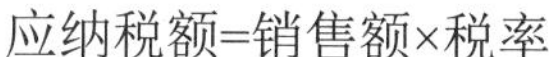

应纳税额=销售额×税率

【例 3-1】 光辉化妆品厂为增值税一般纳税人。8 月 10 日销售一批化妆品，开具的增值税专用发票上标明的价款为 20 万元，8 月 22 日，销售一批化妆品，开具普通发票，金额为 23.4 万元。化妆品适用税率为 30%，则光辉化妆品厂 8 月份应缴纳的消费税是多少？

解析： 化妆品的销售额= 20 + 23.4÷(1 + 17%) = 40(万元)

应纳消费税税额= 40 × 30% = 12(万元)

2)　从量定额

在从量定额计算方法下，应纳消费税税额等于销售数量乘以单位税额。

应纳税额=销售数量 × 单位税额

【例 3-2】 某啤酒厂为增值税一般纳税人。2015 年 10 月销售甲类啤酒 1 000 吨，开具的增值税专用发票上标明价款为 300 万元，另收取包装物押金 23.4 万元。甲类啤酒适用税率为每吨 250 元。请计算该啤酒厂 10 月份应缴纳的消费税税额。

解析： 应纳消费税税额 = 1 000 × 250= 250 000(元)

3)　复合计税

实行从量定额与从价定率相结合的复合计税方法征税的应税消费品，目前只有卷烟、粮食白酒和薯类白酒，其计税依据分别是销售应税消费品向购买方收取的全部价款、价外费用和实际销售数量。

应纳税额=销售数量×定额税率+销售额×比例税率

【例 3-3】 某白酒厂为增值税一般纳税人。2015 年 12 月销售白酒 50 吨，开具的增值税专用发票上标明的价款为 200 万元。白酒适用比例税率为 20%，定额税率为每 500 克 0.5 元。请计算该酒厂 12 月份应缴纳的消费税税额。

解析： 应纳消费税税额 =50 ×2 000 ×0.000 05+200×20%= 45(万元)

2. 自产自用应纳消费税的计算

纳税人自产自用的应税消费品，是指纳税人生产应税消费品后，不是直接对外销售，而是用于连续生产应税消费品或者用于其他方面。用于连续生产应税消费品的，即作为生产最终应税消费品的直接材料、并构成最终应税消费品实体的，不缴纳消费税；用于其他方面，是指纳税人用于生产非应税消费品和在建工程，管理部门，非生产机构，提供劳务，以及用于馈赠、赞助、集资、广告、样品、职工福利、奖励等方面的，应缴纳消费税。“用于生产非应税消费品”是指把自产的应税消费品用于生产消费税条例税目税率表所列产品以外的产品。

纳税人自产自用从价计征的应税消费品，凡用于其他方面，应当纳税的，其具体的税

款计算办法如下。

1) 从价定率

(1) 当月有同类消费品销售价格的，按照纳税人当月销售的同类消费品的销售价格计算纳税，如果当月同类消费品的各期销售价格高低不同，应按销售数量加权平均计算。

应纳税额=同类消费品的销售单价 × 自产自用数量 × 适用税率

(2) 没有同类消费品销售价格的，按照组成计税价格计算纳税。

应纳税额 = 组成计税价格×适用税率

组成计税价格 =(成本+利润)÷(1−消费税税率)

公式中的“成本”是指应税消费品的产品生产成本；公式中的“利润”是指根据应税消费品的全国平均成本利润率计算的利润。应税消费品的全国平均成本利润率由国家税务总局确定，并非增值税法中全部采用10%，具体规定如表3-2所示。

表3-2 应税消费品平均成本利润率

项 目	成本利润率/%	项 目	成本利润率/%
1. 甲类卷烟	10	10. 贵重首饰及珠宝玉石	6
2. 乙类卷烟	5	11. 摩托车	6
3. 雪茄烟	5	12. 高尔夫球及球具	10
4. 烟丝	5	13. 高档手表	20
5. 粮食白酒	10	14. 游艇	10
6. 薯类白酒	5	15. 木制一次性筷子	5
7. 其他酒	5	16. 实木地板	5
8. 化妆品	5	17. 乘用车	8
9. 鞭炮、焰火	5	18. 中轻型商用客车	5

【例3-4】 某化妆品公司将一批自产的化妆品用作职工福利，化妆品的成本为80 000元，该化妆品没有同类产品销售价格。已知成本利润率为5%，消费税税率为30%，请计算该批化妆品应纳的消费税税额。

解析： 组成计税价格 = 成本×(1+成本利润率)÷(1 − 消费税税率)

=80 000 × (1 + 5%)÷(1 − 30%) = 120 000(元)

应纳消费税= 120 000 × 30% = 36 000(元)

2) 从量计税

纳税人自产自用的从量计税的应税消费品，凡用于其他方面，应当纳税的，计税依据为应税消费品的移送使用数量。

应纳税额=移送使用数量 × 单位税额

【例 3-5】 某啤酒厂将自产的啤酒 2 吨用于本厂集体活动，则该啤酒厂的应纳消费税是多少？(啤酒消费税税率为 220/吨)

解析： 应纳税额 =2× 220 = 440(元)

3)　复合计税

纳税人自产自用的复合计税的应税消费品，凡用于其他方面，应当纳税的，计税依据为应税消费品的移送使用数量及计税价格(有同类消费品销售价格的参照同类消费品销售价格，没有同类消费品销售价格的，计税依据为组成计税价格)。

应纳税额 = 移送使用数量 × 单位税额+计税价格(售价或组价) × 比例税率

组成计税价格=(成本 + 利润+移送使用数量×定额税率)÷(1−消费税税率)

3．委托加工应税消费品销售额的确定

委托加工的应税消费品，是指由委托方提供原料和主要材料，受托方只收取加工费和代垫部分辅助材料加工的应税消费品。

委托加工的应税消费品，由受托方在向委托方交货时代收代缴消费税。委托加工的应税消费品，受托方在交货时已代收代缴消费税，委托方收回后直接出售的，不再征收消费税，但仍应征收增值税。

1)　从价定率

委托加工从价计征的应税消费品，其代收代缴的税款计算办法如下。

(1)　受托方有同类消费品销售价格的，按照受托方的同类消费品的销售价格计算纳税。其应纳税额的计算公式如下。

应纳税额 =同类消费品的销售单价 × 委托加工数量 × 适用税率

(2)　受托方没有同类消费品销售价格的，按组成计税价格计算纳税。组成计税价格及应纳税额的计算公式如下。

应纳税额 = 组成计税价格 × 适用税率

组成计税价格 = (材料成本 + 加工费)÷(1−消费税税率)

公式中的“材料成本”是指委托方所提供的加工材料的实际成本。委托加工应税消费品的纳税人，必须在委托加工合同上注明材料成本，凡未提供材料成本的，受托方所在地主管税务机关有权核定其材料成本。“加工费”是指受托方加工应税消费品向委托方所收取的全部费用(包括代垫辅料的实际成本，不包括增值税税金)。

【例 3-6】 某鞭炮企业 2015 年 10 月受托为某单位加工一批鞭炮，委托单位提供的原料成本为 60 万元，收取委托单位不含增值税加工费 8 万元，鞭炮企业没有同类产品的销售价格，请计算鞭炮企业代收代缴的消费税是多少(鞭炮的适用税率为 15%)？

解析： 组成计税价格= (60 + 8) ÷(1−15%) =80(万元)

应纳税额= 80 × 15% = 12(万元)

2) 从量定额

委托加工从量计税应税消费品的，计税依据为纳税人委托加工收回应税消费品的数量。

应纳税额 = 委托加工收回数量 × 单位税额

3) 复合计税

委托加工复合计税应税消费品的，计税依据为纳税人委托加工收回应税消费品的数量及计税价格(售价或组价)。受托方有同类消费品销售价格的，按照受托方的同类消费品的销售价格计算纳税；受托方没有同类消费品销售价格的，按组成计税价格计算纳税。组成计税价格及应纳税额的计算公式如下。

应纳税额 = 委托加工收回数量 × 单位税额+计税价格(售价或组价) × 比例税率

组成计税价格=(材料成本 + 加工费+委托加工收回数量×定额税率)÷(1−消费税税率)

对于由受托方提供原料生产的应税消费品，或者委托方先将材料卖给受托方，然后再接受加工的应税消费品，以及由受托方以委托方名义购进生产的应税消费品，无论纳税人在会计上是否作销售处理，都不得作为委托加工应税消费品，而应当按照销售自制应税消费品缴纳消费税。

4．进口应税消费品组成计税价格的确定

纳税人进口应税消费品，于报关进口时缴纳消费税；进口应税消费品的消费税由海关代征。

1) 从价定率

纳税人进口应税消费品，实行从价定率办法计算应纳税额的，按照组成计税价格和规定的税率计算应纳税额。其计算公式如下。

应纳税额=组成计税价格×消费税税率

组成计税价格= (关税完税价格+关税) ÷(1−消费税税率)

公式中的“关税完税价格”是指海关核定的关税计税价格。

【例 3-7】 金瑞公司 2015 年 10 月进口一批小汽车，海关核定关税完税价格为 90 万元，已纳进口关税 18 万元。假定该小汽车的消费税税率为 10%，请计算该批消费品进口环节应纳消费税税额。

解析： 组成计税价格 = (90 + 18) ÷(1 − 10%) = 120(万元)

应纳税额 = 120 × 10% = 12(万元)

2)　从量定额

进口从量计税应税消费品的，其消费税计税依据为海关核定的应税消费品的进口征税数量。

应纳税额=进口数量×定额税率

3)　复合计税

进口卷烟与粮食白酒、薯类白酒的单位和个人，均应依照上述复合计税办法缴纳从量定额消费税和从价定率消费税。

应纳税额=进口数量×单位税额+组成计税价格×比例税率

组成计税价格=(关税完税价格+关税+进口数量×定额税率) ÷(1−消费税税率)

三、外购和委托加工收回的应税消费品已纳税额的扣除

我国税法规定：用外购已税消费品和委托加工收回应税消费品，连续生产应税消费品的，在计征消费税时，可以按当期生产领用数量计算准予扣除外购和委托加工的应税消费品已纳消费税税款。

1. 扣税范围

(1)　以外购或委托加工收回的已税烟丝为原料生产的卷烟。

(2)　以外购或委托加工收回的已税化妆品为原料生产的化妆品。

(3)　以外购或委托加工收回的已税珠宝玉石为原料生产的贵重首饰及珠宝玉石。

(4)　以外购或委托加工收回的已税鞭炮、焰火为原料生产的鞭炮、焰火。

(5)　以外购或委托加工收回的已税杆头、杆身和握把为原料生产的高尔夫球杆。

(6)　以外购或委托加工收回的已税木制一次性筷子为原料生产的木制一次性筷子。

(7)　以外购或委托加工收回的已税实木地板为原料生产的实木地板。

(8)　以外购或委托加工收回的已税汽油、柴油、石脑油、燃料油、润滑油为原料生产的应税成品油。

(9)　以外购或委托加工收回的已税摩托车连续生产的摩托车(如用外购或委托加工的两轮摩托车改装三轮摩托车)。

2. 扣税数量

外购和委托加工收回的应税消费品按当期生产领用数量扣除已纳消费税。

当期准予扣除的应税消费品已纳税款=当期生产领用数量×单价×外购的或者委托加工收回的应税消费品的适用税率

当期准予扣除的应税消费品买价=期初库存外购的或者委托加工收回的应税消费品买价+当期增加外购的或者委托加工收回的应税消费品买价-期末库存外购的或者委托加工收回的应税消费品买价

当期准予扣除的应税消费品数量=期初库存外购的或者委托加工收回的应税消费品数量+当期增加的外购的或者委托加工收回的应税消费品数量-期末库存外购的或者委托加工收回的应税消费品数量

【例 3-8】 某卷烟厂为增值税一般纳税人，2015 年 10 月从某烟丝厂购进已税烟丝 200 吨，每吨不含税单价 2 万元，取得烟丝厂开具的增值税专用发票，注明货款 400 万元、增值税 68 万元，烟丝已验收入库。卷烟厂当月生产领用外购已税烟丝 150 吨，生产卷烟 20 000 标准箱(每箱 50 000 支，每条 200 支，每条调拨价在 50 元以上)，当月销售给卷烟专卖商 18 000 箱，取得不含税销售额 36 000 万元(烟丝消费税率 30%，卷烟消费税比例税率 56%，定额税率 150 元/箱)。请计算卷烟厂当月应纳的消费税。

解析： 销售卷烟消费税额 = 36 000 × 56% + 18 000 × 0.015 = 20 430(万元)

生产领用外购已税烟丝应抵扣消费税 = 150 × 2 × 30% = 90(万元)

应纳消费税税额 = 20 430 － 90 = 20 340(万元)

任务三　消费税的征收管理与纳税申报

一、消费税的征收管理

(一)纳税义务发生时间

纳税义务发生时间是纳税人对外销售应税消费品发生应税行为应当承担纳税义务的起始时间。

(1) 纳税人生产应税消费品，除金银首饰外，均于销售时纳税。根据销售结算方式的不同，具体规定如下。

① 纳税人采取直接收款方式销售货物的，为收到销售额或取得索取销售额的凭据，并将提货单交给买方的当天(无论货物是否发出) 。

② 纳税人采取托收承付和委托银行收款方式销售货物的，为发出货物并办妥托收手续的当天。

③ 纳税人采取赊销和分期收款方式销售货物的，为合同约定的收款日期的当天。

④　纳税人采取预收货款方式销售货物的，为货物发出的当天。

(2)　除铂金首饰在生产环节纳税外，其他金银首饰消费品在生产、批发和进口环节不纳消费税，只在零售环节纳税，其纳税义务发生时间为收讫销货款或取得索取销货款凭据的当天。

(3)　纳税人自产自用应税消费品的，为货物移送的当天。

(4)　纳税人委托加工应税消费品的，为纳税人提货的当天。

(5)　进口应税消费品的，为报关进口的当天。

(二)纳税期限

根据税法规定，消费税的纳税期限分别为 1 日、3 日、5 日、10 日、15 日、1 个月或者 1 个季度。纳税人的具体纳税期限，由主管税务机关根据纳税人应纳税额的大小分别核定；不能按照固定期限纳税的，可以按次纳税。

纳税人以 1 个月或者 1 个季度为 1 个纳税期的，自期满之日起 15 日内申报纳税；以 1 日、3 日、5 日、10 日或者 15 日为 1 个纳税期的，自期满之日起 5 日内预缴税款，于次月 1 日起 15 日内申报纳税并结清上月应纳税款。

纳税人进口货物的，应当自海关填发税款缴纳证次日起 7 日内缴纳税款。

(三)纳税地点

(1)　纳税人销售以及自产自用的应税消费品，向纳税人核算地主管税务机关申报纳税。

(2)　委托加工的应税消费品，由受托方向所在地主管税务机关解缴税款。

(3)　进口的应税消费品，由进口人或者其代理人向报关地海关申报纳税。

(4)　纳税人到外县销售或委托外县销售，回纳税人核算地或所在地纳税。

(5)　纳税人的总机构与分支机构不在同一地，应在生产应税消费品的分支机构所在地纳税。

二、消费税的纳税申报

消费税纳税申报表如表 3-3 所示。

表 3-3　消费税纳税申报表

税款所属时期：　　年　月　日至　　年　月　日

纳税人识别号 | | | | | | | | | | | | | | | | | | | |

纳税编码 | | | | | | | | |

纳税人名称：　　　　　　　　　　　　　填表日期：　　年　月　日　　金额单位：元(列至角分)

应税消费品名称	适用税目	应税售额(数量)	适用税率(单位税额)	当期准予扣除外购应税消费品买价(数量)				外购应税消费品适用税率(单位税额)
				合计	期初库存外购应税消费品买价(数量)	当期购进外购应税消费品买价(数量)	期末库存外购应税消费品买价(数量)	
1	2	3	4	5 = 6 + 7−8	6	7	8	9
合计								

应纳消费税		当期准予扣除外购应税消费品已纳税款	当期准予扣除委托加工应税消费品已纳税款			
本期	累计		合计	期初库存委托加工应税消费品已纳税款	当期收回委托加工应税消费品已纳税款	期末库存委托加工应税消费品已纳税款
15 = 3 × 4 − 10 或 3 × 4 − 11 或 3 × 4 − 10 − 11	16	10 = 5 × 9 或 10 = 5 × 9×(1−征减幅度)	11 = 12 + 13-14	12	13	14

已纳消费税		本期应补(退)税金额			
本　期	累计	合计	上期结算税　额	补交本年度欠税	补交以前年度欠税
17	18	19 = 15 − 26 − 27	20	21	22

截至上年底累计欠税额	本年度新增欠税额		减免税额	预缴税额	多缴税额
	本期	累计			
23	24	25	26 = 3 × 4 或 3 × 4 ×征减幅度	27	28

如纳税人填报，由纳税人填写以下各栏		如委托代理人填报，由代理人填写以下各栏			备注
会计主管 (签章)	纳税人 (公章)	代理人名称		代理人 (公章)	
		代理人地址			
		经办人		电话	
以　下　由　税　务　机　关　填　写					
收到申报表日期		接收人			

任务四　消费税的会计核算

一、账户设置

为了正确、及时地反映企业消费税应缴、已缴、欠缴等相关纳税事项，纳税人应在“应交税费”账户下设置“应交消费税”明细账户进行会计处理。该明细账户采用三栏式账户记账，贷方核算企业按规定应缴纳的消费税，借方核算企业实际缴纳的消费税或待扣的消费税；期末贷方余额表示尚未缴纳的消费税，借方余额表示企业多缴的消费税。

缴纳消费税的企业除设置“应交税费——应交消费税”科目外，还应设置“营业税金及附加”科目核算应由销售产品、提供劳务等负担的销售税金及附加，包括消费税、营业税、城市维护建设税、资源税、土地增值税和教育费附加等。借方核算应由主营业务负担的价内流转税和应当上缴的费用，贷方核算收到出口退税或减免退回的税金，期末将余额转入“本年利润”账户，结转后该账户无余额。

企业核算应缴消费税时，借记“营业税金及附加”“其他业务成本”“长期股权投资”“应付职工薪酬——职工福利”“销售费用”等科目，贷记“应交税费——应交消费税”。实际缴纳消费税时，借记“应交税费——应交消费税”，贷记“银行存款”。

二、会计核算

(一)生产销售应税消费品应纳消费税的会计处理

因为消费税是价内税，企业销售应税消费品的售价包含消费税(但不包含增值税)，所以企业缴纳的消费税应记入“营业税金及附加”，由销售收入补偿。相关会计分录如下。

销售实现时，

借：营业税金及附加

　　贷：应交税费——应交消费税

实际交纳消费税时，

借：应交税费——应交消费税

　　贷：银行存款

发生销货退回及退税时，作相反的会计分录。企业出口应税消费品，如按规定不予免税或退税的，应视同国内销售，按上述规定进行会计处理。其销售的会计处理与前述增值税的会计处理密切相关，也受销售方式、结算方式的影响，是在进行增值税会计处理的基础上，进行消费税的会计处理。

【例 3-9】 某企业 9 月份销售小轿车 15 辆，气缸容量为 2 200 毫升，出厂价 150 000 元/辆，价外收取有关费用 11 000 元/辆，均为不含增值税价格，则有关的计算公式如下。

应纳消费税税额= (150 000 + 11 000) × 15 × 8% = 193 200(元)

应纳增值税税额= (150 000 + 11 000) × 15 × 17% = 410 550(元)

根据上述有关凭证和数据，作会计分录如下。

借：银行存款　　2 825 550

　　贷：主营业务收入　　2 415 000

　　　　应交税费——应交增值税(销项税额)　　410 550

借：营业税金及附加　　193 200

　　贷：应交税费——应交消费税　　193 200

上缴税金时，作会计分录如下。

借：应交税费——应交增值税(已交税金)　　410 550

　　　　　　——应交消费税　　193 200

　　贷：银行存款　　603 750

【例 3-10】 某企业上月销售卷烟，现因质量问题退货，退回消费税 14 800 元。作会计分录如下。

借：营业税金及附加　　14 800(红字)

　　贷：应交税费——应交消费税　　14 800(红字)

借：银行存款　　14 800

　　贷：应交税费——应交消费税　　14 800

(二)自产自用应税消费品应纳消费税的会计处理

1．企业以生产的应税消费品用于连续生产应税消费品的会计处理

纳税人生产的应税消费品用于连续生产应税消费品的，不需计缴消费税。在领用时，借记“生产成本”账户，贷记“库存商品”账户。

2．企业以生产的应税消费品用于其他方面的会计处理

1)　企业以生产的应税消费品作为投资的会计处理

企业以生产的应税消费品作为投资的，应视同销售缴纳消费税。根据税法规定，按投资消费品售价或组成计税价格计算的应缴消费税，以及应计入长期投资的账面成本，借记“长期股权投资”账户，贷记“应交税费——应交消费税”账户。

【例 3-11】 某企业 7 月份以 20 辆小轿车向市出租汽车公司投资。双方协议，税务机关认可的每辆汽车不含税售价为 150 000 元，每辆车的实际成本为 120 000 元，则有关的计算公式如下。

应缴增值税税额=150 000 × 17% × 20 = 510 000(元)

应缴消费税税额=150 000 × 8% × 20 = 240 000(元)

根据上述有关凭证和数据，作会计分录如下。

借：长期股权投资　　3 750 000

　贷：主营业务收入　　3 000 000

　　应交税费——应交增值税　　510 000

　　　　——应交消费税　　240 000

2)　企业以生产的应税消费品换取生产资料、消费资料或抵偿债务的会计处理

企业以生产的应税消费品换取生产资料、消费资料或抵偿债务、支付代购手续费等的，应视同销售行为，在会计上作销售处理。

以应税消费品换取生产资料和消费资料的，应按售价(若有不同售价，计算增值税时按加权平均售价，计算消费税时应按最高售价)借记“物资采购”等，贷记“主营业务收入”；以应税消费品抵偿债务的，按售价借记“应付账款”等，贷记“主营业务收入”；以应税消费品支付代购手续费的，按售价借记“应付账款”“物资采购”等，贷记“主营业务收入”。同时，按售价计算应交消费税，借记“营业税金及附加”，贷记“应交税费——应交消费税”，并结转销售成本。

【例 3-12】 某汽车厂用一辆小轿车抵偿胜利农场大米款 50 000 元，另支付了增值税税款并取得了增值税专用发票。该小轿车本月售价在 48 000 ~ 52 000 元之间浮动，平均销售价格 50 000 元。计算应交消费税税额并作会计处理。

解析：以物抵债属销售货物范畴。计算应纳增值税的销项税额如下。

50 000 × 17% = 8 500(元)

纳税人用于换取生产资料和消费资料，投资入股和抵偿债务等方面的应税消费品，应当以纳税人同类应税消费品的最高销售价格作为计税依据计算消费税。该小轿车的最高销售价格为 52 000 元，则计算应纳消费税税额并作会计分录如下。

52 000 ×5% = 2 600(元)

借：应付账款——胜利农场　　50 000

　银行存款　　8 500

　贷：主营业务收入　　50 000

　　应交税费——应交增值税(销项税额)　　8 500

借：营业税金及附加　　　　　　　　　　　　2 600
　　贷：应交税费—应交消费税　　　　　　　　　2 600

3)　企业以自产应税消费品用于在建工程、职工福利的会计处理

当企业将应税消费品移送自用时，按其成本结转。即：借记“在建工程”“营业外支出”“销售费用”等账户，贷记“产成品”或“自制半成品”账户。

按自用产品的销售价格或组成计税价格计算应交消费税时，则借记“在建工程”“营业外支出”“销售费用”等账户(注：不通过“营业税金及附加”账户)，贷记“应交税费——应交消费税”账户。

【例 3-13】 某汽车制造厂将自产的一辆小汽车用于在建工程，同类汽车销售价格为180 000元，该汽车成本为110 000元，消费税税率5%，则计算应纳消费税和增值税，并作会计分录如下。

应交增值税税额= 180 000 × 17% = 30 600(元)

应交消费税税额= 180 000 × 5% = 9 000(元)

借：在建工程　　　　　　　　　　　140 600
　　贷：产成品　　　　　　　　　　　　　　110 000
　　　　应交税费——应交增值税(销项税额)　　　30 600

借：在建工程　　　　　　　　　　　9 000
　　贷：应交税费——应交消费税　　　　　　　9 000

【例 3-14】某啤酒厂将自己生产的啤酒20吨发给职工作为福利，10吨用于广告宣传，让客户及顾客免费品尝。该啤酒每吨成本2 000元，则计算应交消费税税额并作会计分录如下。

应交消费税税额=30吨× 220元/吨 = 6 600元

计提消费税时，

借：应付职工薪酬　　　　　　　　　4 400
　　销售费用　　　　　　　　　　　2 200
　　贷：应交税费——应交消费税　　　　　　6 600

结转自用啤酒成本时，

借：应付职工薪酬　　　　　　　　　40 000
　　销售费用　　　　　　　　　　　20 000
　　贷：产成品　　　　　　　　　　　　　　60 000

实际缴纳消费税时，

借：应交税费——应交消费税　　　　6 600
　　贷：银行存款　　　　6 600

(三)委托加工应税消费品应纳消费税的会计处理

1．委托方的会计处理

1)　收回后直接用于销售的

委托加工的应税消费品收回后直接用于销售的，在销售时不再缴纳消费税，因此委托方应将受托方代收代缴的消费税随同应支付的加工费一并计入委托加工的应税消费品成本。

委托方根据受托方代收代缴的消费税、向受托方支付的加工费等有关凭证，借记“委托加工材料”或“生产成本”“自制半成品”账户，贷记“应付账款”或“银行存款”账户。

【例 3-15】 某卷烟厂委托 A 厂加工烟丝，卷烟厂和 A 厂均为一般纳税人。卷烟厂提供烟叶 55 000 元，A 厂收取加工费 20 000 元，并开具增值税专用发票收取增值税 3 400 元(烟丝的消费税税率为 30%)。

委托方卷烟厂应作会计分录如下。

①　发出材料时，

借：委托加工物资　　　　55 000
　　贷：原材料　　　　55 000

②　支付加工费时，

借：委托加工物资　　　　20 000
　　应交税费——应交增值税(进项税额)　　　　3 400
　　贷：银行存款　　　　23 400

③　支付代扣代缴消费税时，

代扣消费税税额 $=(55\,000+20\,000)\div(1-30\%)\times30\%=32\,143$(元)

借：委托加工物资　　　　32 143
　　贷：银行存款　　　　32 143

④　加工烟丝入库时，

借：产成品　　　　107 143
　　贷：委托加工物资　　　　107 143

⑤　产品销售时，不再交纳消费税。

2)　收回后连续生产应税消费品的

委托加工的应税消费品收回后连续生产应税消费品的，已纳消费税款准予抵扣，因此委托方应将受托方代扣代缴的消费税，借记“应交税费——应交消费税”账户，待最终应税消费品销售时，允许从应缴纳的消费税中抵扣。

因为修改后的税法已将收回扣税法改为生产实耗扣税法，所以为了在会计上清晰反映其抵扣过程，可设“待扣税金”账户。

【例 3-16】 承例 3-15，假定委托加工后的烟丝，尚需再加工成甲级卷烟，则作会计分录如下。

① 发出材料、支付加工费时，

会计分录同前。

② 支付代扣消费税时，

借：待扣税金——待扣消费税　　32 143

　　贷：银行存款　　32 143

③ 加工烟丝入库时，

借：产成品　　75 000

　　贷：委托加工物资　　75 000

【例 3-17】 承例 3-15 加工的烟丝经过再加工后成为卷烟对外销售。假设当月销售 3 个标准箱，每标准条调拨价格 70 元，共取得销售额 45 000 元，期初库存委托加工应税烟丝已纳消费税 2 580 元，期末库存委托加工应税烟丝已纳税额 19 880 元(卷烟消费税税率 56%，每标准箱 150 元)，则作会计分录如下。

① 取得收入时，

借：银行存款　　52 650

　　贷：主营业务收入　　45 000

　　　　应交税费——应交增值税(销项税额)　　7 650

② 计提消费税时，

应纳消费税税额 $=150\times3+45\,000\times56\%=25\,650$(元)

借：营业税金及附加　　25 650

　　贷：应交税费——应交消费税　　25 650

当月准予抵扣的消费税税额 $=2\,580+32\,143-19\,880=14\,843$(元)

借：应交税费——应交消费税　　14 843

　　贷：待扣税金——待扣消费税　　14 843

③ 当月实际上缴消费税时，

借：应交税费——应交消费税　　10 807

　　贷：银行存款　　10 807

2. 受托方的会计处理

受托方可按本企业同类消费品的销售价格计算代收代缴消费税；若没有同类消费品销售价格的，按照组成计税价格计算。

【例 3-18】 承例 3-15，受托方 A 厂作会计分录如下。

① 收加工费时，

借：银行存款　　23 400

　　贷：其他业务收入　　20 000

　　　　应交税费——应交增值税(销项税额)　　3 400

② 收取代扣代缴消费税时，

借：银行存款　　32 143

　　贷：应交税费——应交消费税　　32 143

③ 上缴代扣税金时，

借：应交税费——应交消费税　　32 143

　　贷：银行存款　　32 143

(四)应税消费品包装物应交消费税的会计处理

实行从价定率计征消费税的消费品连同包装物销售的，无论包装物是否单独计价，均应并入应税消费品的销售额中缴纳消费税。对出租、出借包装物收取的押金和包装物已作价随同应税消费品销售，又另外加收的押金，因逾期未收回包装物而没收的部分，也应并入应税消费品的销售额中缴纳消费税。

1. 随同产品销售而不单独计价

因为其收入已包括在产品销售收入中，所以其应纳消费税与产品销售一并进行会计处理。

2. 随同产品销售而单独计价

因为其收入记入“其他业务收入”账户，所以其应纳消费税应记入“其他业务成本”账户。

【例 3-19】 某酒厂异地销售粮食白酒，包装物单独计价，收取包装费 700 元(不含税)，则计算应纳增值税和消费税税额并作会计分录如下。

包装物应交消费税税额= 700 × 25% = 175(元)

包装物应交增值税税额= 700 × 17% = 119(元)

借：应收账款　　819
　　贷：其他业务收入　　700
　　　　应交税费——应交增值税(销项税额)　　119
借：其他业务成本　　175
　　贷：应交税费——应交消费税　　175

3．出租、出借包装物逾期未收回而没收的押金

因为没收的押金转为“其他业务收入”账户，所以这部分押金收入应缴纳的消费税也应相应记入“其他业务成本”账户。

【例3-20】 某企业销售化妆品，出借包装物收取押金1 500元，包装物逾期未还，没收押金，则计算应纳增值税和消费税税额并作会计分录如下。

应纳增值税税额= 1 500÷(1 + 17%) × 17% = 217.95(元)

应纳消费税税额= 1 500÷(1 + 17%) × 30% = 384.62(元)

借：其他应付款　　1 500.00
　　贷：其他业务收入　　1 282.05
　　　　应交税费——应交增值税　　217.95
借：其他业务成本　　384.62
　　贷：应交税费——应交消费税　　384.62

4．包装物已作价随同产品销售，另外又加收押金，逾期未收回而没收的押金

为促使购货方将包装物退回，即使包装物已作价销售，还可以另外加收押金。若包装物逾期未收回，没收的押金应缴纳消费税，该项消费税可直接冲抵“其他应付款”账户，冲抵后的余额再转入“营业外收入”账户。

【例3-21】 某企业销售化妆品一批，包装物不单独计价，在销售价款之外，另加收押金936元，包装物逾期未收回(化妆品消费税税率30%)，则计算应纳消费税税额并作会计分录如下。

应交消费税税额 = 936÷(1 + 17%) × 30% = 240(元)

借：其他应付款　　936
　　贷：其他业务收入　　800
　　　　应交税费——应交增值税　　136
借：其他业务成本　　240
　　贷：应交税费——应交增值税　　240

(五)进口应税消费品的会计处理

进口应税消费品时，进口单位缴纳的增值税、消费税应计入应税消费品成本中。按进口成本连同应纳增值税、消费税，借记“固定资产”“物资采购”等账户；由于进口货物在海关交税，与提货联系在一起，即交税后方能提货。为了简化核算，关税、消费税可以不通过“应交税费”账户，直接贷记“银行存款”账户。若特殊情况下，先提货后交税时，可以通过“应交税费”账户。

【例 3-22】 企业从国外购进化妆品一批，CIF 价为 USD40 000，关税税率为 50%，增值税税率为 17%；假定当日汇率为 USD1 = ¥8.50(此汇率仅作参考，实际工作中以当日汇率为准)。

组成计税价格= (40 000 + 40 000 × 50%) ÷ (1−30%) × 8.5 = 728 571(元)

应纳消费税税额= 728 571 × 30% = 218 571(元)

应纳增值税税额= 728 571 × 17% = 123 857(元)

作会计分录如下。

借：物资采购　　728 571

　　应交税费——应交增值税(进项税额)　　123 857

　　贷：应付账款　　340 000

　　　　银行存款　　512 428

案例导入分析

解析： 1. 应纳消费税税额= 180 × 30% + (10 + 3) ÷(1 − 30%) × 30% + 80 × 30% − 60 × 30%

= 54 + 6 + 24 − 18= 66(万元)

2. 会计处理如下。

(1) 借：银行存款　　2 106 000

　　　　营业税金及附加　　540 000

　　贷：主营业务收入　　1 800 000

　　　　应交税费——应交增值税(销项税额)　　30 600

　　　　　　　　——应交消费税　　540 000

(2) 借：委托加工物资　　60 000

　　　　贷：应交税费——应交消费税　　60 000

(3) 借：库存商品　　600 000

　　　　应交税费——应交增值税(进项税额)　　102 000

　　　　贷：银行存款　　702 000

借：生产成本　　420 000
　　应交税费——应交消费税　　180 000
　　贷：库存商品　　600 000
借：银行存款　　936 000
　　营业税金及附加　　240 000
　　贷：主营业务收入　　800 000
　　　　应交税费——应交增值税(销项税额)　　136 000
　　　　　　　　——应交消费税　　240 000

项目实务训练

一、单项选择题

1. 下列商品中，应征收消费税的有(　　)。
   A. 冰箱　　B. 空调　　C. 彩电　　D. 酒精
2. 以下应税消费品中，适用比例税率的有(　　)。
   A. 啤酒　　B. 汽油　　C. 黄酒　　D. 其他酒
3. 自产自用的应当缴纳消费税的应税化妆品的组成计税价格公式是(　　)。
   A. (成本+利润) ÷ (1+消费税税率)
   B. (完税价格+关税) ÷ (1+消费税税率)
   C. (完税价格+关税) ÷ (1−消费税税率)
   D. (成本+利润) ÷ (1−消费税税率)
4. 委托加工的应税消费品在(　　)征收消费税。
   A. 受托方加工货物环节　　B. 委托方销售货物环节
   C. 委托方交付原材料环节　　D. 受托方完工交货环节
5. 下列各项不同用途的应税消费品应纳消费税的有(　　)。
   A. 委托加工的应税消费品(受托方已代收代缴消费税)，委托方收回后用于直接销售的
   B. 自产自用的应税消费品，用于连续生产应税消费品的
   C. 委托加工的应税消费品(受托方已代收代缴消费税)，委托方收回后用于连续生产应税消费品的
   D. 自产自用的应税消费品，用于在建工程的
6. 根据消费税法律制度规定，下列经营业务中，应征收消费税的有(　　)。

A. 汽车厂销售雪地车　　B. 烟草公司批发的卷烟

C. 汽车加油站销售的汽油　　D. 汽车制造厂生产销售的卡车

7. 某酒厂本月销售自产粮食白酒 2 000 斤，每斤酒售价 35 元，连包装物一起销售，共取得不含税销售额 100 000 元，则本月应纳消费税为(　　)元(注：定额税率 0.5 元/斤，比例税率 25%)。

A. 1 000　　B. 18 500　　C. 25 000　　D. 26 000

8. 下列外购已税消费品连续生产应税消费品销售时，准予扣除外购时已纳消费税的有(　　)。

A. 外购已税汽车轮胎生产的小轿车

B. 外购已税珠宝玉石生产的高档手表

C. 外购已税酒生产的勾兑酒

D. 外购已税两轮摩托车改装的三轮摩托车

9. 某汽车厂用自产小汽车抵偿债务，消费税的计税销售额应选择(　　)。

A. 同类消费品中间价　　B. 同类消费品加权平均价

C. 同类消费品最高售价　　D. 组成计税价格

10. 委托加工收回的应税消费品由委托方收回后直接出售，应缴纳的税金有(　　)。

A. 消费税　　B. 增值税

C. 消费税和增值税　　D. 什么税都不交

二、多项选择题

1. 根据消费税法律制度规定，下列情形中，应缴纳消费税的有(　　)。

A. 将自产的化妆品赠与他人　　B. 将自产的鞭炮赠与他人

C. 将自产的啤酒用于赞助　　D. 将自产的钻石用于零售

2. 下列几种情况，属于自制应税消费品的有(　　)。

A. 由受托方提供原材料生产的应税消费品

B. 受托方先将原材料卖给委托方，然后再接受加工的应税消费品

C. 由委托方提供原材料和主要材料，受托方只收取加工费和代垫部分辅助材料费加工的应税消费品

D. 由受托方以委托方名义购进原材料生产的应税消费品

3. 下列商品中适用定额税率征收消费税的商品有(　　)。

A. 汽油　　B. 柴油　　C. 小汽车　　D. 啤酒

4. 纳税人自产的应税消费品用于(　　)项目时，应视同销售计征消费税。

A. 在建工程　　B. 连续生产应税消费品

C. 广告　　D. 赞助

5. 下列应税消费品中，采用复合计税方法计算消费税的有(　　)。

A. 烟丝　　B. 卷烟　　C. 白酒　　D. 化妆品

6. 从价定率计征消费税时，销售额中应包括(　　)。

A. 价款　　B. 价外费用　　C. 消费税金　　D. 增值税金

7. 某化妆品公司将一批自产化妆品用作职工福利，其成本为 8 万元，消费税税率为8%，消费税成本利润率为 5%，则其计税销售额(组价)为(　　)(化妆品消费税税率为 30%)。

A. 消费税组价为 9.13 万元　　B. 消费税组价为 7.78 万元

C. 增值税组价为 9.13 万元　　D. 增值税组价为 8.8 万元

8. 委托加工应税消费品计算消费税的组成计税价格中应包括的项目有(　　)。

A. 加工费用　　B. 委托方提供加工材料的实际成本

C. 受托方代垫辅助材料的实际成本　D. 受托方代收代缴的消费税金

9. 根据消费税法律制度规定，下列情形中，应并入白酒的销售额计征消费税的有(　　)。

A. 优质费　　B. 逾期付款违约金

C. 包装物押金　　D. 品牌使用费

10. 根据消费税法律制度规定，下列情形中，应按纳税人同类应税消费品的最高销售价格计征消费税的有(　　)。

A. 用于抵债的应税消费品

B. 用于投资的应税消费品

C. 用于抵债换取生产资料的应税消费品

D. 用于换取消费资料的应税消费品

三、判断题

1. 应征收增值税的货物均应征收消费税。(　　)

2. 消费税的征税环节与增值税一样，都是从生产到流通的所有环节。(　　)

3. 用外购已税的珠宝玉石生产的珠宝玉石销售计税，允许扣除购进的全部珠宝玉石的已纳税金。(　　)

4. 某摩托车厂用外购已税两轮摩托车连续生产摩托车，销售摩托车计征消费税时允许扣除当期生产领用的已税摩托车的已纳消费税税金。(　　)

5. 对应税消费品征收消费税后，不再征收增值税。(　　)

6. 计征消费税和增值税的价格，均为含消费税金不含增值税金的价格。(　　)

7. 当货物为应税消费品时，对其征收增值税的同时也应对其征收消费税。(　　)

8. 企业受托加工应税消费品代收代缴的消费税，在采用组成计税价格计税时，组价的构成应当是材料成本与加工费之和。 ( )

9. 委托加工收回的应税消费品尚未销售，由于受托方未代收代缴消费税，委托方应看作自制应税消费品补交消费税。 ( )

10. 纳税人通过自设非独立核算门市部销售的自产应税消费品，应当按照门市部对外销售额或者销售数量征收消费税。 ( )

四、业务题

1. 某地板制造厂为增值税一般纳税人，适用增值税税率17%，2016年5月份购进木材一批，取得增值税专用发票，注明价款300万元、增值税51万元，支付购货运费10万元、装卸费0.5万元，并取得税务机关认定的运输企业开具的运费发票；6月20日销售实木地板并取得不含税销售额80万元；用一批不含税售价为40万元的实木地板抵偿前欠木材供货商货款(实木地板消费税税率5%)。

要求：计算该地板制造厂该月份应缴的消费税和增值税。

2. 某卷烟厂为增值税一般纳税人，适用增值税税率17%，2015年12月生产销售的卷烟中，每条调拨价为60元的有30大箱；每条调拨价为45元的有20大箱。另外，新研制一种低焦油卷烟，提供10大箱用于展览会样品，并分送参观者，这批新产品尚未确定售价，其实际成本为每大箱6 000元，成本利润率为10%。

要求：计算该厂本月应纳消费税税额(卷烟消费税税率：比例56%，定额150元/标准箱)。

3. 某酒厂为一般纳税人，适用增值税税率17%，2015年10月发生以下业务。

(1) 自制粮食白酒5吨，对外售出4吨，收到不含税销售额20万元(含包装费3万元)，另收取包装物押金(单独核算)0.2万元。

(2) 以自制薯类白酒1 000斤继续加工成药酒1 200斤，全部售出，普通发票上注明销售额7.2万元。

(3) 从另一酒厂购入粮食白酒800斤(已纳消费税0.4万元)，全部勾兑成低度白酒出售，数量1 000斤，取得不含税收入2.5万元。

要求：计算该酒厂本月应纳消费税税额并进行账务处理(白酒定额税率为0.5元/斤，比例税率为20%)。

4. 某卷烟厂(一般纳税人)2015年6月委托某烟丝加工厂(小规模纳税人)加工一批烟丝，卷烟厂提供的烟叶在委托加工合同上注明成本8万元。烟丝加工完，卷烟厂提货时，加工厂收取加工费，开具普通发票上注明金额1.272万元，并代收代缴了烟丝的消费税。卷烟厂将这批加工收回的烟丝50%对外直接销售，收入6.5万元，另50%当月全部用于生产卷烟。本月销售卷烟40标准箱，取得不含税收入60万元。

要求：①计算卷烟厂应纳的消费税税额；②计算受托方应纳的增值税税额(烟丝消费税税率为30%，卷烟消费税税率为56%，固定税额为每大箱150元)。

5. 某化妆品厂2015年11月进口一批化妆品，海关审定的关税完税价格为28万元，关税税率为40%。当月在国内全部销售，开具的增值税专用发票上注明的价款、增值税税款分别为71万元、12.07万元。

要求：计算该化妆品厂2015年11月应纳的增值税税额和消费税税额并进行账务处理。

项目四　关税及其会计核算

项目目的及要求

通过本项目的学习，学生应了解关税的纳税人和征税对象、税则、税率等内容；理解并掌握进出口关税的完税价格以及应纳税额的计算方法；掌握关税的会计处理方法；熟悉关税的申报缴纳等业务。

项目重点和难点

本项目的学习重点是关税的计算及会计业务处理，难点是进出口关税完税价格的计算。

案例导入

天津某进出口公司 2015 年 11 月进口货物一批，货物以离岸价格成交，成交价折合人民币 910 万元(包括单独计价并经海关审查属实的向境外采购代理人支付的买方佣金 10 万元，但不包括因使用该货物而向境外支付的软件费 60 万元、向卖方支付的佣金 15 万元)，另支付货物运抵我国上海港的运费、保险费等 25 万元。

要求：假设该货物适用的关税税率为 30%，那么请计算该货物进口环节应纳的关税是多少？

任务一　关 税 概 述

一、关税的概念和特点

(一)关税的概念

关税是海关依法对进、出境的货物和物品征收的一种税。所谓“境”是指关境。关税属于全值流转税。

国境与关境是两个既有联系，又不完全相同的概念。国境是一个主权国家以边界为界限，全面行使主权的领域范围，包括领土、领海、领空。关境又称税境或海关境域，是一个主权国家行使关税权力的领域范围。通常情况下，国境与关境是一致的。但如果几个国家结成关税联盟，组成一个共同关境实施统一的关税法令和对外税则，彼此之间货物进出国境不征关税，只对来自和运往非同盟成员国的货物进出共同关境时征收关税，这时关境就大于其成员国的各自国境。如果一个国家在本国领域范围内设有自由港或自由贸易区，则关境就小于国境。根据我国相关规定，香港、澳门保持自由港地位，为我国的关税地区，即单独关境区。

关税的征税对象是进出国境或关境的货物和物品。货物是指贸易性进出口的商品。物品是指入境旅客携带的、个人邮递的、运输工具服务人员携带的，以及用其他方式进口的个人自用的非贸易性商品。

(二)关税的特点

1. 以进出国境或关境的货物和物品为征税对象

关税的征税对象是进出国境或关境的货物和物品。属于贸易性进出口的商品称为货物；属于入境旅客携带的、个人邮递的、运输工具服务人员携带的，以及用其他方式进口的个人自用的非贸易性商品称为物品。关税不同于因商品交换或提供劳务取得收入而课征的流转税，也不同于因取得所得或拥有财产而课征的所得税或财产税，而是对特定货物和物品途经海关通道进出口征税。

2. 以货物进出口统一的国境或关境为征税环节

关税是主权国家对进出国境或关境的货物和物品统一征收的税种。在封建社会里，由于封建割据，导致国内关卡林立，重复征税，因此那时的关税主要为国内关税或内地关税，它严重地阻碍着商品经济的发展。资本主义生产方式取代封建生产方式之后，新兴资产阶级建立起统一的国家，主张国内自由贸易和商品自由流通，因而纷纷废除旧时的内陆关税，实行统一的国境关税。进口货物征收关税之后，可以行销全国，不再征收进口关税。

3. 实行复式税则

关税的税则是关税课税范围及其税率的法则。复式税则又称多栏税则，是指一个税目设有两个或两个以上的税率，根据进口货物原产国的不同，分别适用高低不同的税率。复式税则是一个国家对外贸易政策的体现。目前，在国际上除极个别国家外，各国关税普遍实行复式税则。

4. 关税具有涉外统一性，执行统一的对外经济政策

关税是一个国家的重要税种。国家征收关税不单纯是为了满足政府财政上的需要，更重要的是利用关税来贯彻执行统一的对外经济政策，实现国家的政治经济目的。在我国现阶段，关税被用来争取实现平等互利的对外贸易，保护并促进国内工农业生产发展，为社会主义市场经济服务。

5．关税由海关机构代表国家征收

关税由海关总署及所属机构具体管理和征收，征收关税是海关工作的一个重要组成部分。《中华人民共和国海关法》规定：“中华人民共和国海关是国家的进出关境监督管理机关。海关依照本法和其他有关法律、行政法规，监督进出境的运输工具、货物、行李物品、邮递物品和其他物品，征收关税和其他税、费，查缉走私，并编制海关统计和办理其他海关业务。”监督管理、征收关税和查缉走私是当前我国海关的三项基本任务。

二、关税的分类

关税依据不同的标准，可以划分为不同的种类。

1．按货物的不同流向分类

按货物的不同流向分类，关税可以分为进口税、出口税和过境税。

进口税是对进口的货物或物品征收的一种关税。一般是在货物或物品进入我国国(关)境或海关保税仓库转出，投放国内市场时征收。其目的在于保护本国市场和增加财政收入。出口税是对出口的货物或物品征收的一种关税。目前许多发达国家已不征收出口税。但为了限制本国某些产品或自然资源的出口，或是为了保护本国生产和本国市场供应以及增加财政收入等特定需要，一些发展中国家也征收出口税。过境税又称通过税，是对运经本国国(关)境的外国货物征收的一种关税。它在重商主义时代盛行一时，但由于它阻碍了国际贸易的发展，因此目前世界各国一般都不征收过境税。

2．按征税的计税标准分类

按征税的计税标准分类，关税可以分为从价关税、从量关税、复合关税、选择关税和滑动关税。

从价关税是以货物的价格为计税标准而计算征收的一种关税。从量关税是以货物的计量单位为计税标准计算征收的一种关税。复合关税是对同一种进口货物采用从价与从量两种标准计算征收的一种关税。征税时，或以从价税为主，加征从量税；或以从量税为主，加征从价税。选择关税是对同一种货物，同时规定从价税和从量税两种税率，征税时选择其中的一种进行课征的一种关税。滑动关税是对某种进口货物规定其价格的上、下限，按国内货价涨落情况，分别采用几种高低不同税率的一种关税。

3．按关税的征收目的分类

按关税的征收目的分类，关税可以分为财政关税和保护关税。

财政关税又称收入关税，是以增加财政收入为主要目的而课征的一种关税。财政关税的税率一般比保护关税低，否则将阻碍国际贸易的发展，达不到增加财政收入的目的。保护关税是以保护本国经济发展为主要目的而课征的一种关税。保护关税一般是进口税，税率较高。保护关税是实现一个国家对外贸易政策的重要措施之一。

4．按对不同国家货物或货物不同税率情况分类

按对不同国家货物或货物不同税率情况分类，关税可以分为加重关税和优惠关税。

加重关税是指使用高于正常标准的税率而课征的一种关税。其目的是为了加强关税的保护作用，主要包括反倾销税、反补贴税和报复关税等形式。优惠关税是指使用低于正常标准的税率而课征的一种关税。它是对特定的受惠国给予的关税优惠待遇，主要包括互惠关税、特惠关税、最惠国待遇、普惠制和世界贸易组织成员国间的关税减让。

三、关税的纳税人

关税的纳税人包括进口中国准许进口的货物的收货人、出口中国准许出口的货物的发货人和中国准许进出境物品的所有人，他们分别应当依法缴纳进口关税和出口关税。

贸易性商品的关税纳税人为进口货物的收货人和出口货物的发货人。接受委托办理有关手续的代理人，也是关税的纳税人。关税的纳税人具体包括：外贸进出口公司；工贸或农贸结合的进出口公司；其他经批准经营进出口商品的企业。

非贸易性进口物品的关税纳税人包括：入境旅客随身携带的行李、物品的持有人；各种运输工具上服务人员入境时携带自用物品的持有人；馈赠物品以及其他方式入境个人物品的所有人；进口个人邮件的收件人。

进出口货物，除了另有规定的以外，可以由进出口货物收发货人自行办理报送纳税手续，也可以由进出口货物收发货人委托海关准予注册登记的报关企业办理报关纳税手续。

进出境物品的所有人可以自行办理报关纳税手续，也可以委托他人办理报关纳税手续。

四、关税的征税对象

关税的征税对象是准许进出境的货物和物品。货物是指贸易性商品；物品是指入境旅客随身携带的行李物品、个人邮递物品、各种运输工具上的服务人员携带进口的自用物品、馈赠物品以及其他方式进境的个人物品。

五、关税税则和税率

进出口税则是一国政府根据国家关税政策和经济政策，通过一定的立法程序制定公布实施的进出口货物和物品应税的关税税率表。进出口税则以税率表为主体，通常还包括实

施税则的法令、使用税则的有关说明和附录等。《中华人民共和国海关进出口税则》是我国海关凭以征收关税的法律依据，也是我国关税政策的具体体现。

我国现行税则包括《中华人民共和国进出口关税条例》《税率适用说明》《中华人民共和国海关进口税则》《中华人民共和国海关出口税则》及进口商品从量税、复合税、滑准税税目税率表、进口商品关税配额税目税率表、进口商品税则暂定税率表、出口商品税则暂定税率表、非全税目信息技术产品税率表等附录。进出口税则是国家以法律形式对不同种类的进出口商品分别制订税率而形成的税目税率表。商品分类目录和税率是海关税则的两项主要内容。商品分类目录是把成千上万种不同商品加以综合，按照其不同特征分门别类，依照顺序排列而形成的商品名目，称为税则号列，并逐号列出该号中应列入的商品名称。在此基础上，根据国家的关税政策，依不同商品名目，分别制订不同的税率。商品分类的原则即归类规则，包括归类总规则和各类、章、目的具体注释。税率栏是按商品分类目录逐项定出的税率栏目。我国现行进口税则为五栏税率，包括最惠国税率、协定税率、特惠税率、普通税率和关税配额税率。出口税则为一栏税率。海关对进出口货物必须按所列税率计征税款。因此，进出口税则是我国征收关税的主要法律依据之一。

任务二　关税应纳税额的计算

一、关税计税依据的确定

关税的计税依据为进出口货物的完税价格。进出口货物的完税价格，由海关以该货物的成交价格为基础审查确定。成交价格不能确定时，完税价格由海关依法估定。

(一)进口货物完税价格的确定

1. 以成交价格为基础的完税价格

以成交价格为基础的完税价格是海关以进口货物的成交价格为基础，经调整确定的计征关税的依据。进口货物的完税价格包括货物的货价、货物运抵我国境内输入地点起卸前的运输及其相关费用、保险费。我国境内输入地为入境海关地，包括内陆河、江口岸，一般为第一口岸。货物的货价以成交价格为基础。进口货物的成交价格是指买方为购买该货物，并按有关规定调整后的实付或应付价格。

实付或应付价格调整规定如下。

(1) 如果下列费用或价值未包括在进口货物的实付或应付价格中，应当计入完税价格。①由买方负担的除购货佣金以外的佣金和经纪费；②由买方负担的与该进口货物视为一体的容器费用；③由买方负担的包装材料和包装劳务费用；④可以按比例分摊的，由卖方直接或间接免费提供或以低于成本价方式销售给买方或有关方的货物或服务的费用；⑤与该货物有关并作为卖方向我国销售该货物的一项条件，应当由买方直接或间接支付的特许权使用费；⑥卖方直接或间接从买方对该货物进口后转售、处置或使用所得中获得的收益。

(2) 下列费用，如果能与进口货物的实付或应付价格区分，不得计入完税价格，已经计入成交价格的，应当从成交价格中扣除。①厂房、机械、设备等货物进口后的基建、安装、装配、维修和技术服务、调试的费用；②货物运抵境内第一输入地点之后的运输费用；③买方佣金。

【例 4-1】 上海某进出口公司从美国进口货物一批，货物以离岸价格成交，成交价折合人民币为 1 410 万元(包括单独计价并经海关审查属实的向境外采购代理人支付的买方佣金 10 万元，但不包括因使用该货物而向境外支付的软件费 50 万元、向卖方支付的佣金 15 万元)，另支付货物运抵我国上海港的运费、保险费等 35 万元。假设该货物适用的关税税率为 20%、增值税税率为 17%、消费税税率为 10%。请分别计算该公司应纳关税税额、消费税税额和增值税税额。

① 计算应纳关税税额如下。

关税完税价格=离岸价＋软件费＋卖方佣金－买者佣金＋运保费

$=1\,410+50+15-10+35=1\,500$(万元)

应纳关税税额=关税完税价格×关税税率

$=1\,500\times 20\%=300$(万元)

② 计算应纳消费税税额如下。

组成计税价格=(关税完税价格 ＋ 关税)÷(1－消费税税率)

$=(1500+300)\div(1-10\%)=2\,000$(万元)

应纳消费税税额=组成计税价格×税率

$=2\,000\times 10\%=200$(万元)

③ 计算应纳增值税税额如下。

组成计税价格 = 关税完税价格 ＋ 关税 ＋ 消费税

$=1\,500+300+200=2\,000$(万元)

应纳增值税税额=组成计税价格×税率

$=2\,000\times 17\%=340$(万元)

2. 进口货物海关估价方法

进口货物的价格不符合成交价格条件或者成交价格不能确定的，海关应当依次以相同货物成交价格估价方法、类似货物成交价格估价方法、倒扣价格估价方法、计算价格估价方法以及其他合理方法确定的价格为基础，估定完税价格。如果进口货物的收货人提出要求，并提供相关资料，经海关同意，倒扣价格方法和计算价格方法的使用次序可以颠倒。

(1) 相同货物成交价格估价方法。相同货物主要指货物的物理特性、质量及产品声誉。采用这种比照价格时，相同货物必须已经在被估价货物进口同时或大约同时向进口国进口时，若有好几批相同货物完全符合条件，应采用其中最低的价格。另外，相同货物与被估货物在商业水平、数量、运输方式、运输距离等贸易上的差别也要作调整。

(2) 类似货物成交价格估价方法。类似货物是指与被估货物在同一国生产制造，虽然不是在所有方面都相同，但具有相似特征和相似组成材料，从而能起到同样作用，而且在商业上可以互换的货物。选择相似货物时，主要应考虑货物的品质、信誉和现有商标。

(3) 倒扣价格估价方法。它是指海关以进口货物、相同或者类似进口货物在境内的销售价格为基础，扣除境内发生的有关费用后，审查确定进口货物完税价格的估价方法。

(4) 计算价格估价方法。计算价格方法是按下列各项的总和计算出的价格估定完税价格。有关项为：①生产该货物所使用的原材料价值和进行装配或其他加工的费用；②与向境内出口销售同等级或同种类货物的利润、一般费用相符的利润和一般费用；③货物运抵境内输入地点起卸前的运输及相关费用、保险费。

(5) 其他合理方法。合理方法实际上是对海关估价的一项补救方法，也就是在使用上述任何一种估价方法都无法确定海关估价时，海关可以灵活地采用上述方法中的任何一个最便于计算海关价格的方法。但不得使用以下价格：①境内生产的货物在境内的销售价格；②可供选择的价格中较高的价格；③货物在出口地市场的销售价格；④以计算价格方法规定的有关各项之外的价值或费用计算的价格；⑤出口到第三国或地区的货物的销售价格；⑥最低限价；⑦武断或虚构的价格。

3. 特殊进口货物的完税价格

1) 加工贸易进口料件及其制成品

加工贸易进口料件及其制成品需征税或内销补税的，海关按照一般进口货物的完税价格规定，审定完税价格。

2) 保税区、出口加工区货物

从保税区或出口加工区销往区外、从保税仓库出库内销的进口货物(加工贸易进口料件及其制成品除外)，以海关审定的价格估定完税价格。对经审核销售价格不能确定的，海关应当按照一般进口货物估价办法的规定，估定完税价格。例如，销售价格中未包括在保税区、出口加工区或保税仓库中发生的仓储、运输及其他相关费用的，应当按照客观量化的数据资料予以计入。

3) 运往境外修理的货物

运往境外修理的机械器具、运输工具或者其他货物，出境时已向海关报明并在海关规定期限内复运进境的，应当以海关审定的境外修理费和料件费，以及该货物复运进境的运输及其相关费用、保险费估定完税价格。

4) 运往境外加工的货物

运往境外加工的货物，出境时已向海关报明，并在海关规定期限内复运进境的，应当以海关审定的境外加工费和料件费，以及该货物复运进境的运输及其相关费用、保险费估定完税价格。

4. 进口货物完税价格中运输及相关费用、保险费的计算

1) 以一般陆运、空运、海运方式进口的货物

运费和保险费按实际支付的费用计算。如果进口货物的运费无法确定或未实际发生，海关应按该货物进口同期运输行业公布的运费率计算运费；按“货价加运费”两者总额的3‰计算保险费。

2) 以其他方式进口的货物

邮运的进口货物，以邮费作为运输及其相关费用、保险费；以境外边境口岸价格条件成交的铁路或公路运输进口货物，海关应按货价的1%计算运输及其相关费用、保险费。

(二)出口货物完税价格的确定

1. 以成交价格为基础的完税价格

出口货物的完税价格，由海关以该货物向境外销售的成交价格为基础审查确定，包括货物运至我国输出地点装卸前的运输及相关费用、保险费，但不包括其中的出口关税税额。出口货物的成交价格是指该货物出口销售到我国境外时买方向卖方实付或应付的价格。若出口货物的成交价格中含有支付给境外的佣金并单独列明，应当扣除。

$$\text{出口货物的完税价格} = \text{离岸价格} \div (1 + \text{出口关税税率})$$

2. 出口货物海关估价方法

出口货物的成交价格不能确定时，完税价格由海关依次按下列方法估定。

(1) 同时或大约同时向同一国家或地区出口的相同货物的成交价格。

(2) 同时或大约同时向同一国家或地区出口的类似货物的成交价格。

(3) 根据境内生产相同或类似货物的成本、利润和一般费用、境内发生的运输及相关费用、保险费所得的价格。

(4) 按照合理方法估定的价格。

二、关税应纳税额的计算

(一)关税的计算方法

关税的应纳税额有四种计税方法，即从价税、从量税、复合税和滑准税计算方法。

(1) 从价税是以进(出)口货物的完税价格作为计税依据计算的关税。大多数进出口货物采用从价税法。其计算公式如下。

应纳税额 = 进(出)口货物的完税价格 × 进(出)口关税税率

(2) 从量税是以进出口货物的数量、体积、重量等作为计税依据计算关税的方法。其计算公式如下。

应纳税额 = 进(出)口货物的数量 × 单位税额

(3) 复合税是对进出口货物既从量征税又从价征税的一种计征关税的方法。其计算公式如下。

应纳税额 = 进(出)口货物的数量 × 单位税额 + 进(出)口货物的完税价格 × 进(出)口关税税率

(4) 滑准税是指预先按照商品市场价格的高低，制定出不同价格档次的税率，然后根据进出口商品价格的变化而升降进出口关税税率的一种计算方法。其计算公式如下。

应纳税额 = 进(出)口货物的数量 × 单位完税价格 × 滑准税税率

(二)行李和邮递物品进口税(行邮税)

《中华人民共和国进出口关税条例》第五十六条规定：“进境物品的关税以及进口环节海关代征税合并为进口税，由海关依法征收。” 行李和邮递物品进口税简称行邮税，是海关对入境旅客行李物品和个人邮递物品征收的进口税。行邮税的征管工作是海关征税工作的重要组成部分，也是海关贯彻国家税收政策的一个重要方面。通过征收行邮税，对一些国内外差价较大的重点商品根据不同的监管对象予以必要和适当的调控，既能有效地发挥关税的杠杆作用，又能增加国家的财政收入，为国家建设累计资金。

行邮税的特点是：①需要纳税的是进境物品；②关税和进口环节海关代征税合二为一；③设有单独的税率表，根据物品类别的划分设有相应的单一的进口税率。

海关关税的征收对象包括进出口货物和进出境物品，行邮税的征收对象是超过海关总署规定数额但仍在合理数量以内的个人自用进境物品，具体是指旅客行李物品、个人邮递物品以及其他个人自用物品。凡准许应税进境的旅客行李物品、个人邮递物品以及其他个人自用物品，除另有规定的以外，均按《中华人民共和国进出口关税条例》征收进口税。

携有应税个人自用物品的入境旅客及运输工具服务人员、进口邮递物品的收件人，以及以其他方式进口应税个人自用物品的收件人是行邮税的纳税义务人。纳税义务人可以自行办理纳税手续，也可以委托他人办理纳税手续。接受委托办理纳税手续的代理人，应当遵守《中华人民共和国进出口关税条例》中对其委托人的各项规定，并承担相应的法律责任。行邮税的纳税义务人，应当在物品放行前缴纳税款。

根据《中华人民共和国关税条例》规定，进境物品的关税以及进口环节海关代征税合并为进口税，由海关依法征收。海关应当按照《中华人民共和国进境物品进口税税率表》及海关总署制定的《中华人民共和国进境物品归类表》《中华人民共和国进境物品完税价格表》，对超过海关总署规定数额但仍在合理数量以内的个人自用进境物品进行归类、确定完税价格和适用税率，征收进口税。

目前，进口税税率共设为四档，分别为10%、20%、30%和50%。适用第一档10%税率的物品主要包括书报、刊物、教育专用电影片、幻灯片、原版录音带、录像带、金、银及其制品、食品、饮料等；适用第二档20%税率的物品主要包括纺织品及其制成品、摄像机、摄录一体机、数码相机及其他电器用具、照相机、自行车、手表、钟表(含配件、附件)；适用第三档30%税率的物品为高尔夫球及球具、高档手表(系指完税价格10 000元人民币以上的手表)；适用第四档50%税率的物品为烟、酒、化妆品。

进口税从价计征。进口税的计算公式如下。

进口税税额=完税价格×进口税税率

任务三　关税的税收优惠与纳税申报

一、关税的税收优惠

关税减免可分为法定减免、特定减免和临时减免三种类型。其减免权限属于中央政府。

(一)法定减免

法定减免是依照关税基本法规的规定，对列举的课税对象给予的减免，具体如下。

(1) 下列货物，经海关审查无讹，可以免税：①关税税额在人民币50元以下的；②无商业价值的广告品和货样；③外国政府、国际组织无偿赠送的物资；④进出境运输工具装载的途中必需的燃料、物料和饮食用品。

(2) 中华人民共和国缔结或者参加有国际条约规定减征、免征关税的货物、物品。

(3) 有下列情形之一的进口货物，海关可以酌情减免关税：①在境外运输途中或者起卸时，遭受损坏或者损失的；②起卸后海关放行前，因不可抗力遭受损坏或者损失的；③海关查验时已经破漏、损坏或者腐烂，经证明不是保管不慎造成的。

(4) 为境外厂商加工、装配成品和为制造外销产品而进口的原材料、辅料、零件、部件、配套件和包装物料，海关按照实际加工出口的成品数量免征进口关税；或者对进口料、件先征进口关税，再按照实际加工出口的成品数量予以退税。

(5) 经海关核准暂时进境或者暂时出境并在 6 个月内复运出境或者复运进境的货样、展览品、施工机械、工程车辆、工程船舶、供安装设备时使用的仪器和工具、电视或者电影摄制器械、盛装货物的容器以及剧团服装道具，在货物收发货人向海关缴纳相当于税款的保证金或者提供担保后，准予暂时免纳关税。

(6) 因故退还的中国出口货物，经海关审查属实，可予免征进口关税，但已征收的出口关税不予退还。

(7) 因故退还的境外进口货物，经海关审查属实，可予免征出口关税，但已征收的进口关税不予退还。

(二)特定减免

特定减免也称为政策性减免税，是指在关税基本法规确定的法定减免以外，由国务院或国务院授权的机关颁布法规、规章特别规定的减免。特定减免税货物包括对特定地区、特定企业和特定用途的货物的减免等，具体内容包括：科教用品；残疾人专用品；扶贫、慈善性捐赠物资等的减免税政策。

(三)临时减免

临时减免是指在以上两项减免税以外，对某个纳税人、某类商品、某个项目或某批进出口货物由于特殊原因临时给予的减免，一案一批，专文下达的减免税。

二、关税的纳税申报

(一)关税的申报时间

进口货物自运输工具申报进境之日起 14 日内，出口货物在货物运抵海关监管区后装货的 24 小时以前，应该由进出口货物的纳税义务人向货物进出境地海关申报，海关根据税则归类和完税价格计算应缴纳的关税和进口环节代征税，并填发税款缴款书。

纳税义务人或他们的代理人应在海关填发税款缴纳书之日起 15 日内，向指定银行缴纳，并由当地银行解缴中央金库。

关税纳税义务人因不可抗力或国家税收政策调整，不能按期缴纳税款的，经海关总署批准，可以延期缴纳税款，但最长不得超过 6 个月。

(二)关税的强制执行

关税的强制执行主要有以下两类。

1．征收关税滞纳金

关税滞纳金的计算公式如下。

关税滞纳金金额 = 滞纳关税税额 × 0.05% × 滞纳天数

【例 4-2】 某进出口公司 2016 年 2 月份从国外进口一批摩托车，共 40 辆，每辆货价 6 000 元人民币，该批摩托车运抵我国某港起卸前的包装、运输、保险和其他劳务费用共计 50 000 元，海关于 3 月 15 日填发税款缴纳书，由于该公司发生暂时经济困难，于 4 月 11 日才缴清税款，摩托车进口关税税率为 30%。请计算该公司应纳关税税额及滞纳金。

进口摩托车到岸价格=40 × 6 000 + 50 000 = 290 000(元)

应纳进口关税税额=290 000 × 30% = 87 000(元)

关税纳税期限为海关填发税款缴纳书之日起 15 日内，该纳税人应于 3 月 29 号缴纳税额，滞纳税款 13 天，滞纳金=87 000 × 13 × 0.05% = 565.5(元)

2．强制征收

如纳税义务人自海关填发缴款书之日起 3 个月仍未缴纳税款，经海关关长批准，海关可以采取强制扣缴、变价抵缴等措施。

(三)关税退还

关税退还是关税纳税义务人按海关核定的税额缴纳关税后，因某种原因的出现，海关将已缴税款的部分或全部退还给关税纳税义务人的一种规定。

进口货物的收发货人或者他们的代理人，如遇到下列情况之一，可自缴纳税款之日起一年内，书面声明理由，连同原纳税收据向海关申请退税，逾期不予受理：①因海关误征，多纳税款的；②海关核准免验进口的货物，在完税后发现有短缺情况，经海关审查认可的；③已征出口关税的货物，在完税后，发现有短缺情况，经海关查验属实的。

对已征出口关税的出口货物和对已征进口关税的进口货物，因货物品种或规格原因原状复运进境或出境的，经海关查验属实的，也应退还已征关税。海关应当自受理退税申请之日起 30 日内，作出书面答复并通知退税申请人。

(四)关税补征和追征

关税的补征和追征是指海关在纳税义务人按海关核定的税额缴纳关税后，发现核定征

收税额少于征税额时，责令纳税义务人补缴所差税款的规定。

(1) 关税追征。由于纳税人违反海关规定而少征或漏征的关税，海关应予追征；追征期限为纳税义务人应缴纳税款之日起 3 年内，并从缴纳税款之日起按日加收少征。

(2) 关税补征。非因纳税人违反海关规定造成的少征或漏征关税，海关应予补征；补征期限为缴纳税款或货物、物品放行之日起 1 年内。

(五)关税纳税争议

在纳税义务人同海关发生纳税争议时，可以向海关申请复议，但同时应当在规定期限内按海关核定的税额缴纳关税，逾期则构成滞纳，海关有权按规定采取强制执行措施。纳税义务人自海关填发税款缴款书之日起30日内，向原征税海关的上一级海关书面申请复议。纳税义务人对海关复议决定仍然不服的，可以自收到复议决定书之日起 15 日内，向人民法院提起诉讼。

任务四　关税的会计核算

一、进口关税的会计处理

(一)工业企业自营进口关税的会计处理

工业企业直接从国外进口原料，应缴纳的关税，应通过“应交税费——应交关税”账户核算，以 CIF 价格计缴关税，借记“材料采购”账户，贷记“应交税费——应交关税”账户，实际缴纳时，借记“应交税费——应交关税”账户，贷记“银行存款”账户。也可不通过“应交税费”账户核算，将进口关税并入原料买价，计入进口原料的成本，借记“材料采购(含材料买价、进口关税)”“应交税费——应交增值税(进项税额) (也可设“待扣进项税额”核算)”账户，贷记“银行存款”账户。

【例 4-3】某建筑公司进口钢材一批，国外离岸价为 10 万美元(含买方代理手续费 2 000 美元)，另支付运费 2 000 美元，包装费 2 000 美元，保险费 3 000 美元。假定汇率为 1∶7.2，该钢材进口关税税率为 10%，以上款项均以银行存款支付。请计算该公司应纳关税税额、增值税税额并作出会计处理。

关税完税价格 = (100 000 + 2 000 + 2 000 + 3 000 − 2 000) × 7.2 = 756 000(元)

应纳关税税额 = 756 000 × 10% = 75 600(元)

应纳增值税税额 = (756 000 + 75 600) × 17% = 141 372(元)

钢材采购成本 = 756 000 + 75 600 = 831 600(元)

借：物资采购(含材料买价、进口关税)　　831 600
　　应交税费——应交增值税(进项税额)　　141 372
　　贷：银行存款　　972 972
借：原材料　　831 600
　　贷：物资采购　　831 600

(二)外贸进出口企业进口关税的会计处理

外贸企业进出口业务核算应按关税规定缴纳的关税，一般应在成本或销售收入中列支，因而企业应设置“进口关税”和“应交税费——应交关税”等账户进行核算。

1. 自营进口

借：商品采购——××商品
　　　　　　——进口关税
　　应交税费——应交增值税(进项税额)
　　贷：银行存款
　　　　应交税费——应交关税

【例 4-4】 某外贸进出口公司从国外自营进口商品一批，到岸价格为 100 万元，进口商品关税税率为 50%。请计算该公司应纳关税并作出会计处理。

应纳关税税额= 100 × 50% = 50(万元)

商品采购成本= 100 + 50 = 150(万元)

借：商品采购——××商品　　1 000 000
　　　　　　——进口关税　　500 000
　　应交税费——应交增值税(进项税额)　　255 000
　　贷：银行存款　　1 255 000
　　　　应交税费—应交关税　　500 000

商品验收入库时，

借：库存商品　　1 500 000
　　贷：商品采购——××商品　　1 000 000
　　　　　　　　——进口关税　　500 000

2. 代理进口

代理进口业务中，进口企业不负责进口业务的盈亏，只收取一定的手续费，代理进口业务所缴纳的进口关税是外贸企业替委托方代垫代付的，在日后结算时由进口单位向委托

单位收取。

确认应代收的关税时，

借：应收账款

　　贷：应交税费——应交关税

代缴进口关税时，

借：应交税费——应交关税

　　贷：银行存款

收到委托单位的税款时，

借：银行存款

　　贷：应收账款

【例 4-5】 某建筑公司委托某外贸公司进口钢材一批，国外离岸价为 10 万美元(含买方代理手续费 2 000 美元)，另支付运费 2 000 美元，包装费 2 000 美元，保险费 3 000 美元。假定汇率为 1∶7.2，该钢材进口关税税率为 10%，以上款项均以银行存款支付。请计算该外贸公司应纳关税税额、增值税税额并作出会计处理。

关税完税价格= (100 000 + 2 000 + 2 000 + 3 000 − 2 000) × 7.2 = 756 000(元)

应纳关税税额= 756 000 × 10% = 75 600(元)

应纳增值税税额= (756 000 + 75 600) × 17% = 141 372(元)

钢材采购成本= 756 000 + 75 600 = 831 600(元)

确认应代收的关税时，

借：应收账款　　75 600

　　贷：应交税费——应交关税　　75 600

代缴进口关税时，

借：应交税费——应交关税　　75 600

　　贷：银行存款　　75 600

收到委托单位的税款时，

借：银行存款　　75 600

　　贷：应收账款　　75 600

二、出口关税的会计处理

(一)工业企业出口关税的会计处理

工业企业出口产品应缴纳的关税，在实际支付时，借记“营业税金及附加” 账户，贷记“银行存款”“应付账款”等账户，而不需要通过“应交税费”账户核算。

【例 4-6】 某外商投资企业出口产品一批，缴纳出口关税 10 000 元，则相关账务处理如下。

借：营业税金及附加　　　　10 000
　　贷：银行存款　　　　　　　10 000

(二)外贸进出口企业出口关税的会计处理

1．自营出口关税的会计处理

外贸企业核算自营出口业务所计算缴纳的关税，通过设置“营业税金及附加”以及“应交税费——应交关税”账户反映，也可以不通过“应交税费——应交关税”账户，而直接在缴纳时通过“银行存款”账户反映。

借：银行存款
　　营业税金及附加——应交关税
　　贷：主营业务收入
　　　　应交税费——应交关税

【例 4-7】某进出口公司代理某企业出口商品一批，该商品的离岸价格为 5 000 000 元，出口关税税率为 12%。请计算该公司应纳关税并作出会计处理。

应纳关税税额=5 000 000÷(1 + 12%) × 12% = 535 714.29(元)

借：营业税金及附加　　　　535 714.29
　　贷：应交税费——应交关税　　　535 714.29
借：应交税费——应交关税　　535 714.29
　　贷：银行存款　　　　　　　535 714.29

2．代理出口关税的会计处理

代理出口业务，外贸企业不负责进口业务的盈亏，只收取一定的手续费，代理出口业务所缴纳的进口关税，是外贸企业替委托方代垫代付的，在日后结算时由进口单位向委托单位收取。

确认应代收的关税时，

借：应收账款
　　贷：应交税费——应交关税

代缴进口关税时，

借：应交税费——应交关税
　　贷：银行存款

收到委托单位的税款时，

借：银行存款

　　贷：应收账款

【例 4-8】 某进出口公司代理某企业出口商品一批，该商品的离岸价格为 400 000 元，出口关税税率为 20%，手续费为 10 000 元。请计算该公司应纳关税并作出会计处理。

应纳关税税额 = 400 000÷(1 + 20%) × 20% = 666 666.67(元)

借：应收账款　　666 666.67

　　贷：应交税费——应交关税　　666 666.67

同时，

借：应交税费——应交关税　　666 666.67

　　贷：银行存款　　666 666.67

计算应收手续费时，

借：应收账款　　10 000

　　贷：代购代销收入　　10 000

收到委托单位支付的税款及手续费时，

借：银行存款　　676 666.67

　　贷：应收账款　　676 666.67

案例导入分析

关税完税价格= 910 − 10 + 60 + 15 + 25 = 1 000(万元)

应纳关税= 1 000 × 30% = 300(万元)

项目实务训练

一、单项选择题

1. 进口货物的完税价格是指货物的(　　)。

　A. 成交价格　　B. 到岸价格

　C. 成交价格为基础的到岸价格　　D. 到岸价格为基础的成交价格

2. 出口货物完税价格的计算公式应为(　　)。

　A. 离岸价格÷出口税率　　B. 离岸价格÷(1 +出口税率)

　C. 到岸价格÷出口税率　　D. 到岸价格÷(1 +出口税率)

3.《进出口关税条例》规定，关税税额在人民币(　　)元以下的货物，经海关审查无误，可以免税。

A. 10　　B. 100　　C. 50　　D. 10 000

4. 进出口货物，因收货人或其代理人违反规定而造成少征或漏征关税的，海关可以在(　　)追征。

A. 1年内　　B. 10年内　　C. 3年内　　D. 无期限

5. 关税纳税义务人因不可抗力或者国家税收政策调整的情形，不能按期缴纳税款的，经海关总署批准，可以延期缴纳税款，但最多不能超过(　　)。

A. 12个月　　B. 9个月　　C. 6个月　　D. 3个月

6. 纳税人违反规定造成少征或漏征税款，海关加收的滞纳金，计入(　　)中核算。

A. 主营业务成本　　B. 营业税金及附加

C. 其他业务成本　　D. 营业外支出

二、多项选择题

1. 下列属于关税征税对象的货物或物品有(　　)。

A. 运往境外加工或修理，复运进境的货物

B. 租借方式进境的货物

C. 进口的个人邮递物品

D. 应纳关税税额不足10元的进口或出口物品

2. 关税征税对象是进出我国国境的货物和物品。物品的纳税人包括(　　)。

A. 入境旅客随身携带的行李、物品的持有人

B. 进口个人邮件的收件人

C. 外贸进出口公司

D. 有进出口经营权的企业

3. 我国进口关税设(　　)，以贯彻平等互利和对等原则。

A. 一般税率　　B. 优惠税率　　C. 普通税率　　D. 最高税率

4. 我国关税的计征办法包括(　　)。

A. 滑准关税　　B. 复合关税　　C. 从价关税　　D. 从量关税

5. 进出口商品业务缴纳的关税业务通过(　　)账户核算。

A. 营业税金及附加　　B. 主营业务成本　　C. 应交税费　　D. 财务费用

三、判断题

1. 完税价格作为关税的计税依据，就是指进出口货物的实际成交价格。(　　)

2. 出口关税税率是一种差别比例税率，分普通税率和优惠税率两种。(　　)

3. 进口货物以海关审定的成交价格为基础的到岸价格作为完税价格。所谓到岸价格

即为货物成交价。（　）

4. 出口货物以海关审定的成交价格为基础的售与境外的离岸价格为完税价格。（　）

5. 关税纳税义务人或他们的代理人应在海关填发税款缴纳证的次日起 7 日内，向指定银行缴纳，并由当地银行解缴中央金库。（　）

6. 经海关审核批准关税缓纳的义务人，应按海关批准的关税缴纳计划如期缴纳关税，并按月支付10‰的利息。（　）

四、业务题

1. 某机械进出口公司 2015 年 10 月份进口小轿车 300 辆，每辆货价 75 000 元，该批小轿车运抵我国上海港起卸前的包装、运输、保险和其他劳务费用共计 150 000 元；小轿车关税税率为 40%。

要求：计算该批小轿车应纳关税税额。

2. 某工艺品进出口公司 3 月份从泰国进口宝石一批，到岸价格共计 20 万元，另外，在宝石成交过程中，公司还向卖方支付了佣金 3 万元。但在该批宝石成交价格中已包括宝石进口后发生的技术指导费 4 万元(能够单独分列)。宝石进口关税税率为 20%。

要求：计算该批宝石应纳关税税额。

3. 某公司从韩国进口卷烟 200 大箱，合计货价 420 万元，发生运费 80 万元，保险费按货价加运费的比例确定为 3‰，其他杂费 10 万元。

要求：说明该公司应交哪些税？各交多少？(关税税率 110%)

4. 某丝绸进出口公司出口生丝一批，离岸价格为 550 万元人民币，出口税率为 100%。

要求：计算应纳出口关税税额。

5. 某进出口公司进口电子计算器一批，国外成交价为 60 万元，运抵我国海关的运费为 2 万元，保费 3 万元，关税税率为 15%。

要求：计算该公司应纳关税税额。

6. 某美籍华人回国探亲时，随身携带应税录像机一台，高级照相机两架，经海关审定，录像机完税价格 7 500 元/台，照相机完税价格 2 000 元/架，关税税率 100%。

要求：计算该人应纳关税税额。

项目五　其他小税种及其会计核算

项目目的及要求

通过本项目的学习，学生应熟悉城市维护建设税、资源税、土地增值税、房产税、印花税、城镇土地使用税、车船税、契税、车辆购置税的税制要素；掌握以上税种的计算与会计核算，并具备处理以上税种的纳税计算与会计核算的实务操作能力。

项目重点和难点

本项目的学习重点是其他各小税种的计算及会计业务处理，难点是其他各小税种应纳税额的计算。

案例导入

2016 年 5 月甲煤矿开采原煤 8 000 吨。甲煤矿将 2 000 吨原煤直接对外销售，取得不含增值税销售额 50 万元；甲煤矿将 2 000 吨原煤无偿赠送给乙公司；甲煤矿将剩余的 4 000 吨原煤继续加工为洗煤，之后将 50%洗煤对外销售，取得含增值税销售额 93.6 万元；将 50%的洗煤自用于职工食堂。已知，煤炭适用资源税税率 10%，增值税税率为 17%；甲煤矿将开采的原煤继续加工为洗煤后对外销售时，当地省级财税部门确定的折算率为 50%。

要求：计算甲煤矿当月应缴纳的资源税税款。

任务一　城市维护建设税及其会计核算

一、城市维护建设税概述

(一)城市维护建设税的概念与特点

城市维护建设税(以下简称城建税)是指以单位和个人实际缴纳增值税、消费税(以下简称“两税”)的税额为计税依据征收的一种税。城市维护建设税的特点如下。

(1) 具有附加税性质。城建税以纳税人实际缴纳的“两税”税额为计税依据，附加于“两税”税额，其本身并没有特定的、独立的征税对象。

(2) 属于特定目的税范畴。城建税是一种具有受益性质的特定目的税，其税款专款专

用于城市的公用事业和公共设施的维护和建设。

(二)城市维护建设税的纳税人和征税范围

凡负有缴纳“两税”义务的单位和个人，均为城建税纳税义务人，具体包括国有企业、集体企业、私有企业、股份制企业、其他企业和行政单位、事业单位、军事单位、社会团体、其他单位，以及个体工商户及其他个人。只要缴纳了“两税”中的任何一种税，就必须同时缴纳城建税。自 2010 年 12 月 1 日，对外商投资企业和外国企业征收城建税。对外资企业自 2010 年 12 月 1 日之后发生纳税义务的增值税、消费税征收城建税；对外资企业自 2010 年 12 月 1 日之前发生纳税义务的增值税、消费税不征收城建税。

(三)城市维护建设税的税率

城建税按照纳税人所在地的不同，分别设置了三档地区差别比例税率，具体如下。

(1) 纳税人所在地在城市市区的，税率为 7%。

(2) 纳税人所在地在县城、建制镇的，税率为 5%。

(3) 纳税人所在地不在城市市区、县城、建制镇的，税率为 1%。

城建税的适用税率，一般规定按纳税人所在地的适用税率执行。但对下列两种情况，可按缴纳“两税”所在地的规定税率就地缴纳城建税：①由受托方代扣代缴、代收代缴“两税”的单位和个人，其代扣代缴、代收代缴的城建税按受托方所在地适用税率执行；②流动经营等无固定纳税地点的单位和个人，在经营地缴纳“两税”的，其城建税的缴纳按经营地适用税率执行。

二、城市维护建设税的计算

(一)计税依据的确定

城建税的计税依据为纳税人实际缴纳的增值税、消费税的税额。纳税人违反“两税”有关税法规定而被加收的滞纳金和罚款，不作为城建税的计税依据。但纳税人在被查补“两税”和被处以罚款时，应同时对其偷漏的城建税进行补税、征收滞纳金和罚款。城建税以“两税”为计税依据并同时征收，如果要免征或者减征“两税”，也要同时免征或减征城建税。对出口产品退还增值税、消费税的，不退还已缴纳的城建税。

(二)应纳税额的计算

由于城市维护建设税实行纳税人所在地差别比例税率，因此在计算应纳税额时，应注意根据纳税人所在地来确定适用税率。城市维护建设税纳税人的应纳税额大小是由纳税人实际缴纳“两税”税额决定的。城市维护建设税应纳税额的计算公式如下。

$$应纳税额 = 实际缴纳的“两税”税额 \times 适用税率$$

【例 5-1】 A公司设在某城市市区，7月份应纳增值税税额500 000元，消费税税额300 000元。在规定的纳税时间内，应缴增值税款已按时缴纳，应缴消费税款滞纳8天。请计算该公司应纳城建税及应缴城建税滞纳金。

应纳城建税税额 $= (500\,000 + 300\,000) \times 7\% = 56\,000$(元)

应纳城建税滞纳金 $= 300\,000 \times 7\% \times 0.5‰ \times 8 = 84$(元)

三、城市维护建设税的征收管理

(一)税收优惠

城建税是以“两税”税额为计税依据并与“两税”同时征收的，其作为附加税，原则上不单独减免，当主税发生减免时，城建税相应进行税收减免。

城建税具体减免税规定如下。

(1) 城建税是按减免后实际缴纳的“两税”税额计征的，即随“两税”的减免而相应减免。

(2) 对于因减免税而需进行“两税”退库的，城建税也可同时退库。

(3) 海关对进口货物或物品代征增值税、消费税的，不征收城建税。

(二)纳税地点和纳税期限

城市维护建设税的纳税义务发生时间，就是纳税人缴纳“两税”的时间，纳税人只要发生“两税”的纳税义务，就应同时计算缴纳城市维护建设税。除另有规定外，纳税人缴纳“两税”的地点，就是该纳税人缴纳城建税的地点。同时，其纳税期限分别与“两税”的纳税期限一致。

四、城市维护建设税的会计核算

纳税人对城建税的核算，应设置“应交税费——应交城市维护建设税”科目和“营业税金及附加”科目进行核算。企业缴纳城建税时，借记“应交税费——应交城市维护建设税”，贷记“银行存款”等科目。期末贷方余额，反映应缴而未缴的城建税。

【例 5-2】 某饭店2016年1月，应纳营业税税额100 000元，按规定计提城建税税额5 000元，并以银行存款上缴。请作会计分录。

计提城建税时，

借：营业税金及附加　　　　　　　　　　　　　　　5 000

　　贷：应交税费——应交城市维护建设税　　　　　　　5 000

上缴城建税时，

借：应交税费——应交城市维护建设税　　　　　　　5 000

　　贷：银行存款　　　　　　　　　　　　　　　　　5 000

五、教育费附加及其会计核算

教育费附加是对缴纳增值税、消费税的单位和个人，就其实际缴纳的税额为计算依据征收的一种附加费。

(一)教育费附加的征收范围及计税依据

教育费附加对缴纳增值税、消费税的单位和个人征收，以其实际缴纳的增值税、消费税为计税依据，分别与增值税、消费税同时缴纳。

(二)教育费附加计税比率

现行教育费附加征收比率为3%，但对生产卷烟和烟叶的单位减半征收教育费附加。

(三)教育费附加的计算

教育费附加的计算可以分为两种情况：一是一般单位和个人；二是卷烟和烟叶生产单位。

1. 一般单位和个人教育费附加的计算

一般单位和个人教育费附加的计算公式如下。

应纳教育费附加 ＝(实纳增值税＋消费税＋营业税)×征收比率

【例 5-3】 某市区一内资企业 7 月份实际缴纳增值税税额 50 万元，缴纳消费税税额 30 万元。请计算该企业应缴纳的教育费附加。

应纳教育费附加 ＝ 实际缴纳的“两税”税额×征收比率

＝(50＋30)×3%＝2.4(万元)

2. 卷烟和烟叶生产单位教育费附加的计算

卷烟和烟叶生产单位教育费附加的计算公式如下。

应纳教育费附加 ＝(实际缴纳增值税＋消费税)×征收比率×50%

(四)教育费附加的减免规定

(1) 教育费附加随同增值税、消费税征免，即在减免“两税”时，同时减免教育费附加。

(2) 对由于减免消费税、增值税而产生退税的，同时退还已征的教育费附加。但对出口产品退还消费税、增值税的，不退还已征的教育费附加。

(3) 已按《国务院关于筹措农村学校办学经费的通知》的规定，缴纳农村教育事业费附加的，不再征收教育费附加。

(4) 海关对进口产品征收的增值税、消费税，不再征收教育费附加。

(五)教育费附加的会计处理

在会计核算时，企业按规定计算出的教育费附加，借记“营业业务税金及附加”“其他业务支出”等账户，贷记“应交税费——应交教育费附加”账户；实际上缴时，借记“应交税费——应交教育费附加”账户，贷记“银行存款”账户。

【例 5-4】 兴华公司设在某县城，2016 年 4 月份货物销售实际缴纳增值税税额 200 000 元，缴纳消费税税额 100 000 元，则该公司应纳城市维护建设税和教育费附加的计算及会计处理如下。

(1) 计提应交城市维护建设税、教育费附加时，

应纳城市维护建设税税额= (200 000 + 100 000) × 5% = 15 000(元)

应纳教育费附加= (200 000 + 100 000) × 3% = 9 000(元)

借：营业税金及附加　　24 000

　贷：应交税费——应交城市维护建设税　　15 000

　　　　　　——应交教育费附加　　9 000

(2) 实际缴纳税款和教育费附加时，

借：应交税费——应交城市维护建设税　　15 000

　　　　　——应交教育费附加　　9 000

　贷：银行存款　　24 000

六、烟叶税及其会计核算

(一)烟叶税的基本内容

烟叶税是以纳税人收购烟叶的收购金额为计税依据征收的一种税。

《中华人民共和国烟叶税暂行条例》是为避免因废止《农业税条例》而出现无法征收

农业特产农业税的情况而制定的。由中华人民共和国国务院 2006 年 4 月 26 日颁布施行。

在中华人民共和国境内收购烟叶的单位为烟叶税的纳税人。烟叶是指晾晒烟叶、烤烟叶。烟叶税的应纳税额按照纳税人收购烟叶的收购金额和规定的税率计算。烟叶税实行比例税率，税率为 20%。烟叶税由地方税务机关征收。

烟叶税的计税依据是烟叶收购金额，收购金额包括纳税人支付给烟叶销售者的烟叶收购价款和价外补贴，税率为 20%。烟叶税的计算公式如下。

应纳税额=烟叶收购金额×税率

收购金额=收购价款×(1+10%)

烟叶税的纳税义务发生时间为纳税人收购烟叶的当天。烟叶税在烟叶收购环节征收。纳税人应当自纳税义务发生之日起 30 日内申报纳税。烟叶税的具体纳税期限由主管税务机关核定。

(二)烟叶税的会计处理

按现行的企业会计制度规定，涉及核算烟叶收购环节业务的会计科目主要有“材料采购”“材料成本差异”“在途物资”“原材料”“库存商品”“银行存款”和“应交税费”等。由于烟草公司从烟农那里收购烟叶时无法取得增值税专用发票，因此烟草公司在进行会计处理时要注意进项税额是根据烟叶收购金额和烟叶税及法定扣除率(13%)加以确定的。

【例 5-5】 某烟草公司系增值税一般纳税人，2016 年 7 月末收购烟叶 20 000 斤，烟叶收购价格 3.5 元/斤(含支付价外补贴 10%)，总计 70 000 元，货款已全部支付。8 月初商品提回并验收入库，则相关账务处理如下。

烟叶准予抵扣的增值税进项税额=[70 000+70 000 × 20%] × 13%=10 920(元)

(1) 7 月末，烟叶尚未提回时，根据有关收购凭证等作账务处理。

借：在途物资　　73 080
　　应交税费——应交增值税(进项税额)　　10 920
　　贷：银行存款　　70 000
　　　　应交税费——烟叶税　　14 000

(2) 8 月初，烟叶提回入库时，根据收货单等凭证作账务处理。

借：库存商品　　73 080
　　贷：在途物资　　73 080

购进烟叶计算的进项税额计算公式为：进项税额=买价×扣除率，这里所称的买价不包括按规定缴纳的烟叶税。

任务二　资源税及其会计核算

一、资源税概述

(一)资源税的概念

资源税是对在我国境内开采应税矿产品以及生产盐的单位和个人，就其因自然资源和开采条件差异而形成的级差收入征收的一种税。目前，我国资源税的征税范围仅限于矿产品和盐，对其他自然资源暂不征收资源税。

中国的资源税开征于 1984 年。1984 年 9 月 28 日，财政部发布的《资源税若干问题的规定》指出，从 1984 年 10 月 1 日起，对原油、天然气、煤炭等先行开征资源税，对金属矿产品和其他非金属矿产品暂缓征收。1984 年资源税主要是为了调节资源开采中的级差收入、促进资源合理开发利用而对资源产品开征的税种。《资源税若干问题的规定》是以实际销售收入为计税依据，按照矿山企业的利润率实行超率累进征收，其宗旨是调节开发自然资源的单位因资源结构和开发条件的差异而形成的级差收入。从 1994 年 1 月 1 日起，资源税开始实行从量定额征收的办法。对开采应税矿产品和生产盐的单位，开始实行“普遍征收、级差调节”的新资源税制，征收范围扩大到所有矿种的所有矿山，不管企业是否赢利普遍征收。

2010 年以来，新一轮资源税改革启动，大的方向就是由从量改为从价计征。2010 年 6 月 1 日，财政部印发《新疆原油天然气资源税改革若干问题的规定》，率先在新疆实行原油、天然气资源税从价计征，税率为 5%。但是，这次改革并没有将煤炭纳入其中。2010 年 12 月 1 日，资源税改革试点扩大到内蒙古、甘肃、四川、青海、贵州、宁夏等 12 个西部省区，煤炭资源税改革仍然缺席。2014 年 10 月，财政部和国家税务总局联合发布《关于实施煤炭资源税改革的通知》(以下简称《通知》)，自 2014 年 12 月 1 日起，在全国范围内实施煤炭资源税从价计征改革，煤炭资源税税率幅度为 2%～10%。同时，在全国范围统一将煤炭、原油、天然气矿产资源补偿费费率降为零，停止针对煤炭、原油、天然气征收价格调节基金，而原油、天然气资源税税率则由 5%提至 6%。

继 2016 年 5 月 1 日全面实行“营改增”后，2016 年 5 月 9 日，财政部和国家税务总局发布通知，在煤炭、原油、天然气等已实施从价计征改革基础上，对其他矿产资源全面实施改革，逐步对水、森林、草场、滩涂等自然资源开征资源税。此次资源税从价计征改革及水资源税改革试点，自 2016 年 7 月 1 日起实施，资源税的计税依据为应税产品的销售额或销售数量，但对分散、多为现金交易且难以管控的黏土、砂石，按照便利征管原则，仍

实行从量定额征收。同时，在河北省开征水资源税试点工作，采取水资源费改税方式，将地表水和地下水纳入征税范围，实行从量定额计征；并逐步探索将其他自然资源纳入征收范围。

(二)资源税的纳税人

1. 基本规定

在中华人民共和国境内开采应税矿产品或者生产盐的单位和个人，为资源税的纳税义务人。其中，“单位”是指国有企业、集体企业、私有企业、股份制企业、其他企业和行政单位、事业单位、军事单位、社会团体及其他单位；“个人”是指个体经营者和其他个人；其他单位和其他个人包括外商投资企业、外国企业及外籍人员。

2. 扣缴义务人

我国税法规定，收购未税矿产品的单位为资源税的扣缴义务人。扣缴义务人包括独立矿山、联合企业及其他收购未税矿产品的单位。独立矿山是指只有采矿或只有采矿和选矿并实行独立核算、自负盈亏的单位，其生产的原矿和精矿主要用于对外销售。联合企业是指采矿、选矿、冶炼(或加工)连续生产的企业或采矿、冶炼(或加工)连续生产的企业，其采矿单位一般是该企业的二级或二级以下核算单位。

(三)资源税的税目、税率

1. 税目

现行资源税采用列举法，资源税税目包括以下五大类，在五个税目下又设有若干个子目。现行资源税的税目及子目主要是按照应税资源产品类别和纳税人开采资源的行业特点设置的。

(1) 原油，即开采的天然原油，不包括人造石油。

(2) 天然气，即专门开采和与原油同时开采的天然气，暂不包括煤矿生产的天然气。

(3) 煤炭，即原煤和以未税原煤(即自采原煤)加工的洗煤、选煤。

(4) 金属矿，包含铁矿、金矿、铜矿、铝土矿、铅锌矿、镍矿、锡矿、钨矿、钼矿、未列举名称的其他金属矿产品原矿或精矿。

(5) 其他非金属矿，包含石墨、硅藻土、高岭土、萤石、石灰石、硫铁矿、磷矿、氯化钾、硫酸钾、井矿盐、湖盐、提取地下卤水晒制的盐、煤层气、海盐、稀土、未列举名称的其他非金属矿产品。

2. 税率

资源税采取从价定率或者从量定额的办法计征，分别以应税产品的销售额乘以纳税人具体适用的比例税率，或者以应税产品的销售数量乘以纳税人具体适用的定额税率计算，实施“级差调节”的原则。级差调节是指运用资源税对因资源储存状况、开采条件、资源优劣、地理位置等客观存在的差别而产生的资源级差收入，通过实施差别税率或者差别税额进行调节。

《资源税税目税率幅度表》列举了21种资源品目和未列举名称的其他金属矿实行从价计征，计税依据由原矿销售量调整为原矿、精矿(或原矿加工品)、氯化钠初级产品或金锭的销售额。

列举名称的21种资源品目包括：铁矿、金矿、铜矿、铝土矿、铅锌矿、镍矿、锡矿、石墨、硅藻土、高岭土、萤石、石灰石、硫铁矿、磷矿、氯化钾、硫酸钾、井矿盐、湖盐、提取地下卤水晒制的盐、煤层(成)气、海盐。具体如表5-1所示。

表5-1　资源税的税目和税率表

序　号	税　目		征税对象	税率幅度
1	原油			5%～10%
2	天然气			5%～10%
3	煤炭			2%～10%
4	金属矿	铁矿	精矿	1%～6%
5		金矿	金锭	1%～4%
6		铜矿	精矿	2%～8%
7		铝土矿	原矿	3%～9%
8		铅锌矿	精矿	2%～6%
9		镍矿	精矿	2%～6%
10		锡矿	精矿	2%～6%
11		未列举名称的其他金属矿产品	原矿或精矿	税率不超过20%
12	非金属矿	石墨	精矿	3%～10%
13		硅藻土	精矿	1%～6%
14		高岭土	原矿	1%～6%
15		萤石	精矿	1%～6%
16		石灰石	原矿	1%～6%
17		硫铁矿	精矿	1%～6%
18		磷矿	原矿	3%～8%

续表

序　号	税　目		征税对象	税率幅度
19	非金属矿	氯化钾	精矿	3%～8%
20		硫酸钾	精矿	6%～12%
21		井矿盐	氯化钠初级产品	1%～6%
22		湖盐	氯化钠初级产品	1%～6%
23		提取地下卤水晒制的盐	氯化钠初级产品	3%～15%
24		煤层(成)气	原矿	1%～2%
25		粘土、砂石	原矿	每吨或立方米 0.1 元～5 元
26		未列举名称的其他非金属矿产品	原矿或精矿	从量税率每吨或立方米不超过 30 元；从价税率不超过 20%
27	海盐	氯化钠初级产品	1%～5%	

二、资源税的计算

(一)计税依据的确定

1．从价定率征收的计税依据

实行从价定率征收的以销售额作为计税依据。销售额是指纳税人销售应税产品向购买方收取的全部价款和价外费用，但不包括收取的增值税销项税额和运杂费用。运杂费用应与销售额分别核算，未取得相应票据或不能与销售额分别核算的，应当一并计征资源税。

“价外费用”是指价外向购买方收取的手续费、补贴、基金、集资费、返还利润、奖励费、违约金、滞纳金、赔偿金、代收款项、代垫款项、包装费、包装物租金、储备费、运输装卸费以及其他各种性质的价外收费。

应税销售额中不包含的具体内容如下。

(1) 向购买方收取的销项税额。

(2) 受托加工应征消费税的消费品所代收代缴的消费税。

(3) 同时符合以下两个条件的代垫运费：①承运部门的运费发票开具给购货方的；②纳税人将该项发票转交给购货方的。

2．从量定额征收的计税依据

资源税实行从量定额征收方法，其计税依据为课税数量。

(1) 销售数量，包括纳税人开采或者生产应税产品的销售数量和视同销售的自用数量。

(2) 纳税人不能准确提供应税产品销售数量的，以应税产品的产量或者主管税务机关确定的折算比换算成的数量为计征资源税的销售数量。

(二)应纳税额的计算

资源税的应纳税额，按照从价定率或者从量定额的办法，分别以应税产品的销售额乘以纳税人适用的比例税率或者以课税数量和规定的单位税额计算。

1．从价定率征收

资源税的应纳税额按照从价定率办法征收的计算公式如下。

应纳税额 ＝ 销售额 × 比例税率

【例 5-6】 2016 年 3 月，某油田销售原油 20 000 吨，取得增值税专用发票上注明的销售额为 10 000 万元，该油田原油适用税率为 8%。请计算该油田当月应纳资源税额。

应纳税额=10 000×8% = 800(万元)

2．从量定额征收

资源税的应纳税额按照从量定额办法征收的计算公式如下。

应纳税额=课税数量 × 单位税额

代扣代缴资源税=收购未税矿产品的数量 × 适用的单位税额

【例 5-7】 2016 年 3 月，某砂石开采企业销售砂石 3 000 立方米，资源税税率为 2 元/米。请计算该企业 3 月应缴纳的资源税税额。

外销砂石应缴纳资源税税额如下。

应纳税额=课税数量×单位税额 = 30 00× 2 = 6 000(元)

3．原矿销售额与精矿稍售额的换算

(1) 以精矿销售额为计税依据的矿产资源，纳税人销售(或者视同销售)原矿的，可采用成本法或市场法将原矿销售额换算为精矿销售额计算缴纳资源税。

精矿销售额=原矿销售额×换算比

换算比=同类精矿单位价格÷(原矿单位价格×选矿比)

选矿比=加工精矿耗用的原矿数量÷精矿数量

(2) 以原矿销售额为计税依据的矿产资源，纳税人以自采原矿加工销售(或者视同销售)精矿的，可采用成本法或市场法将精矿销售额折算为原矿销售额计算缴纳资源税。

原矿销售额=精矿销售额×折算率

折算率=(原矿单位价格×选矿比) ÷同类精矿单位价格

选矿比=加工精矿耗用的原矿数量÷精矿数量

(3) 以金锭销售额为计税依据的金矿，纳税人销售(或者视同销售)金精矿(或原矿)的，可采用成本法或市场法将精矿(或原矿)销售额换算为金锭销售额计算缴纳资源税。

金锭销售额=精矿销售额×换算比

换算比=金锭单位价格÷(精矿单位价格×选矿比)

选矿比=加工金锭耗用的精矿数量÷金锭数量

4. 外购已税原矿扣减

纳税人以自采原矿和外购已税原矿混合销售或混合加工为精矿销售的，不再缴纳资源税。应当准确核算外购原矿的购进金额(不能准确核算外购原矿或金精矿的购进金额，一律视同自采原矿加工精矿或金锭予以计征资源税)，在确认精矿计税销售额时，可扣减外购原矿的购进金额。其具体计算方法如下。

(1) 外购已税原矿混合销售。

计税销售额=当期原矿销售额-当期外购原矿的购进金额

(2) 外购已税原矿混合加工精矿销售。

① 以原矿为征税对象的。

计税销售额=当期精矿销售额×折算率-当期外购原矿的购进金额

② 以精矿为征税对象的。

计税销售额=当期精矿销售额-当期外购原矿的购进金额×换算比

③ 外购已税金精矿混合加工金锭销售。

计税销售额=当期金锭销售额-当期外购金精矿的购进金额×换算比

5. 纳税人开采原煤缴纳资源税的特殊规定

煤炭资源税应纳税额按照原煤或者洗选煤的计税销售额乘以适用税率计算。

原煤销售额是指纳税人销售原煤向购买方收取的全部价款和价外费用，不包括收取的增值税销项税额，以及从坑口到车站码头或购买指定的运输费用。

洗选煤计税销售额，按照洗选煤销售额乘以折算率计算。洗选煤销售额是指纳税人销售洗选煤向购买方收取的全部价款和价外费用，包括洗选副产品的销售额，不包括收取的增值税销项税额以及从选煤厂到车站、码头或者购买指定地点的运输费用。

(1) 纳税人将开采的原煤自用于连续生产洗选煤的，在原煤移送使用环节不缴纳资源税；自用于其他方面的，视同销售原煤。

(2) 纳税人将其开采的原煤加工为洗选煤的，有如下三种情况。

① 洗选煤对外销售：

洗选煤应纳税额=洗选煤销售额×折算率×适用税率

洗选煤销售额包括洗选副产品的销售额，不包括洗选煤从洗选煤厂到车站、码头等的运输费用。

② 洗选煤自用的：视同销售洗选煤。

③ 纳税人同时以自采未税原煤和外购已税原煤加工洗选煤的，应当分别核算；未分别核算的，按洗选煤对外销售计算缴纳资源税。

(3) 特殊销售情形。纳税人销售应税煤炭的，在销售环节缴纳资源税。纳税人以自采原煤直接或者经洗选加工后连续生产焦类、煤气、媒化工、电力及其他煤炭深加工产品的，视同销售，在洗煤移送环节缴纳资源税。

纳税人申报的原煤或洗选煤销售价格明显偏低且无正当理由的，或者有视同销售煤炭行为而无销售价格的，主管税务机关应按下列顺序确定计税价格。

① 按纳税人最近时期同类原煤或洗选煤的平均销售价格确定。

② 按其他纳税人最近时期同类原煤或洗选煤的平均销售价格确定。

③ 按组成计税价格确定。

组成计税价格=成本×(1+成本利润率)÷(1−资源税税率)

【例 5-8】 2016 年 5 月，甲煤矿开采原煤 8 000 吨。甲煤矿将 2 000 吨原煤直接对外销售，取得含增值税销售额 50 万元；甲煤矿将 2 000 吨原煤无偿赠予乙公司；甲煤矿将剩余的 4 000 吨原煤继续加工为洗煤，之后将 50%的洗煤对外销售，取得不含增值税销售额 80 万元，另 50%洗煤自用于职工食堂。已知，煤炭适用资源税税率 10%，增值税税率 17%，原煤加工为洗煤的折算率为 50%。请计算该煤矿 5 月的应纳资源税税额。

(1) 外销原煤的应纳资源税税额如下。

应纳税额 =50÷(1+17%)× 10%= 4.27(万元)

(2) 甲煤矿无偿赠与乙煤矿 2 000 吨原煤，视同销售计算应纳税额，按纳税人最近时期同类货物销售价格计税。

应纳税额=50÷(1+17%)× 10%= 4.27(万元)

(3) 甲煤矿将开采的原煤继续加工为洗煤的，在原煤移送使用环节不缴纳资源税，将开采的原煤继续加工为洗煤对外销售的，以洗选煤销售额乘以折算率作为应税煤炭的销售额。

应纳税额=80× 50%× 10%= 4 (万元)

(4) 将开采的原煤继续加工为洗煤自用的，视同销售，以洗选煤销售额乘以折算率作为应税煤炭的销售额。

应纳税额=80× 50%× 10%= 4 (万元)

三、资源税的税收优惠与征收管理

(一)资源税的税收优惠

(1) 开采原油过程中用于加热、修井的原油免税。

(2) 纳税人开采或者生产应税产品过程中，因意外事故或者自然灾害等原因遭受重大损失的，由省、自治区、直辖市人民政府酌情决定减税或者免税。

(3) 开采原油过程中用于加热、修井的原油，免税。

(4) 铁矿石资源税减按 40%征收资源税。

(5) 从 2007 年 1 月 1 日起，对地面抽采煤层气暂不征收资源税。煤层气是指储存于煤层及其围岩中与煤炭资源伴生的非常规天然气，也称煤矿瓦斯。

(6) 自 2010 年 6 月 1 日起，纳税人在新开采的原油、天然气，自用于连续生产原油、天然气的，不缴纳资源税；自用于其他方面的，视同销售，依照本规定计算缴纳资源税。

(7) 油田范围内运输稠油过程中用于加热的原油、天然气，免征资源税。

(8) 对实际开采年限在 15 年以上的衰竭期矿山开采的矿产资源，资源税减征 30%。

衰竭期矿山是指剩余可采储量下降到原设计可采储量的 20%(含)以下或剩余服务年限不超过 5 年的矿山，以开采企业下属的单个矿山为单位确定。

(9) 对依法在建筑物下、铁路下、水体下通过充填开采方式采出的矿产资源，资源税减征 50%。

充填开采是指随着回采工作面的推进，向采空区或离层带等空间充填废石、尾矿、废渣、建筑废料以及专用充填合格材料等采出矿产品的开采方法。

(二)资源税的征收管理

1. 纳税义务发生时间

纳税人销售应税产品，根据其货款结算方式的不同，纳税义务发生时间规定如下。

(1) 纳税人采取分期收款结算方式的，其纳税义务发生时间为销售合同规定的收款日期的当天。

(2) 纳税人采取预收货款结算方式的，其纳税义务发生时间为发出应税产品的当天。

(3) 纳税人采取其他结算方式的，其纳税义务发生时间为收讫销售款或者取得索取销售款凭据的当天。

(4) 纳税人自产自用应税产品的，其纳税义务发生时间为移送使用应税产品的当天。

(5) 扣缴义务人代扣代缴税款的，其纳税义务发生时间为支付货款的当天。

2. 纳税期限

资源税的纳税期限为1日、3日、5日、10日、15日或者1个月，由主管税务机关根据实际情况具体核定。不能按固定期限计算纳税的，可以按次计算纳税。

纳税人以1个月为一期纳税的，自期满之日起10日内申报纳税；以1日、3日、5日、10日或15日为一期纳税的，自期满之日起5日内预缴税款，于次月1日起10日内申报纳税并结清上月税款。

3. 纳税地点

纳税人应纳的资源税，应当向应税产品的开采或者生产所在地主管税务机关缴纳。纳税人在本省、自治区、直辖市范围内开采或者生产应税产品，其纳税地点需要调整的，由所在地省、自治区、直辖市税务机关决定。

扣缴义务人代扣代缴的资源税的，应当向收购地主管税务机关缴纳。

四、资源税的会计核算

纳税人对计算缴纳的资源税，应设置“应交税费——应交资源税”账户进行核算。该账户贷方反映企业应缴纳的资源税税额；借方反映企业已经缴纳或允许抵扣的资源税税额；余额在贷方，表示企业应缴而未缴的资源税税额。

1. 企业销售应税产品的会计处理

企业计提对外销售应纳资源税产品应纳的资源税时，应作如下会计分录。

借：营业税金及附加

　　贷：应交税费——应交资源税

企业按规定实际缴纳资源税税款时，作如下会计分录。

借：应交税费——应交资源税

　　贷：银行存款

【例5-9】 某煤矿3月份开采原煤直接对外销售取得销售额80 000元，税率10%。请计算当月应纳资源税税额，并作相应会计处理。

应纳资源税税额= 80 000 × 10% = 8 000(元)

借：营业税金及附加　　8 000

　　贷：应交税费——应交资源税　　8 000

企业按规定实际缴纳资源税税款时，作如下会计分录。

借：应交税费——应交资源税　　　　　　8 000
　　贷：银行存款　　　　　　　　　　　　8 000

2. 企业自产自用应税产品的会计处理

对企业自产自用应税产品，其应纳资源税的会计处理与销售应税产品的会计处理有所不同，即其应缴纳的税金不计入产品销售税金，而计入产品的生产成本，即

借：生产成本(或制造费用)
　　贷：应交税费——应交资源税

企业按规定实际缴纳资源税应纳税款时，作如下会计分录。

借：应交税费——应交资源税
　　贷：银行存款

【例 5-10】 某煤矿 5 月份开采的原煤，对外销售价格为 1 000 元/吨，自己使用 3 000 吨，税率 10%。请计算当月应纳资源税税额，并作相应会计处理。

应纳资源税税额 ＝3 000 × 1 000 ×10%= 300 000(元)

借：生产成本(制造费用)　　　　　　　300 000
　　贷：应交税费——应交资源税　　　　　300 000

企业按规定实际缴纳资源税应纳税款时，作如下会计分录。

借：应交税费——应交资源税　　　　　300 000
　　贷：银行存款　　　　　　　　　　　　300 000

3. 收购未税矿产品代扣代缴资源税的会计处理

为加强资源税的征管，税法对税源小、零散、不定期开采、易漏税等情况，采取由收购未税矿产品的单位在收购时代扣代缴资源税的方式。

企业在收购未税矿产品时，按实际支付的收购款，作如下会计分录。

借：材料采购
　　贷：库存现金(或银行存款)

按代扣代缴的资源税税额，作如下会计分录。

借：材料采购
　　贷：应交税费——应交资源税

企业按规定缴纳代扣的资源税时，作如下会计分录。

借：应交税费——应交资源税
　　贷：银行存款

4．收购液体盐加工固体盐的会计处理

按照税法规定，纳税人以外购的液体盐加工固体盐，其加工固体盐所耗用的液体盐的已纳税额准予扣除。

企业在购入液体盐时，作如下会计分录。

借：应交税费——应交资源税

材料采购

贷：银行存款

企业将液体盐加工成固体盐出售时，按计算出的固体盐应缴的资源税，作如下会计分录。

借：营业税金及附加

贷：应交税费——应交资源税

企业按规定缴纳税金时，应按销售固体盐应纳资源税税额抵扣液体盐已纳资源税税额后的余额，作如下会计分录。

借：应交税费——应交资源税

贷：银行存款

任务三　土地增值税及其会计核算

一、土地增值税概述

(一)土地增值税的概念

土地增值税是对转让国有土地使用权、地上建筑物及其附着物并取得收入的单位和个人，就其转让房地产所取得的增值额征收的一种税。

长期以来，中国对国有土地采取行政拨付的无偿占用方式。实践证明，这种土地管理制度不利于提高土地资源的使用效益。在这种情况下，为增强国家对房地产开发和房地产市场的调控力度，抑制炒买炒卖房地产投机获取暴利的行为，保障国家的土地权益，规范国家参与土地增值收益的分配方式，增加财政收入，国务院于 1993 年 12 月 13 日颁布了《土地增值税暂行条例》，并于 1994 年 1 月 1 日起施行。

(二)土地增值税的纳税人

转让国有土地使用权、地上建筑物及其附着物(以下简称转让房地产)并取得收入的单位和个人，为土地增值税的纳税义务人。

在土地增值税纳税人的确定上，需要说明的是，上述“单位与个人”，不论法人与自然

人，不论企业的经济性质，不论内资企业与外资企业，也不论行业部门，只要发生有偿转让房地产的行为，就都是土地增值税的纳税人。

(三)土地增值税的征税范围

土地增值税的征税范围包括：①转让国有土地使用权；②地上建筑物及其附着物连同国有土地使用权一并转让。

“转让”是指以出售或者其他方式有偿转让房地产的行为，不包括以继承、赠与方式无偿转让房地产的行为；“国有土地”是指按国家法律规定属于国家所有的土地；“地上建筑物”是指建于土地上的一切建筑物，包括地上地下的各种附属设施，如厂房、仓库、商店、医院、住宅、地下室、围墙、烟囱、电梯、中央空调、管道、水箱等；“附着物”是指附着于土地上的不能移动，一经移动即遭损坏的种植物、养殖物及其他物品。上述建筑物和附着物的所有者对自己的财产依法享有占有、使用、收益和处置的权利，即拥有排他性的全部产权。

土地增值税的征税范围具体包括以下三层含义。

(1) 土地增值税只对转让国有土地使用权的行为征税，不包括转让非国有土地使用权和出让国有土地使用权的行为。在实际工作中，可以以所转让土地的使用权是否为国家所有，作为界定其是否属于土地增值税征税范围的标准。

(2) 土地增值税只对转让房地产权属(包括土地使用权、地上建筑物及其附着物的产权)的行为征税，不包括未转让房地产权属的行为。在实际工作中，可以以房地产权属是否发生转让，作为界定其是否属于土地增值税征税范围的标准。例如，房地产的出租；以房地产抵押贷款在抵押期间的房地产；双方合作建房，建成后自用的房产；房地产的代建房行为等，均未发生房地产权属的转让，因此都不征收土地增值税。

(3) 土地增值税只对有偿转让房地产权属的行为征税，不包括以继承、赠与等方式无偿转让房地产权属的行为。在实际工作中，可以以房地产权属是否为有偿转让，作为界定其是否属于土地增值税征税范围的标准。

在土地增值税征税范围的界定上，需要说明的是，无论是单独转让国有土地使用权，还是房屋产权与国有土地使用权一并转让，只要取得收入，均属于土地增值税的征税范围。

(四)税率

土地增值税实行四级超率累进税率，具体规定如下。

(1) 增值额未超过扣除项目金额 50%的部分，税率为 30%。

(2) 增值额超过扣除项目金额 50%、未超过扣除项目金额 100%的部分，税率为 40%。

(3) 增值额超过扣除项目金额 100%、未超过扣除项目金额 200%的部分，税率为 50%。

(4) 增值额超过扣除项目金额200%的部分，税率为60%。

上述四级超率累进税率，每级“增值额未超过扣除项目金额”的比例，均包括本比例数。

二、土地增值税的计算

(一)计税依据的确定

土地增值税的计税依据是纳税人转让房地产所取得的增值额，即纳税人转让房地产所取得的收入额减除规定的扣除项目金额后的余额。

1. 应税收入额的确定

纳税人转让房地产所取得的收入，包括货币收入、实物收入和其他收入在内的全部价款及有关的经济利益。

2. 扣除项目及金额的确定

(1) 取得土地使用权所支付的金额，是指纳税人为取得土地使用权所支付的地价款和按国家统一规定缴纳的有关费用。

(2) 房地产开发成本是指纳税人房地产开发项目实际发生的成本(以下简称房地产开发成本)，包括土地征用及拆迁补偿费、前期工程费、建筑安装工程费、基础设施费、公共配套设施费、开发间接费用等。

(3) 房地产开发费用是指与房地产开发项目有关的销售费用、管理费用和财务费用。根据现行财务会计制度的规定，上述三项费用作为期间费用，直接计入当期损益，不按成本核算对象进行分摊。作为土地增值税扣除项目的房地产开发费用，并不是按纳税人房地产开发项目实际发生的费用进行扣除，而是按税法规定的标准进行扣除，具体有以下两种扣除办法。

① 财务费用中的利息支出，凡能够按转让房地产项目计算分摊并能够提供金融机构贷款证明的，允许据实扣除。其他房地产开发费用，按上述取得土地使用权所支付的金额和房地产开发成本两项金额之和的5%以内计算扣除。其允许扣除的房地产开发费用计算公式如下。

允许扣除的房地产开发费用=利息＋(取得土地使用权所支付的金额＋房地产开发成本)×5%以内

② 凡不能按转让房地产项目计算分摊利息支出或不能提供金融机构贷款证明的，利息支出应并入房地产开发费用中一并计算扣除，不得单独计算扣除。在这种情况下，其允许扣除的房地产开发费用计算公式如下。

允许扣除的房地产开发费用=(取得土地使用权所支付的金额＋房地产开发成本)×10%以内

以上两类扣除办法中扣除的具体比例，由各省、自治区、直辖市人民政府规定。

【例 5-11】 某房地产开发公司整体出售了其新建的商品房，与商品房相关的土地使用权支付额 1 000 万元，房地产开发成本为 6 000 万元；该公司未能按转让房地产项目计算分摊银行借款利息；该项目所在省政府规定计征土地增值税时房地产开发费用扣除比例按国家规定允许的最高比例执行。

解析： 房地产开发费用中的财务费用，凡不能按转让房地产项目计算分摊银行借款利息的；房地产开发费用按地价款和房地产开发成本金额之和的 10%以内计算扣除，则应扣除的房地产开发费用=(1 000＋6 000)×10%＝700(万元)。

(4) 旧房及建筑物的评估价格是指在转让已使用的房屋及建筑物时，由政府批准设立的房地产评估机构评定的重置成本价乘以成新度折扣率后的价格。“重置成本价”即对旧房及建筑物，按转让时的建材价格及人工费用计算，建造同样面积、同样层次、同样结构、同样建设标准的新房及建筑物所需花费的成本费用。“成新度折扣”不同于会计核算中的折旧，它是根据房屋在评估时的实际新旧程度，按专业机构规定的房屋新旧等级标准进行对照，并参考房屋的使用时间、使用程度和保养情况，综合确定房屋的新旧度比例，一般用几成新表示。

【例 5-12】 一幢 1999 年建造的房屋，当时造价为 100 万元，按 2015 年转让时的建材、人工费用计算，建造同样的新房需 200 万元，则 200 万元即为重置成本价。假设该房屋为七成新，则该房屋的评估价格应为：200×70%＝140(万元)。

(5) 与转让房地产有关的税金是指在转让房地产时缴纳的城市维护建设税、印花税。因转让房地产缴纳的教育费附加，也可视同税金予以扣除。应注意的是：房地产开发企业在转让房地产时缴纳的印花税列入管理费用之中，已相应作了扣除，故在此不允许单独再扣除。房地产开发企业以外的其他纳税人在计算土地增值税时，允许扣除在转让房地产环节缴纳的印花税(即产权转移书据所载金额 0.5‰的印花税)。

(6) 财政部规定的其他扣除项目。我国税法规定，对从事房地产开发的纳税人可按取得土地使用权时所支付的金额和房地产开发成本两项计算的金额之和，加计 20%的扣除。需要特别强调的是，此项优惠政策只适用于从事房地产开发的纳税人，除此之外的其他纳税人不得比照执行。即使是从事房地产开发的纳税人，如果取得土地使用权后，未进行任何开发与投入即转让的，在计算应纳土地增值税时，只允许扣除取得土地使用权时支付的地价款、按国家统一规定缴纳的有关费用，以及与转让房地产有关的税金，不允许按取得土地使用权时所支付的金额和房地产开发成本两项计算的金额之和加计 20%的扣除。

3．增值额

土地增值税纳税人以转让房地产所取得的收入减除规定的扣除项目金额后的余额为增值额，据以计算纳税。在实际房地产交易活动中，部分纳税人因不能准确提供房地产转让价格或扣除项目金额，不能准确核算增值额的，则应以房地产评估价格为计税依据计算征收土地增值税。“房地产评估价格”是指由政府批准设立的房地产评估机构根据相同地段、同类房地产进行综合评定的价格。

(二)应纳税额的计算

土地增值税以纳税人转让房地产所取得的增值额为计税依据，按照超率累进税率计算应纳税额。

土地增值税应纳税额有以下两种计算方法。

(1) 分步计算法，即按照每一级距的土地增值额乘以该级距相应的税率，分别计算各级次土地增值税税额，然后将其相加汇总，求得应纳税额。其计算公式如下。

应纳税额=∑(每一级距的土地增值额×适用税率)

(2) 速算扣除法，即按照增值额乘以适用的税率，减去扣除项目金额乘以速算扣除系数的简便方法计算应纳税额。其计算公式如下。

应纳税额=增值额×适用税率－扣除项目金额×速算扣除系数

(三)计算案例

【例 5-13】A 房地产企业销售自己开发的房地产项目，假设转让取得的含税收入为15 000万元，扣除项目中，土地出让金为3 000万元，开发成本中建筑材料为3 000万元，外包建筑人工为1 000万元，房地产开发费用中的利息支出为1 200万元(不能按转让房地产项目计算分摊利息支出，也不能提供金融机构证明)，房地产开发费用的计算扣除比例为10%。

营改增后，假设A房地产企业所有成本均取得按照适用税率计税的增值税专用发票，则转让房地产应缴纳增值税税额如下。

转让房地产应缴纳增值税税额=(15000−3000)÷(1+11%)×11%=1189.19(万元)

不含税转让收入=15000−1189.19=13810.81(万元)

各项扣除项目的金额如下。

(1) 土地出让金3000万元。

(2) 开发成本=3000÷(1+17%)+1000÷(1+11%)=3465(万元)

(3) 开发费用=(土地出让金+开发成本)×10%=(3000+3465)×10%=646.5(万元)

(4) 转让房地产有关的税金=城市维护建设税+教育费附加+地方教育费附加

=[1189.19−3000÷(1+17%)×17%−1000÷(1+11%)×11%]×(7%+3%+2%)=78.5(万元)

(5) 加计扣除=(土地出让金+开发成本)×20%

=(3000+3465)×20%=1293(万元)

以上5项扣除金额合计为8483万元，

则土地增值率=(13810.81−8483)÷8483×100%=63%

适用税率为40%，速算扣除系数为5%。

应缴纳土地增值税=(13810.81−8483)×40%−8483×5%=1706.97(万元)

三、土地增值税的税收优惠与征收管理

(一)土地增值税的税收优惠

1．对建造普通标准住宅的税收优惠

纳税人建造普通标准住宅出售，增值额未超过扣除项目金额20%的，免征土地增值税。对于增值额超过扣除项目金额20%的，应就其全部增值额按规定计税。“普通标准住宅”是指按所在地一般民用住宅标准建造的居住用住宅。高级公寓、别墅、度假村等不属于普通标准住宅。普通标准住宅与其他住宅的具体划分界线由各省、自治区、直辖市人民政府规定。

2．对国家征用收回的房地产的税收优惠

因国家建设需要依法征用、收回的房地产，免征土地增值税。依法征用、收回的房地产具体是指因城市实施规划、国家建设的需要而被政府批准征用的房产或收回的土地使用权。因城市实施规划、国家建设的需要而搬迁，由纳税人自行转让原房地产的，比照该项规定免征土地增值税。

(二)土地增值税的征收管理

纳税人应在转让房地产合同签订后7日内，到房地产所在地主管税务机关办理纳税申报，并向税务机关提交房屋及建筑物产权、土地使用权证书，土地转让、房产买卖合同，房地产评估报告及其他与转让房地产有关的资料。纳税人因经常发生房地产转让而难以在每次转让后申报的，经税务机关审核同意后，可以定期进行纳税申报，具体期限由税务机关根据情况确定。

土地增值税的纳税人应向房地产所在地主管税务机关办理纳税申报，并在税务机关核

定的期限内缴纳税款。“房地产所在地”是指房地产的坐落地。纳税人转让的房地产坐落在两个或两个以上地区的，应按房地产所在地分别申报纳税。

四、土地增值税的会计核算

土地增值税应在“应交税费”账户下增设“应交土地增值税”明细账户进行核算。在具体会计核算中，由于公司的营业内容性质不同，因而对土地增值税的核算方法也有差异。

1. 主营房地产业务的公司

对由当期营业收入负担的土地增值税，借记“营业税金及附加”等科目，贷记“应交税费——应交土地增值税”科目。实际缴纳税款时，借记“应交税费——应交土地增值税”科目，贷记“银行存款”等科目。

【例 5-14】 某房地产公司有偿转让公寓两幢，面积 2 500 平方米，单位售价每平方米 2 600 元，共计价款 650 万元。开发商品房实际支付的成本、费用共计 300 万元，应交主营业务税金及附加 70 万元。按照征税规定，计算应纳税额如下。

土地增值额= 650 − (300 + 70) = 280(万元)

土地增值额与扣除金额之比=280 ÷ 370 ≈ 75.7%

应纳税额= 280 × 40% − 370 × 5% = 93.5(万元)

根据上述计算结果，作如下会计分录。

借：营业税金及附加　　　　　　　　　　935 000

　　贷：应交税费——应交土地增值税　　　　　935 000

缴纳税款时，作如下会计分录。

借：应交税费——应交土地增值税　　　　935 000

　　贷：银行存款　　　　　　　　　　　　　　935 000

2. 非主营房地产业务的公司

转让房地产时，土地增值税应区别情况分别处理。

(1) 兼营房地产业务的公司，应由营业收入负担的土地增值税，借记“其他业务成本”科目，贷记“应交税费——应交土地增值税”科目；实际缴纳税款时，借记“应交税费——应交土地增值税”科目，贷记“银行存款”等科目。

(2) 转让的以支付土地出让金等方式取得的国有土地使用权，原已纳入“无形资产”科目核算的，其转让时应缴纳的土地增值税，借记“其他业务成本”等科目，贷记“应交税费——应交土地增值税”科目；国有土地使用权已连同地上建筑物及其附着物一并在“固

定资产”科目核算的，其转让房地产时(包括地上建筑物及其附着物)，所应缴纳的土地增值税，借记“固定资产清理”科目，贷记“应交税费——应交土地增值税”科目。实际缴纳税款时，借记“应交税费——应交土地增值税”科目，贷记“银行存款”科目。

(3) 转让以行政划拨方式取得的国有土地使用权，借记“其他业务成本”等科目，贷记“应交税费——应交土地增值税”科目；如国有土地使用权连同地上建筑物及其附着物一并转让，转让时，借记“固定资产清理”科目，贷记“应交税费——应交土地增值税”科目。实际缴纳税额时，借记“应交税费——应交土地增值税”科目，贷记“银行存款”科目。

任务四　城镇土地使用税及其会计核算

一、城镇土地使用税概述

(一)城镇土地使用税的概念

城镇土地使用税是国家在城市、县城、建制镇和工矿区范围内，对拥有土地使用权的单位和个人以实际占用的土地单位面积为计税标准，按规定税额征收的一种税。

为了合理利用城镇土地，调节土地级差收入，提高土地使用效益，加强土地管理，制定了城镇土地使用税的基本规范，《中华人民共和国城镇土地使用税暂行条例》于 1988 年 9 月 27 日发布，根据 2006 年 12 月 31 日《国务院关于修改〈中华人民共和国城镇土地使用税暂行条例〉的决定》第一次修订，根据 2011 年 1 月 8 日《国务院关于废止和修改部分行政法规的决定》第二次修订，根据 2013 年 12 月 7 日《国务院关于修改部分行政法规的决定》第三次修订。

(二)城镇土地使用税的纳税人

在城市、县城、建制镇、工矿区范围内使用土地的单位和个人，为城镇土地使用税的纳税义务人。单位包括国有企业、集体企业、私营企业、股份制企业、外商投资企业、外国企业以及其他企业和事业单位、社会团体、国家机关、军队以及其他单位；所称个人，包括个体工商户以及其他个人。

根据现实经济生活中用地者的不同情况，具体规定如下。

(1) 拥有土地使用权的单位和个人。

(2) 拥有土地使用权的单位和个人不在土地所在地的，以土地的实际使用人或代管人为纳税人。

(3) 土地使用权未确定或权属纠纷未解决的，以土地的实际使用人为纳税人。

(4) 土地使用权共有的，共有各方均为纳税人，即由共有各方分别纳税。

几个人或几个单位共同拥有一块土地的使用权，这块土地的城镇土地使用税的纳税人应是对这块土地拥有使用权的每一个人或每一个单位。他们应以其实际使用的土地面积占总面积的比例，分别计算缴纳城镇土地使用税。

(三)征税范围

城镇土地使用税的征税范围为城市、县城、建制镇和工矿区内的国家和集体所有的土地。建立在城市、县城、建制镇和工矿区以外的工矿企业则不需要缴纳城镇土地使用税。

上述城市、县城、建制镇和工矿区分别按以下标准确认。

(1) 城市是指经国务院批准设立的市。

(2) 县城是指县人民政府所在地。

(3) 建制镇是指经省、自治区、直辖市人民政府批准设立的建制镇。

(4) 工矿区是指工商业比较发达，人口比较集中，符合国务院规定的建制镇标准，但尚未设立建制镇的大中型工矿企业所在地，工矿区须经省、自治区、直辖市人民政府批准。

上述征税范围中，城市的土地包括市区和郊区的土地，县城的土地是指县人民政府所在地的城镇的土地，建制镇是指镇人民政府所在地的土地。

(四)税率

城镇土地使用税采用定额税率，即采用有幅度的差别税额，按大、中、小城市和县城、建制镇、工矿区分别规定每平方米土地使用税年应纳税额。经省、自治区、直辖市人民政府批准，经济落后地区城镇土地使用税的适用税额标准可以适当降低，但降低额不得超过上述规定最低税额的30%。经济发达地区土地使用税的适用税额标准可以适当提高，但须报经财政部批准。

城镇土地使用税税率表如表5-2所示。

表5-2 城镇土地使用税税率表

级 别	人口/人	每平方米税额/元
大城市	50万以上	1.5～30
中等城市	20万～50万	1.2～24
小城市	20万以下	0.9～18
县城、建制镇、工矿区		0.6～12

二、城镇土地使用税的计算

(一)计税依据的确定

城镇土地使用税以纳税人实际占用的土地面积为计税依据。纳税人实际占用的土地面积，是指由省、自治区、直辖市人民政府确定的单位组织测定的土地面积。尚未组织测量，但纳税人持有政府部门核发的土地使用证书的，以证书确认的土地面积为准；尚未核发土地使用证书的，应由纳税人申报土地面积，据以纳税，待核发土地使用证以后再作调整。

(二)应纳税额的计算

城镇土地使用税的应纳税额，按照纳税人实际占用的土地面积和规定的单位税额计算。其计算公式如下。

$$应纳税额 = 计税土地面积 \times 单位税额$$

【例 5-15】 某市国有连锁超市实行统一核算，其土地使用证上载明，该企业实际占用土地情况为：中心店占地面积 12 500 平方米，一分店占地面积 7 500 平方米，二分店占地面积 5 600 平方米，该企业仓库占地面积 600 平方米。经税务机关确认，该企业所占用土地适用税额为：中心店每平方米年税额 7 元，一分店每平方米年税额 6.5 元，二分店每平方米年税额 4.5 元，仓库每平方米年税额 3.5 元。另外，该企业三分店与某娱乐中心共同使用一块面积为 4 300 平方米的土地，其中三分店实际占用 3 000 平方米，其余归娱乐中心使用，其每平方米年税额核定为 6.5 元。请计算该超市年度应纳城镇土地使用税税额。

该超市年度应纳城镇土地使用税税额=12 500 × 7 + 7 500 × 6.5 + 5 600 × 4.5 + 600 ×3.5 + 3 000 × 6.5= 186 300(元)

三、城镇土地使用税的税收优惠与征收管理

(一)城镇土地使用税的税收优惠

1. 法定免税项目

(1) 国家机关、人民团体、军队自用的土地。

(2) 由国家财政部门拨付事业经费的单位自用的土地。

(3) 宗教寺庙、公园、名胜古迹自用的土地。

(4) 市政街道、广场、绿化地带等公共用地。对于非社会性的公共用地，如企业内的广场、道路、绿化等占用的土地，则不能免税。

(5) 直接用于农、林、牧、渔业的生产用地。即直接从事种植、养殖、饲养的专业用地，不包括农副产品加工场地和从事农、林、牧、渔业生产单位的生活、办公用地。

(6) 经批准开山填海整治的土地和改造的废弃土地，从使用的月份起免缴土地使用税5～10年。

(7) 对非营利性医疗机构、疾病控制机构和妇幼保健机构等卫生机构自用的土地，免征城镇土地使用税。对营利性医疗机构自用的土地自2000年起免征城镇土地使用税3年。

(8) 免税单位无偿使用纳税单位的土地(如公安、海关等单位使用铁路、民航等单位的土地)，免征城镇土地使用税。纳税单位无偿使用免税单位的土地，纳税单位应照章缴纳城镇土地使用税。纳税单位与免税单位共同使用、共有使用权土地上的多层建筑，对纳税单位可按其占用的建筑面积占建筑总面积的比例计征城镇土地使用税。

2. 由省、自治区、直辖市地方税务局确定的减免税项目

(1) 个人所有的居住房屋及院落用地。

(2) 房产管理部门在房租调整改革前经租的居民住房用地。

(3) 免税单位职工家属的宿舍用地。

(4) 集体和个人办的各类学校、医院、托儿所、幼儿园用地。

(二)城镇土地使用税的征收管理

1. 纳税期限

城镇土地使用税实行按年计算，分期缴纳的征收方法，具体纳税期限由省、自治区、直辖市人民政府确定。

2. 纳税义务发生时间

(1) 纳税人购置新建商品房，自房屋交付使用之次月起，缴纳城镇土地使用税。

(2) 纳税人购置存量房，自办理房屋权属转移、变更登记手续，房地产权属登记机关签发房屋权属证书之次月起，缴纳城镇土地使用税。

(3) 纳税人出租、出借房产，自交付出租、出借房产之次月起，缴纳城镇土地使用税。

(4) 房地产开发企业自用、出租、出借本企业建造的商品房，自房屋使用或交付之次月起，缴纳城镇土地使用税。

(5) 纳税人新征用的耕地，自批准征用之日起满一年时开始缴纳城镇土地使用税。

(6) 纳税人新征用的非耕地，自批准征用之次月起缴纳城镇土地使用税。

3. 纳税地点

城镇土地使用税在土地所在地缴纳。纳税人使用的土地不属于同一省、自治区、直辖

市管辖的，由纳税人分别向土地所在地的税务机关缴纳土地使用税；在同一省、自治区、直辖市管辖范围内，纳税人跨地区使用的土地，其纳税地点由各省、自治区、直辖市地方税务局确定。

四、城镇土地使用税的会计核算

纳税人应设置“管理费用——城镇土地使用税”和“应交税费——应交城镇土地使用税”科目，核算缴纳的城镇土地使用税。计算应缴纳的城镇土地使用税时，借记“管理费用——城镇土地使用税”科目，贷记“应交税费——应交城镇土地使用税”科目；实际缴纳城镇土地使用税时，借记“应交税费——应交城镇土地使用税”科目，贷记“银行存款”科目。

【例 5-16】 某商业企业公有应税土地 45 000 平方米，其中营业大楼处于一级地段，占地 7 000 平方米，年税额 30 元/平方米；三个分店均位于三级地段，占地 13 000 平方米，年税额为 20 元/平方米；职工宿舍位于三级地段，占地 5 000 平方米；仓库处于五级地段，占地 20 000 平方米，年税额为 10 元/平方米，假设该企业按规定于每年 1 月份缴清全年的城镇土地使用税，则计算城镇土地使用税应纳税额如下。

应纳税额= (7 000 × 30) + (13 000 × 20) + (5 000 × 20) + (20 000 × 10) = 770 000(元)

不需按月分摊时，编制会计分录如下。

计算应缴纳的城镇土地使用税时

借：管理费用——城镇土地使用税　　770 000

　　贷：应交税费——应交城镇土地使用税　　770 000

缴纳城镇土地使用税时，

借：应交税费——应交城镇土地使用税　　770 000

　　贷：银行存款　　770 000

任务五　房产税及其会计核算

一、房产税概述

(一)房产税的概念

房产税是以房产为征税对象，依据房产的计税余值或租金收入向房产所有人或经营人征收的一种财产税。房产税是一个历史悠久的税种，1951 年 8 月，国家颁布了《城市房地产税暂行条例》，规定在城市中的房屋合并征收房产税和地产税，称为城市房地产税。1973 年简化税制，把对内资企业征收的房地产税并入了工商税。对房地产管理部门和个人的房

屋，以及外商投资企业和外国企业的房产，继续保留征收城市房地产税。1984 年 10 月，国务院决定在推行第二步利改税和改革工商税制时，对国内企业单位恢复征收房地产税。同时考虑到房地产税已不符合我国的实际情况，因此将城市房地产税分为房产税和土地使用税两个税种。1986 年 9 月 15 日，国务院正式发布了《房产税暂行条例》，同年 10 月 1 日起开始施行。

(二)房产税的纳税人

房产税以在征税范围内的房屋产权所有人为纳税义务人。“产权所有人”是指拥有房产的单位和个人，即房产的使用、收益、出卖、赠送等权利归其所有，也就是通常所说的“产权人”“业主”或“房东”。房产税的纳税人具体如下。

(1) 产权属于国家所有的，以经营管理单位为纳税人；产权属于集体和个人所有的，以集体单位和个人为纳税人。

(2) 产权出典的，以承典人为纳税人。“产权出典”是指产权所有人将房屋的产权在一定期限内典当给他人使用而取得资金的一种融资业务，多发生于出典人急需用款，但又想保留产权回赎权的时候。承典人向出典人交付一定的典价之后，在质典期内即获抵押物品的支配权，并可转典。出典人在规定期限内须归还典价的本金和利息，方可赎回出典房屋的产权。由于在房屋出典期间，产权所有人已无权支配房屋，因此我国税法规定，以对房屋具有支配权的承典人为房产税纳税人。

(3) 产权所有人、承典人不在房产所在地的，或者产权未确定及租典纠纷未解决的，以房产代管人或者使用人为纳税人。“代管人”是接受产权所有人、承典人的委托代为管理房产或虽未受委托而在事实上已代管房产的人。“使用人”是直接在使用房产的人。“租典纠纷”是指产权所有人在房产出典和租赁关系上，与承典人、租赁人发生各种争议，特别是权利与义务的争议悬而未决的。此外，还有一些产权归属不清的问题，也属于租典纠纷。

(4) 自 2009 年 1 月日起，外商投资企业、外国企业和组织以及外籍个人，依照《中华人民共和国房产税暂行条例》缴纳房产税。

(三)征税对象

房产税的征税对象是房产。所谓房产，是指以房屋形态表现的财产。房屋是指有屋面和围护结构(有墙或两边有柱)，能够遮风避雨，可供人们在其中生产、学习、工作、娱乐、居住或储藏物资的场所。至于那些独立于房屋之外的建筑物，如围墙、烟囱、水塔、变电塔、油池油柜、酒窖菜窖、酒精池、糖蜜池、室外游泳池、玻璃暖房、砖瓦石灰窑以及各种油气罐等，均不属于房产的范围。

(四)征税范围

房产税的征税范围为城市、县城、建制镇、工矿区的房屋，不包括农村的房屋。

上述城市、县城、建制镇和工矿区分别按以下标准确认。

(1) 城市是指经国务院批准设立的市。

(2) 县城是指县人民政府所在地。

(3) 建制镇是指经省、自治区、直辖市人民政府批准设立的建制镇。

(4) 工矿区是指工商业比较发达，人口比较集中，符合国务院规定的建制镇标准，但尚未设立建制镇的大中型工矿企业所在地，工矿区须经省、自治区、直辖市人民政府批准。

(五)税率

现行房产税采用的是比例税率，依照房产的计税余值计算缴纳的，税率为 1.2%；依照房产的租金收入计算缴纳的，税率为 12%。自 2001 年 1 月 1 日起，对个人按市场价格出租的居民住房，用于居住的，可暂减按 4%的税率征收房产税。自 2008 年 3 月 1 日起，对个人出租住房，不区分用途，按 4%的税率征收房产税。

二、房产税的计算

(一)计税依据的确定

房产税以房产的计税余值或房产的租金收入为计税依据。按照房产的计税余值征税的，称为从价计征；按照房产的租金收入征税的，称为从租计征。

1．从价计征

对纳税人经营自用的房屋，以房产的计税余值为计税依据。“计税余值”是指依照房产原值一次减除 10%～30%的损耗价值以后的余额。其具体减除比例，由省、自治区、直辖市人民政府在税法规定的减除幅度内自行确定。

“房产原值”是指纳税人按照会计制度规定，在账簿“固定资产”科目中记载的房屋造价(或原价)。对纳税人未按会计制度规定记载的，在计征房产税时，应按规定调整房产原值；对房产原值明显不合理的，应重新予以评估；对没有房产原值的，应由房屋所在地的税务机关参考同类房屋的价值核定。房产原值应包括与房屋不可分割的各种附属设备以及一般不单独计算价值的配套设施。纳税人对原有房屋进行改建、扩建的，应相应调增房产原值。自 2010 年 12 月 21 日起，对按照房产原值计税的房产，对按照房产原值计税的房产，无论会计上如何核算，房产原值均应包含地价，包括为取得土地使用权支付的价款、开发土地发生的成本费用等。

2．从租计征

对于出租的房屋，以房产的租金收入为计税依据。“房产的租金收入”是房屋产权所有人出租房产使用权所得的报酬，包括货币收入和实物收入。如果是以劳务或者其他形式为报酬抵付房租收入的，应根据当地同类房产的租金水平，确定一个标准租金额从租计征。

(二)应纳税额的计算

1．从价计征

房产税从价计征的，其应纳税额的计算公式如下。

年应纳税额 = 房产原值 × (1 − 扣除比例) × 1.2%

【例 5-17】 某企业 2015 年底自有生产经营用房，会计账簿记载房产原值 8 000 万元，当地规定计算房产余值的扣除比例为 30%。请计算该企业全年应纳的房产税税额。

该企业全年应纳的房产税税额= 8 000 × (1 − 30%) × 1.2% = 67.2(万元)

2．从租计征

房产税从租计征的，其应纳税额的计算公式如下。

年应纳税额 = 租金收入 × 12%

【例 5-18】 某市某居民自有楼房 1 幢共 8 间，其中家庭生活居住 2 间；出租给外地一企业作办事处使用 3 间，每月租金 1 500 元。

该居民当年应纳房产税税额= 1 500 × 12 × 12% = 2 160(元)

三、房产税的税收优惠与征收管理

(一)房产税的税收优惠

(1) 国家机关、人民团体、军队自用的房产，免征房产税。

(2) 由国家财政部门拨付事业经费的单位自用的房产，免征房产税。

(3) 宗教寺庙、公园、名胜古迹自用的房产，免征房产税。

(4) 个人所有非营业用的房产，免征房产税。

(5) 经财政部批准免税的其他房产，主要有：非营利性医疗机构、疾病控制机构和妇幼保健机构等卫生机构自用的房产，免征房产税；对按政府规定价格出租的公有住房和廉租住房，暂免征收房产税。

(二)房产税的征收管理

1. 纳税义务发生时间

(1) 纳税人将原有房产用于生产经营，从生产经营之月起，缴纳房产税。

(2) 纳税人自行新建房屋用于生产经营，从建成之次月起，缴纳房产税。

(3) 纳税人委托施工企业建设的房屋，从办理验收手续之次月起，缴纳房产税。

(4) 纳税人购置新建商品房，自房屋交付使用之次月起，缴纳房产税。

(5) 纳税人购置存量房，自办理房屋权属转移、变更登记手续，房地产权属登记机关签发房屋权属证书之次月起，缴纳房产税。

(6) 纳税人出租、出借房产，自交付出租、出借房产之次月起，缴纳房产税。

(7) 房地产开发企业自用、出租、出借本企业建造的商品房，自房屋使用或交付之次月起，缴纳房产税。

2. 纳税期限

房产税实行按年计算，分期缴纳的征收方法，具体纳税期限由省、自治区、直辖市人民政府确定。

3. 纳税地点

房产税在房产所在地缴纳。房产不在同一地方的纳税人，应按房产的坐落地点分别向房产所在地的税务机关纳税。房产税由房产所在地的地方税务局负责征收。

四、房产税的会计核算

为了反映和核算企业应缴、已缴、多缴或欠缴的房产税的情况，企业应在会计上设置“应交税费——应交房产税”科目进行核算。该科目贷方反映按规定计算应缴的房产税数额，借方反映实际缴纳的房产税数额。若有贷方余额，表示企业欠缴或需补缴的房产税款；若有借方余额，表示企业实际多缴的房产税税款。

当企业计算出应缴的房产税时，借记“管理费用”等科目，贷记“应交税费——应交房产税”科目；当按规定实际上缴房产税时，借记“应交税费——应交房产税”科目，贷记“银行存款”等科目。

由于房产税也是按年征收、分期缴纳的办法进行征收，如果税款金额不大的，可在按规定计算出应纳的房产税时，直接借记“管理费用”等科目；如果企业分期缴纳，而且每期缴纳的房产税数额比较大时，可以分期摊入有关成本费用中。

月份终了，企业计算出按规定应缴纳的房产税税额，作如下会计分录。

借：管理费用

　　贷：应交税费——应交房产税

企业按照规定的纳税期限缴纳房产税时，作如下会计分录。

借：应交税费——应交房产税

　　贷：银行存款

【例 5-19】 某工厂 2016 年 1 月 1 日拥有房产原值为 8 000 000 元，当地政府规定，按原值一次减除 20%后的余值计算应纳税额，按年计算，分月缴纳。请计算 1 月份该企业的应纳房产税税额并进行会计处理。

企业应纳房产税税额如下。

年应纳税额= 8 000 000 × (1 − 20%) × 1.2%

　　　　　= 61 440(元)

月应纳税额= 61 440 ÷ 12 = 5 120(元)

每月末企业计算应纳税额时，

借：管理费用　　5 120

　　贷：应交税费——应交房产税　　5 120

企业在实际缴纳税款时，

借：应交税费——应交房产税　　5 120

　　贷：银行存款　　5 120

任务六　车船税及其会计核算

一、车船税概述

(一)车船税的概念

车船税是对行驶于境内公共道路的车辆和航行于境内河流、湖泊或者领海的船舶，按照其种类、吨位和规定的税额征收的一种使用行为税。应税车船作为一种财产，使得车船税又兼有财产税的性质。

1951 年 9 月，国家颁布了《车船使用牌照税暂行条例》。1973 年简化税制，把对国营企业和集体企业征收的车船使用牌照税并入工商税。这样，车船使用牌照税只对不缴纳工商税的单位、个人和外侨征收。1984 年 10 月，国务院决定恢复对车船征税，并将原税种更名为车船使用税。1986 年 9 月，国务院发布了《车船使用税暂行条例》，同年 10 月 1 日起开始施行。2006 年 12 月国务院通过的《中华人民共和国车船税暂行条例》，自 2007 年 1 月

1 日起施行。财政部、国家税务总局于 2007 年 2 月 1 日发布了《中华人民共和国车船税暂行条例实施细则》。2011 年 11 月，国务院常务会议审议并原则通过了《中华人民共和国车船税法实施条例(草案)》。新的车船税法在征税范围、计税依据、税收优惠和征收管理等方面都作了一些修改和完善。同时，新的车船税法对节约能源、使用新能源的车船做出免征或者减征车船税的规定。这一新变化体现了国家促进节能减排和保护环境的政策导向。新的车船税自 2012 年 1 月 1 日起实行。

开征车船税，其目的在于筹集地方财政资金，支持交通运输事业发展；加强对车船使用的管理，促进车船的合理配置；调节财富分配，体现社会公平。

(二)车船税的纳税人

车船税由车船的所有人或者管理人缴纳。其中，所有人是指在我国境内拥有车船的单位和个人；管理人是指对车船具有管理使用权，但不具有所有权的单位。上述所称的单位包括国有企业、集体企业、私营企业、股份制企业、外商投资企业、外国企业以及其他企业和事业单位、社会团体、国家机关、军队以及其他单位；所称的个人，包括个体工商户以及其他个人。

(三)征税范围

车船税的征税范围，是指依法应当在我国车辆管理部门登记的车船(除按规定减免的车船外)。

1. 应税车辆

应税车辆包括机动车辆。机动车辆是指依靠燃油、电力等能源作为动力运行的车辆，如汽车、拖拉机、无轨电车等。

2. 应税船舶

应税船舶包括机动船舶和非机动船舶两类。机动船舶是指依靠燃料等能源为动力运行的船舶，如客轮、货船、气垫船等；非机动船舶是指依靠人力或其他力量运行的船舶，如木船、帆船、舢板等。

(四)车船税的税目和税额

车船税实行幅度定额税率，即对应税车船直接规定单位固定税额。车船税的税目税额如表 5-3 所示。

表 5-3　车船税的税目税额

<table>
<tr><th colspan="2">税　目</th><th>计税单位</th><th>年适用税额/元</th><th>备　注</th></tr>
<tr><td rowspan="7">乘用车按发动机气缸容量(排气量)分档</td><td>1.0 升(含)以下的</td><td rowspan="7">每辆</td><td>60～360</td><td rowspan="7">核定载客人数 9 人(含)以下</td></tr>
<tr><td>1.0 升以上至 1.6 升(含)的</td><td>360～540</td></tr>
<tr><td>1.6 升以上至 2.0 升(含)的</td><td>360～660</td></tr>
<tr><td>2.0 升以上至 2.5 升(含)的</td><td>660～1 200</td></tr>
<tr><td>2.5 升以上至 3.0 升(含)的</td><td>1 200～2 400</td></tr>
<tr><td>3.0 升以上至 4.0 升(含)的</td><td>2 400～3 600</td></tr>
<tr><td>4.0 升以上的</td><td>3 600～5 400</td></tr>
<tr><td rowspan="2">商用车</td><td>客车</td><td>每辆</td><td>480～1440</td><td>核定载客人数 9 人以上(包括电车)</td></tr>
<tr><td>货车</td><td>整备质量每吨</td><td>16～120</td><td>包括半挂牵引车、三轮汽车和低速载货汽车等(挂车按照货车税额的 50%计算)</td></tr>
<tr><td rowspan="2">其他车辆</td><td>专用作业车</td><td>整备质量每吨</td><td>16～120</td><td rowspan="2">不包括拖拉机</td></tr>
<tr><td>轮式专用机械车</td><td>整备质量每吨</td><td>16～120</td></tr>
<tr><td>摩托车</td><td></td><td>每辆</td><td>36～180</td><td></td></tr>
<tr><td rowspan="2">船舶</td><td>机动船舶</td><td>净吨位每吨</td><td>3～6</td><td rowspan="2">拖船、非机动驳船分别按照机动船舶税额的 50%计算</td></tr>
<tr><td>游艇</td><td>艇身长度每米</td><td>600～2 000</td></tr>
</table>

二、车船税的计算

车船税采用从量定额的计算方法。

(1) 载客汽车。按车辆数与适用税额计算应纳税额。其计算公式如下。

年应纳税额=车辆数 × 每辆车每年税额

【例 5-20】 深圳某公司拥有大型客车(20～48 座位)2 辆、中型客车(4～12 座位)3 辆、小型客车(4～7 座位)6 辆，若大型客车税率为 600 元/辆，中型客车税率为 480 元/辆，小型客车税率为 420 元/辆。请计算该公司一年的应纳车船税税额。

年应纳税额 $=2\times 600+3\times 480+6\times 420=5\ 160$(元)

【例 5-21】 深圳某公司拥有微型普通客车 3 辆，微型轿车 4 辆，税率为 240 元/辆。请计算该公司一年应纳车船税税额。

年应纳税额 $= 3 \times 240 + 4 \times 240 = 1\ 680$(元)

(2) 载货汽车、三轮汽车、低速货车。按自重吨位计算应纳税额。其计算公式如下。

$$\text{年应纳税额} = \text{整备质量} \times \text{每吨每年税额}$$

【例 5-22】深圳某公司拥有载货汽车(自重吨位 5 吨)3 辆、客货两用车(自重吨位 3 吨)2 辆，税率为 96 元/吨。请计算该公司一年的应纳车船税税额。

年应纳税额$= 3 \times 5 \times 96 + 2 \times 3 \times 96 = 2\ 016$(元)

(3) 摩托车按每辆计算应纳税额。其计算公式如下。

$$\text{年应纳税额} = \text{车辆数量} \times \text{每年税额}$$

【例 5-23】 某公司拥有两轮摩托车 5 辆，税率为 96 元/辆。请计算该公司一年的应纳车船税税额。

年应纳税额$= 5 \times 96 = 480$(元)

(4) 船舶按净吨位与适用税额计算应纳税额。其计算公式如下。

$$\text{年应纳税额} = \text{净吨位} \times \text{每年税额}$$

三、车船税的税收优惠与征收管理

(一)车船税的税收优惠

1．法定减免

(1) 捕捞、养殖渔船：是指在渔业船舶登记管理部门登记为捕捞船或者养殖船的船舶;

(2) 军队、武装警察部队专用的车船：是指按照规定在军队、武装警察部队车船登记管理部门登记，并领取军队、武警牌照的车船。

(3) 警用车船：是指公安机关、国家安全机关、监狱、劳动教养管理机关和人民法院、人民检察院领取警用牌照的车辆和执行警务的专用车船。

(4) 依照法律规定应当予以免税的外国驻华使领馆、国际组织驻华代表机构及其有关人员的车船。

2．国务院规定的减免税项目

(1) 节约能源、使用新能源的车船可以免征或减半征收车船税，具体范围由国务院有关部门确定。

(2) 按照规定缴纳船舶吨税的机动船舶，自《车船税法》实施之日起 5 年内免征车船税。

(3) 依法不需要在车船登记管理部门登记的机场、港口、铁路站场内部行驶或者作业

的车船，自《车船税法》实施之日起5年内免征车船税。

3．授权省、自治区、直辖市人民政府规定的减免税项目

(1) 省、自治区、直辖市人民政府根据当地实际情况，可以对公共交通车船，农村居民拥有并主要在农村地区使用的摩托车、三轮汽车和低速载货汽车定期减征或者免征车船税。

(2) 对受地震、洪涝等严重自然灾害影响纳税困难以及其他特殊原因确需减免税的，可以在一定期限内减征或者免征车船税，具体减免期限和数额由省、自治区、直辖市人民政府确定。

另外，对纯电动乘用车、燃料电池乘用车、非机动车船(不包括非机动驳船)、临时入境的外国车船和香港特别行政区、澳门特别行政区、台湾地区的车船，不征收车船税。

(二)车船税的征收管理

车船税的纳税义务发生时间，为车船管理部门核发的车船登记证书或者行驶证书所记载日期的当月；纳税人未按照规定到车船管理部门办理应税车船登记手续的，以车船购置发票所载开具时间的当月作为车船税的纳税义务发生时间。对未办理车船登记手续且无法提供车船购置发票的，由主管地方税务机关核定纳税义务发生时间。

车船税按年申报缴纳。车船税由地方税务局负责征收，依法应当在车船登记部门登记的车船，纳税人自行申报缴纳车船税的，纳税地点为车船登记地;由保险机构代收代缴车船税的，纳税地点为保险机构所在地。将保险机构所在地也作为车船税的纳税地点，是为方便车主在购买机动车交通事故责任强制保险时一并缴纳车船税，减少完税所需时间和成本。

依法不需要办理登记的车船，纳税地点为车船的所有人或者管理人所在地。车辆车船税的纳税人按照纳税地点所在的省、自治区、直辖市人民政府确定的具体适用税额缴纳车船税。

四、车船税的会计核算

(一)账户设置

企业缴纳的车船使用税，应通过“应交税费——应交车船税”科目进行核算。该科目贷方反映企业应缴纳车船税税额，借方反映企业已经缴纳的车船税税额。余额在贷方，表示企业应缴而未缴的车船税。

(二)会计处理

月份终了，企业计算出应缴纳的车船税税额时，

借：管理费用

　　贷：应交税费——应交车船税

按规定，车船使用税按年征收，分期交纳。具体纳税期限由省、自治区、直辖市人民政府规定。企业在缴纳税款时，

借：应交税费——应交车船税

　　贷：银行存款

【例 5-24】 某海洋运输公司 2016 年 1 月拥有机动船 10 只，其中净吨位 20 000 吨机动船 5 只(年应纳税额每吨 6 元)，10 000 吨机动船 5 只(年应纳税额每吨 5 元)。当地人民政府规定按季缴纳车船税。请计算该企业第一季度应纳的车船税税额。

(1) 计算企业全年应纳车船税税额。

机动船全年应纳税额= 20 000 × 5 × 6 + 1 000 × 5 × 5 = 625 000(元)

(2) 计算企业 1 月份应纳车船税税额。

应纳税额= 625 000 ÷ 12 = 52 083(元)

则 1 月末企业应作如下会计分录。

借：管理费用　　52 083

　　贷：应交税费——应交车船税　　52 083

2 月末、3 月末企业应作同样会计分录。

第一季度终了，企业按规定缴纳本季度应纳税额如下。

应纳税额= 52 083 × 3 = 156 249(元)

实际缴纳第一季度税款时，

借：应交税费——应交车船税　　156 249

　　贷：银行存款　　156 249

任务七　契税及其会计核算

一、契税概述

(一)契税的概念

契税是以所有权发生转移变动的土地、房屋等不动产为征税对象，向产权承受的单位和个人一次性征收的一种财产税。

契税是一个历史悠久的税种，1950 年 4 月，我国颁布了《契税暂行条例》，国务院于 1997 年 7 月 7 日重新制定颁布了《中华人民共和国契税暂行条例》，并于 1997 年 10 月 1 日

起施行。

开征契税，有利于广辟财源，增加地方财政收入；有利于保护合法产权，避免产权纠纷；有利于调节财富分配，体现社会公平。

(二)契税的纳税人

契税的纳税人是在我国境内转移土地、房屋权属过程中承受土地、房屋权属的所有单位和个人。“土地、房屋权属”是指土地使用权、房屋所有权。“承受”是指以受让、购买、受赠、交换等方式取得土地、房屋权属的行为。“单位”是指企业单位、事业单位、国家机关、军事单位和社会团体以及其他组织。“个人”是指个体经营者及其他个人，包括中国公民、外籍人员。

(三)征税范围

契税的征税对象是指在境内发生土地使用权、房屋所有权权属转移的土地和房屋。其具体征税范围如下。

1. 国有土地使用权出让

国有土地使用权出让是指土地使用者向国家交付土地使用权出让费用，国家将国有土地使用权在一定年限内让与土地使用者的行为。

2. 土地使用权转让

土地使用权转让是指土地使用者以出售、赠与、交换或者其他方式将土地使用权转移给其他单位和个人的行为。土地使用权转让，不包括农村集体土地承包经营权的转移。“土地使用权出售”是指土地使用者以土地使用权作为交易条件，取得货币、实物、无形资产或者其他经济利益的行为。“土地使用权赠与”是指土地使用者将其土地使用权无偿转让给受赠者的行为。“土地使用权交换”是指土地使用者之间相互交换土地使用权的行为。

3. 房屋买卖

房屋买卖是指房屋所有者将其房屋出售，由承受者交付货币、实物、无形资产或者其他经济利益的行为。以下三种情况，视同买卖房屋行为。

(1) 经当地政府和有关部门批准，以房产抵债或实物交换房屋，均视同房屋买卖，应由产权承受人按房屋现值缴纳契税。

(2) 以房产作投资或作股份转让，这种交易形式涉及房屋产权转移，应根据国家房地产管理的有关规定，办理房屋产权交易和产权变更手续，视同房屋买卖，应由产权承受方规定缴纳契税。但以自有房产作股投入本人独资经营企业，因未发生房产权属变化，不需

要办理房产变更手续，因此免征契税。

(3) 买房拆料或翻建新房，应照章征收契税。买房者不论其购买目的是为了拆用材料还是为了得到旧房后翻建成新房，均要涉及办理产权转移手续，因此要征税。

4．房屋赠与

房屋赠与是指房屋所有者将其房屋无偿转让给受赠者的行为。

5．房屋交换

房屋交换是指房屋所有者之间相互交换房屋的行为。

根据我国税法规定，土地、房屋权属以下列方式转移的，视同土地使用权转让、房屋买卖或者房屋赠与征税：①以土地、房屋权属作价投资、入股；②以土地、房屋权属抵债；③以获奖方式承受土地、房屋权属；④以预购方式或者预付集资建房款方式承受土地、房屋权属。

(四)税率

契税采用 3%～5%的幅度比例税率，具体执行税率时，由省、自治区、直辖市人民政府在税法规定的幅度内根据本地区的实际情况确定。

二、契税的计算

(一)计税依据的确定

契税的计税依据应按照土地、房屋权属转移的不同情况分别确定。

(1) 国有土地使用权出让、土地使用权出售、房屋买卖，以成交价格为计税依据。“成交价格”是指土地、房屋权属转移合同确定的价格，包括承受者应交付的货币、实物、无形资产或者其他经济利益。

合同确定的成交价格中包含的所有价款都属于计税依据的范围。土地使用权出让、土地使用权转让、房屋买卖的成交价格中所包含的行政事业性收费，属于成交价格的组成部分，不应从中剔除，纳税人应按合同确定的成交价格全额计算缴纳契税。

(2) 土地使用权赠与、房屋赠与，由征收机关参照土地使用权出售、房屋买卖的市场价格核定。

(3) 土地使用权交换、房屋交换，其计税依据为所交换的土地使用权、房屋的价格差额。上述交换价格不相等的，由多交付货币、实物、无形资产或者其他经济利益的一方缴纳契税；交换价格相等的，免征契税。土地使用权与房屋所有权之间相互交换，也按照该项规定征税。

(4) 以划拨方式取得土地使用权，经批准转让房地产时，由房地产转让者补缴契税。其计税依据为补缴的土地使用权出让费用或者土地收益。

(5) 房屋附属设施征收契税的依据。

① 采取分期付款方式购买房屋附属设施土地使用权、房屋所有权的，应按合同规定的总价款计征契税。

② 承受的房屋附属设施权属如为单独计价的，按照当地确定的适用税率征收契税；如与房屋统一计价的，适用与房屋相同的契税税率。

(二)应纳税额的计算

契税应纳税额的计算公式如下。

$$应纳税额=计税依据\times税率$$

【例 5-25】 某居民从某房地产开发公司购买商品住宅一套，成交价格 120 万元，双方签订了购房合同。当地政府规定的契税税率为 3%。

根据税法规定，房屋买卖，以成交价格为计税依据计算缴纳契税，则该居民应纳的契税税额如下。

应纳税额= 120 × 3% = 3.60(万元)

三、契税的税收优惠和征收管理

(一)契税的税收优惠

(1) 国家机关、事业单位、社会团体、军事单位承受土地、房屋用于办公、教学、医疗、科研和军事设施的，免征。

(2) 城镇职工按规定第一次购买公有住房的，免征。

(3) 因不可抗力灭失住房而重新购买住房的，酌情准予减征或者免征。

(4) 土地、房屋被县级以上人民政府征用、占用后，重新承受土地、房屋权属的，是否减征或者免征契税，由省、自治区、直辖市人民政府确定。

(5) 纳税人承受荒山、荒沟、荒丘、荒滩土地使用权，用于农、林、牧、渔业生产的，免征契税。

(6) 依照我国有关法律规定以及我国缔结或参加的双边和多边条约或协定的规定应当予以免税的外国驻华使馆、领事馆、联合国驻华机构及其外交代表、领事官员和其他外交人员承受土地、房屋权属的，经外交部确认，可以免征契税。

(7) 2016 年财政部、国家税务总局、住房城乡建设部三部门联合发布《关于调整房地

产交易环节契税优惠政策的通知》，通知明确规定了最新房产契税政策。新房产契税政策自2016 年 2 月 22 日起执行。

① 对个人购买家庭唯一住房(家庭成员范围包括购房人、配偶以及未成年子女，下同)，面积为 90 平方米及以下的，减按 1%的税率征收契税；面积为 90 平方米以上的，减按 1.5%的税率征收契税。

② 对个人购买家庭第二套改善性住房，面积为 90 平方米及以下的，减按 1%的税率征收契税；面积为 90 平方米以上的，减按 2%的税率征收契税。家庭第二套改善性住房是指已拥有一套住房的家庭，购买的家庭第二套住房。

③ 纳税人申请享受税收优惠的，根据纳税人的申请或授权，由购房所在地的房地产主管部门出具纳税人家庭住房情况书面查询结果，并将查询结果和相关住房信息及时传递给税务机关。暂不具备查询条件而不能提供家庭住房查询结果的，纳税人应向税务机关提交家庭住房实有套数书面诚信保证，诚信保证不实的，属于虚假纳税申报，按照《中华人民共和国税收征收管理法》的有关规定处理，并将不诚信记录纳入个人征信系统。

按照便民、高效原则，房地产主管部门应按规定及时出具纳税人家庭住房情况书面查询结果，税务机关应对纳税人提出的税收优惠申请限时办结。

④ 具体操作办法由各省、自治区、直辖市财政、税务、房地产主管部门共同制定。

(二)契税的征收管理

契税的纳税业务发生时间，为纳税人签订土地、房屋权属转移合同的当天，或者纳税人取得其他具有土地、房屋权属转移合同性质凭证的当天。

契税实行属地征收管理。纳税人发生契税纳税义务时，应向土地、房屋所在地的税收征收机关申报缴纳。

纳税人应当自纳税义务发生之日起 10 日内，向土地、房屋所在地的税收征收机关办理纳税申报，并在税收征收机关核定的期限内缴纳税款。

四、契税的会计核算

(1) 对于企业取得的土地使用权，若是有偿取得的，一般应作为无形资产入账，相应地，为取得该项土地使用权而缴纳的契税，也应当计入无形资产价值。

【例 5-26】 某企业 2016 年 1 月从当地政府手中取得某块土地使用权，支付土地使用权出让费 1 200 000 元，省政府规定契税的税率为 3%，则按规定企业应当缴纳的契税税额如下。

应纳税额 ＝1 200 000 × 3% ＝ 36 000(元)。

企业在实际缴纳契税时应作如下会计分录

借：无形资产——土地使用权　　36 000

　　贷：银行存款　　36 000

若土地使用权为无偿取得，则一般不将该土地使用权作为无形资产入账，相应地，企业缴纳的契税，可作为当期费用入账。对于房地产开发企业，其取得土地使用权所发生的支出，包括其缴纳的契税，应当计入开发成本。

(2) 对于企业承受房屋权属所应缴纳的契税，不管是有偿取得还是无偿取得，按规定都应当计入固定资产价值。

【例 5-27】 某企业 2016 年购入办公房一幢，价值 6 400 000 元，当地政府规定契税税率为 3%，企业按规定申报缴纳契税。

应纳税额= 6 400 000 × 3% = 192 000(元)

企业在实际缴纳契税时作如下会计分录。

借：固定资产　　192 000

　　贷：银行存款　　192 000

任务八　印花税及其会计核算

一、印花税概述

(一)印花税的概念

印花税是对经济活动和经济交往中书立、使用、领受具有法律效力的应税凭证的单位和个人征收的一种税。它是一种具有行为税性质的凭证税，因其采取在凭证上粘贴印花税票完税而得名。

印花税历史比较悠久，最早始于 1624 年的荷兰。1950 年 1 月，我国发布《全国税政实施要则》，规定印花税为全国统一开征的 14 个税种之一。1958 年简化税制时，将印花税并入工商统一税，不再单独征收。改革开放后，随着经济合同法、商标法、工商企业登记管理条例等一系列经济法规的颁布实施，经济活动逐步走向规范化和法制化，需要书立和领受的各种凭证逐渐增多，有必要重新开征印花税。1988 年 8 月 6 日，国务院公布了《印花税暂行条例》，于同年 10 月 1 日起恢复征收印花税。

开征印花税，通过对应税凭证加强控制和管理，有利于促进经济活动的规范化、合理化；有利于社会主义市场经济体制的建立与发展；有利于提高公民的法制观念和纳税意识；同时还可以增加国家财政收入。

(二)印花税的纳税人

在中国境内书立、使用、领受印花税法所列举凭证的单位和个人为印花税的纳税义务人。“凭证”是指在中国境内具有法律效力，受中国法律保护的凭证。此类凭证无论是在中国境内还是在中国境外书立，均应依照税法规定贴花。“单位和个人”是指国内各类企业、事业、机关、团体、部队以及中外合资企业、合作企业、外资企业、外国企业和其他经济组织及其在华机构等单位和个人。

根据书立、使用、领受应税凭证的不同，印花税纳税人具体包括以下几类。

(1) 立合同人：是指合同的当事人。当事人是指对凭证有直接权利、义务关系的单位和个人，不包括保人、证人、鉴定人。各类合同的纳税人是立合同人。当事人的代理人有代理纳税的义务，其与纳税人负有同等的税收法律义务与责任。“合同”是指根据《中华人民共和国合同法》和其他有关合同法规订立的合同。其征税范围包括购销、加工承揽、建设工程承包、财产租赁、货物运输、仓储保管、借款、财产保险、技术合同等。

(2) 立账簿人：即设立并使用营业账簿的单位和个人。营业账簿的纳税人是立账簿人。

(3) 立据人：产权转移书据的纳税人是立据人。如果立据人未贴或者少贴印花，书据的持有人应负责补贴印花。所立书据以合同方式签订的，应由持有书据的各方分别按全额贴花。

(4) 领受人：即领取或接受并持有该项凭证的单位和个人。权利、许可证照的纳税人是领受人。

(5) 使用人：在国外书立、领受，但在国内使用的应税凭证，其纳税人是使用人。

(6) 各类电子应税凭证的签订人：即以电子形式签订的各类应税凭证的当事人。

(三)印花税的税目和税率

印花税的征税对象是条例列举征税的凭证，未列举的不征税。列举征税的凭证共有以下五大类。

第一，10类合同，即：①购销合同，包括供应、预购、采购、购销结合及协作、调剂、补偿、易货等合同；②加工承揽合同，包括加工、定做、修缮、修理、印刷、广告、测绘、测试等合同；③建设工程勘察设计合同，包括勘察、设计合同；④建筑安装工程承包合同，包括建筑、安装工程承包合同；⑤财产租赁合同，包括房屋、船舶、飞机、机动车辆、机械、器具、设备等；⑥货物运输合同，包括民用航空、铁路运输、海上运输、内河运输、公路运输和联运合同；⑦仓储保管合同，包括仓储、保管合同；⑧借款合同，包括银行及其他金融组织和借款人(不包括银行同业拆借)所签订的借款合同；⑨财产保险合同，包括财产、责任、保证、信用等；⑩技术合同，包括技术开发、转让、咨询、服务等。

第二，产权转移书据，包括财产所有权和版权、商标专用权、专利权、专有技术使用权等转移书据。

第三，营业账簿，包括单位和个人从事生产经营活动所设立的各种账册。

第四，权利、许可证照，包括房屋产权证、工商营业执照、商标注册证、专利证、土地使用证 (不包括农村集体土地承包经营权证) 。

第五，经财政部确定征税的其他凭证。

印花税的税目税率如表 5-4 所示。

表 5-4　印花税的税目税率

税　目	范　围	税　率	纳 税 人	说　明
1. 购销合同	包括供应、预购、采购、购销结合及协作、调剂、补偿、易货等合同	按购销金额 0.3‰贴花	立合同人	
2. 加工承揽合同	包括加工、定做、修缮、修理、印刷、广告、测绘、测试等合同	按加工或承揽收入 0.5‰贴花	立合同人	
3. 建设工程勘察设计合同	包括勘察、设计合同	按收取费用 0.5‰贴花	立合同人	
4. 建筑安装工程承包合同	包括建筑、安装工程承包合同	按承包金额 0.3‰贴花	立合同人	
5. 财产租赁合同	包括租赁房屋、船舶、飞机、机动车辆、机械、器具、设备等	按租赁金额 1‰贴花；税额不足 1 元的，按 1 元贴花	立合同人	
6. 货物运输合同	包括民用航空、铁路运输、海上运输、内河运输、公路运输和联运合同	按运输费用 0.5‰贴花	立合同人	单据作为合同使用的，按合同贴花
7. 仓储保管合同	包括仓储、保管合同	按仓储保管费用 1‰贴花	立合同人	仓单或栈单作为合同使用的，按合同贴花
8. 借款合同	银行及其他金融组织和借款人(不包括银行同业拆借)所签订的借款合同	按借款金额 0.05‰贴花	立合同人	单据作为合同使用的，按合同贴花
9. 财产保险合同	包括财产、责任、保证、信用等保险合同	按保险费收入 1‰贴花	立合同人	单据作为合同使用的，按合同贴花

续表

税　目	范　围	税　率	纳 税 人	说　明
10．技术合同	包括技术开发、转让、咨询、服务等合同	按所载金额 0.3‰贴花	立合同人	
11．产权转移书据	包括财产所有权和版权、商标专用权、专利权、专有技术使用权等转移书据	按所载金额 0.5‰贴花	立据人	
12．营业账簿	生产经营用账册	记载资金的账簿，按实收资本和资本公积的合计金额 0.5‰贴花；其他账簿按件贴花 5 元	立账簿人	
13．权利、许可证照	包括政府部门发给的房屋产权证、工商营业执照、商标注册证、专利证、土地使用证	按件贴花 5 元	领受人	

二、印花税的计算

1．从价计征

按比例税率计税的凭证，其计税依据是：购销合同为购销金额；加工承揽合同为加工或承揽收入；建设工程勘察设计合同为收取费用；建筑安装工程承包合同为承包金额；财产租赁合同为租赁金额；货物运输合同为运输费用；仓储保管合同为仓储保管费用；借款合同为借款金额；财产保险合同为保险费收入；技术合同为所载价款、报酬、使用费的金额；产权转移书据为所载金额。这里所指的都是合同金额，并不是实际结算金额。记载资金的账簿的计税依据为实收资本与资本公积总额。股份制企业按“股本”与“资本公积”总额。

印花税从价计征的应纳税额的计算公式如下。

$$应纳税额 = 计税金额 \times 比例税率$$

【例 5-28】 甲货运公司与乙重型机械厂签订一份货物运输合同，双方约定由甲公司将价值 120 万元的机械设备运抵外省某地，运输费用 4 万元，装卸费用 5 000 元。

根据我国税法规定，货物运输合同的计税依据为取得的运输费用，不包括所运货物的金额和装卸费，则该合同甲公司应纳的印花税税额如下。

应纳税额= 40 000 × 0.5‰ = 20(元)

2. 从量计征

按定额税率计税的凭证，计税依据为凭证的件数。印花税从量计征的应纳税额的计算公式如下。

应纳税额=计税数量×比例税率

三、印花税的征收管理

(一)纳税办法

现行印花税根据税额大小、贴花次数多少以及税收源泉控管的需要，分别采用以下三种纳税办法。

1. 自行贴花办法

纳税人在书立、领受或者使用印花税法列举的应税凭证的同时，纳税义务即已发生，纳税人应当根据应税凭证的性质和适用的税目税率，自行计算应纳税额，自行购买印花税票，自行一次贴足印花税票并加以注销或画销，即通常所说的“三自”纳税办法。这种纳税办法，一般适用于应税凭证较少或者贴花次数较少的纳税人。

2. 汇贴或汇缴办法

该办法适用于应纳税额较大或贴花次数频繁的纳税人。应向当地税务机关申请填写缴款书或完税证并缴清税款。

3. 委托代征办法

通过税务机关委托，经由发放或办理应纳税凭证(权利、许可证照)的单位代为征收印花税税款。

(二)纳税环节

印花税应当在书立或领受时贴花。具体是指，在合同签订时、账簿启用时和证照领受时贴花。如果合同是在国外签订，并且不便在国外贴花的，应在将合同带入境时办理贴花纳税手续。印花税一般实行就地纳税。

(三)违章处罚

自 2004 年 1 月 29 日起，印花税纳税人有下列行为之一的，由税务机关根据情节轻重予以处罚。

(1) 在应纳税凭证上未贴或者少贴印花税票的或者已粘贴在应税凭证上的印花税票未注销或者未画销的，由税务机关追缴其不缴或者少缴的税款、滞纳金，并处不缴或者少缴的税款 50%以上 5 倍以下的罚款。

(2) 已贴用的印花税票揭下重用造成未缴或少缴印花税的，由税务机关追缴其不缴或者少缴的税款、滞纳金，并处不缴或者少缴的税款 50%以上 5 倍以下的罚款；构成犯罪的，依法追究刑事责任。

(3) 伪造印花税票的，由税务机关责令改正，处以 2 000 元以上 1 万元以下的罚款；情节严重的，处以 1 万元以上 5 万元以下的罚款；构成犯罪的，依法追究刑事责任。

(4) 按期汇总缴纳印花税的纳税人，超过税务机关核定的纳税期限，未缴或少缴印花税款的，由税务机关追缴其不缴或者少缴的税款、滞纳金，并处不缴或者少缴的税款 50%以上 5 倍以下的罚款；情节严重的，同时撤销其汇缴许可证；构成犯罪的，依法追究刑事责任。

(5) 纳税人违反以下规定的，由税务机关责令限期改正，可处以 2 000 元以下的罚款，情节严重的，处以 2 000 元以上 1 万元以下的罚款：①凡汇总缴纳印花税的凭证，应加注税务机关指定的汇缴戳记，编号并装订成册后，将已贴印花或者缴款书的一联粘附册后，盖章注销，保存备查；②纳税人对纳税凭证应妥善保存。凭证的保存期限，凡国家已有明确规定的，按规定办；没有明确规定的，其余凭证均应在履行完毕后保存一年。

(6) 代售户对取得的税款逾期不缴或者挪作他用，或者违反合同将所领印花税票转托他人代售或者转至其他地区销售，或者未按规定详细提供领、售印花税票情况的，税务机关可视其情节轻重，给予警告或者取消其代售资格的处罚。

四、印花税的会计核算

由于企业缴纳的印花税，不会发生应付未付税款的情况，不需要预计应纳税额，同时也不存在与税务机关结算或清算的问题，因此企业缴纳的印花税不需要通过“应交税费”科目核算。由于印花税的适用范围较广，其记入科目应视业务的具体情况予以确定。

(1) 若是固定资产、无形资产的购销、转让，作为买方或承受方，其支付的印花税，应借记“固定资产”“无形资产”科目；作为卖方或转让方，其支付的印花税应借记“固定资产清理”“营业外支出”等科目。

(2) 在企业租赁固定资产、无形资产等时，租入方应支付的印花税借记“营业税金及附加”科目，租出方应支付的印花税，借记“固定资产清理”或“其他业务成本”等科目。

(4) 在其他情况下，企业支付的印花税，则借记“营业税金及附加”科目。

任务九 车辆购置税及其会计核算

一、车辆购置税概述

(一)车辆购置税的概念

车辆购置税是以在中国境内购置规定的车辆为课税对象、在特定的环节向车辆购置者征收的一种税。就其性质而言，属于直接税的范畴。

车辆购置税于2001年1月1日在我国实施，是一个新的税种，是在原交通部门收取的车辆购置附加费的基础上，通过“费改税”方式演变而来的。车辆购置税基本保留了原车辆购置附加费的特点。征收车辆购置税有利于合理筹集财政资金，规范政府行为，调节收入差距，也有利于配合打击车辆走私和维护国家权益。

(二)车辆购置税的纳税人

车辆购置税的纳税义务人是指在中华人民共和国境内购置应税车辆的单位和个人。车辆购置税纳税义务人的范围包括单位和个人。

(1) “单位”是指国有企业、集体企业、私营企业、股份制企业、外商投资企业、外国企业以及其他企业和事业单位、社会团体、国家机关、部队以及其他单位。

(2) “个人”是指个体工商业户及其他个人。泛指具有民事权利能力，依法享有民事权利、承担民事义务的自然人，包括中华人民共和国公民和外国公民。

(三)征税对象

车辆购置税以应税车辆为征税对象，实行从价定率、价外征收的方法计算应纳税额，应税车辆的价格即计税价格就成为车辆购置税的计税依据。具体来讲，车辆购置税的应税行为包括以下几种情况。

(1) 购买使用行为：包括购买使用国产应税车辆和购买使用进口应税车辆。当纳税人购置应税车辆时，就发生了应税行为，就要依法纳税。

(2) 进口使用行为：是指直接进口使用应税车辆的行为。

(3) 受赠使用行为：受赠是指接受他人馈赠。对馈赠人而言，在发生财产所有权转移后，应税行为一同转移，不再是纳税人，而作为受赠人在接受使用(包括接受免税车辆)后，就发生了应税行为，就要承担纳税义务。

(4) 自产自用行为：自产自用是指纳税人将自己生产的应税车辆作为最终消费品用于

自己消费使用，其消费行为已构成了应税行为。

(5) 获奖使用行为：包括从各种奖励形式中取得并使用应税车辆的行为。

(6) 其他使用行为：是指除上述以外其他方式取得并使用应税车辆的行为，如拍卖、抵债、走私、罚没等方式取得并自用的应税车辆。

(四)税率

我国车辆购置税实行统一比例税率(是指一个税种只设计一个比例的税率)，税率为10%。

二、车辆购置税的计算

车辆购置税以应税车辆为征税对象，考虑到我国车辆市场供求的矛盾，价格差异变化，计量单位不规范以及征收车辆购置附加费时的做法，实行从价定率、价外征收的方法计算应纳税额，应税车辆的价格即计税价格就成为车辆购置税的计税依据。但是，由于应税车辆购置的来源不同，应税行为的发生不同，计税价格的组成也就不一样。因此，车辆购置税计税依据的构成也就不同。

车辆购置税计税价格按照以下情形确定。

(1) 纳税人购买自用的应税车辆，计税价格为纳税人购买应税车辆而支付给销售者的全部价款和价外费用，不包含增值税税款。

(2) 纳税人进口自用的应税车辆。计税价格的计算公式如下。

计税价格=关税完税价格+关税+消费税

(3) 纳税人购买自用或者进口自用应税车辆，申报的计税价格低于同类型应税车辆的最低计税价格，又无正当理由的，计税价格为国家税务总局核定的最低计税价格。

(4) 纳税人自产、受赠、获奖或者以其他方式取得并自用的应税车辆的计税价格，主管税务机关参照国家税务总局规定的最低计税价格核定。

(5) 国家税务总局未核定最低计税价格的车辆，计税价格为纳税人提供的有效价格证明注明的价格。有效价格证明注明的价格明显偏低的，主管税务机关有权核定应税车辆的计税价格。

(6) 进口旧车、因不可抗力因素导致受损的车辆、库存超过 3 年的车辆、行驶 8 万公里以上的试验车辆、国家税务总局规定的其他车辆，计税价格为纳税人提供的有效价格证明注明的价格。纳税人无法提供车辆有效价格证明的，主管税务机关有权核定应税车辆的计税价格。

(7) 免税条件消失的车辆，自初次办理纳税申报之日起，使用年限未满 10 年的，计税价格以免税车辆初次办理纳税申报时确定的计税价格为基准，每满 1 年扣减 10%；未满 1 年的，计税价格为免税车辆的原计税价格；使用年限 10 年(含)以上的，计税价格为 0。

价外费用是指销售方价外向购买方收取的基金、集资费、违约金(延期付款利息)和手续费、包装费、储存费、优质费、运输装卸费、保管费以及其他各种性质的价外收费，但不包括销售方代办保险等而向购买方收取的保险费，以及向购买方收取的代购买方缴纳的车辆购置税、车辆牌照费。

最低计税价格是指国家税务总局依据机动车生产企业或者经销商提供的车辆价格信息，参照市场平均交易价格核定的车辆购置税计税价格。

车辆购置税最低计税价格管理办法由国家税务总局另行制定。

主管税务机关应对纳税申报资料进行审核，确定计税价格，征收税款，核发完税证明。

【例 5-29】 张某 2016 年 7 月 8 日，从上海大众汽车有限公司购买一辆桑塔纳轿车供自己使用，支付增值税车价款 106 000 元，另支付代收临时牌照费 150 元，代收保险费 352 元。支付的各项价费款均由上海大众汽车有限公司开具“机动车销售统一发票”和有关票据。请计算张某的车辆购置税应纳税额。

计税价格= (106 000 + 150 + 352)÷(1 + 17%) = 91 027.35(元)

应纳税额= 91 027.35 × 10% = 91 02.735(元)

三、车辆购置税的税收优惠与征收管理

(一)车辆购置税的税收优惠

我国车辆购置税实行法定减免税。减税免税范围的具体规定如下。

(1) 外国驻华使馆、领事馆和国际组织驻华机构及其外交人员自用车辆免税。

(2) 中国人民解放军和中国人民武装警察部队列入军队武器装备订货计划的车辆免税。

(3) 设有固定装置的非运输车辆免税。

(4) 有国务院规定予以免税或者减税的其他情形的，按照规定免税或者减税。根据现行政策规定，上述“其他情形”的车辆，目前主要有以下几种：①防汛部门和森林消防部门用于指挥、检查、调度、报汛(警)、联络的由指定厂家生产的设有固定装置的指定型号的车辆；②回国服务的在外留学人员用现汇购买一辆个人自用国产小汽车；③长期来华定居专家进口一辆自用小汽车。

(5) 城市公交企业自 2012 年 1 月 1 日起至 2015 年 12 月 31 日止，购置的公共汽电车

辆免征车辆购置税。

(6) 自2004年10月1日起，对农用运输车免征车辆购置税。

(二)车辆购置税的征收管理

自2015年2月1日起施行国家税务总局公布的《车辆购置税征收管理办法》，车辆购置税的征收规定如下。

1. 纳税申报

(1) 纳税地点。纳税人应到下列地点办理车辆购置税纳税申报：①需要办理车辆登记注册手续的纳税人，向车辆登记注册地的主管税务机关办理纳税申报；②不需要办理车辆登记注册手续的纳税人，向纳税人所在地的主管税务机关办理纳税申报。

(2) 车辆购置税实行一车一申报制度。

(3) 纳税期限。纳税人购买自用应税车辆的，应自购买之日起60日内申报纳税；进口自用应税车辆的，应自进口之日起60日内申报纳税；自产、受赠、获奖或者以其他方式取得并自用应税车辆的，应自取得之日起60日内申报纳税。

(4) 免税车辆因转让、改变用途等原因，其免税条件消失的，纳税人应在免税条件消失之日起60日内到主管税务机关重新申报纳税。

免税车辆发生转让，但仍属于免税范围的，受让方应当自购买或取得车辆之日起60日内到主管税务机关重新申报免税。

(5) 纳税人办理纳税申报时应如实填写《车辆购置税纳税申报表》(以下简称纳税申报表)，同时提供以下资料：纳税人身份证明；车辆价格证明；车辆合格证明；税务机关要求提供的其他资料。

(6) 免税条件消失的车辆，纳税人在办理纳税申报时，应如实填写纳税申报表，同时提供以下资料：发生二手车交易行为的，提供纳税人身份证明、《二手车销售统一发票》和《车辆购置税完税证明》(以下简称完税证明)正本原件；未发生二手车交易行为的，提供纳税人身份证明、完税证明正本原件及有效证明资料。

主管税务机关对已经办理纳税申报车辆的征管资料及电子信息按规定保存。

2. 车辆购置税的退税制度

已缴纳车辆购置税的车辆，发生下列情形之一的，准予纳税人申请退税：①车辆退回生产企业或者经销商的；②符合免税条件的设有固定装置的非运输车辆但已征税的；③其他依据法律法规规定应予退税的情形。

纳税人申请退税时，应如实填写《车辆购置税退税申请表》(以下简称退税申请表)，由本人、单位授权人员到主管税务机关办理退税手续，按下列情况分别提供资料：①车辆退回生产企业或者经销商的，提供生产企业或经销商开具的退车证明和退车发票。②未办理车辆登记注册的，提供原完税凭证、完税证明正本和副本；已办理车辆登记注册的，提供原完税凭证、完税证明正本、公安机关车辆管理机构出具的机动车注销证明。

四、车辆购置税的会计核算

企业购置(包括购买、进口、自产、受赠、获奖或者以其他方式取得并自用)应税车辆，按规定缴纳的车辆购置税，借记“固定资产”等科目，贷记“银行存款”科目。

案例导入分析

解析：

(1) 外销原煤的应纳资源税税额如下。

应纳税额 =50× 10%= 5(万元)

(2) 甲煤矿无偿赠送乙煤矿 2 000 吨原煤，视同销售计算应纳税额，按纳税人最近时期同类货物销售价格计税。

应纳税额=50× 10%= 5(万元)

(3) 甲煤矿将开采的原煤继续加工为洗煤的，在原煤移送使用环节不缴纳资源税，将开采的原煤继续加工为洗煤对外销售的，以洗选煤销售额乘以折算率作为应税煤炭的销售额。

应纳税额=93.6÷(1+17%)× 50%× 10%= 4 (万元)

(4) 将开采的原煤继续加工为洗煤自用的，视同销售，以洗选煤销售额乘以折算率作为应税煤炭的销售额。

应纳税额=93.6÷(1+17%)× 50%× 10%= 4 (万元)

甲煤矿当日应缴纳的资源税税额合计=5+5+4+4=18(万元)。

项目实务训练

一、单项选择题

1. 以下资源中，属于资源税应税产品的是(　　)。

A. 加热、修井原油　　　　B. 柴油

C. 人造石油　　　　　　　D. 天然原油

2. 以下单位中，属于资源税纳税人的是(　　)。

A. 生产天然气的油田　　B. 销售天然气的天然气公司
C. 出口天然气的石化进出口公司　　D. 使用天然气的用户

3. 下列油类产品中，应征资源税的是(　　)。
A. 人造石油　　B. 天然原油　　C. 汽油　　D. 煤炭制品

4. 城镇土地使用税纳税人以(　　)的土地面积为计税依据。
A. 自用　　B. 拥有　　C. 实际占用　　D. 被税务机关认定

5. 耕地占用税的税率政策实行(　　)。
A. 地区差别比例税率　　B. 地区差别定额税率
C. 固定比例税率　　D. 固定税额

6. 城市维护建设税的计税依据是(　　)。
A. 纳税人应缴的增值税、消费税
B. 纳税人实缴的增值税、消费税
C. 纳税人欠缴的增值税、消费税
D. 纳税人违法行为的罚款

7. 当车船拥有人将车船出租给使用人时，应由(　　)纳税。
A. 车船使用人　　B. 车船拥有人
C. 租赁双方　　D. 租赁双方商定的纳税人

8. 我国不征收房产税的地方是(　　)。
A. 城市的市区　　B. 县城　　C. 建制镇　　D. 农村

9. 房产税的计税依据是(　　)。
A. 房产原值　　B. 房产余值　　C. 房产净值　　D. 房产市价

10. 房屋产权证属印花税的应税凭证，其纳税义务人为(　　)。
A. 建房单位　　B. 售房单位　　C. 用房单位　　D. 发证机关

11. 下列不在契税征税范围内的是(　　)。
A. 国有土地使用权的出让　　B. 国有土地使用权的转让
C. 房屋买卖　　D. 农村集体土地承包经营权的转让

12. 合同在征收印花税时其纳税人是(　　)。
A. 当事人　　B. 担保人　　C. 公证人　　D. 签订人

13. 车辆购置税的税率为(　　)。
A. 10%　　B. 13%　　C. 15%　　D. 17%

14. 契税的适用税率为(　　)。
A. 定额税率　　B. 复合税率
C. 幅度比例税率　　D. 累进税率

二、多项选择题

1. 资源税的项目共有7个，其中包括(　　)。

A. 天然气　　B. 天然矿泉水

C. 盐　　D. 煤炭制品

2. 资源税的纳税环节应当是(　　)。

A. 开采时　　B. 移送使用时

C. 生产销售时　　D. 最终消费时

3. 免缴城镇土地使用税的土地包括(　　)。

A. 直接用于农、林、牧、渔业的生产用地

B. 个人所有的住宅及院落用地

C. 国家机关自用的土地

D. 生产企业闲置的土地

4. 城镇土地使用税的纳税人包括(　　)。

A. 拥有土地使用权的单位和个人　　B. 土地的实际使用人

C. 土地的代管人　　D. 土地使用权共有的各方

5. 下列项目免征耕地占用税的有(　　)。

A. 农村新建住宅用地

B. 部队军事设施用地

C. 幼儿园、各类全日制学校用地

D. 安置水库移民、灾民、难民建房用地

6. 下列各项中，应纳契税的有(　　)。

A. 甲接受捐赠房子　　B. 乙出典房子

C. 丙购买房子　　D. 丁承租房子

7. 下列收入中，应征城市维护建设税的有(　　)。

A. 管道运输取得的收入　　B. 接受捐赠计入“资本公积”的收入

C. 寺庙出售纪念品的收入　　D. 商场销售彩电的收入

8. 按税法规定，应征车船税的范围有(　　)。

A. 救护车　　B. 警用车辆

C. 工商部门执法车　　D. 出租汽车

9. 可享受免征车船税的车船有(　　)。

A. 捕捞渔船　　B. 养殖渔船　　C. 非机动驳船　　D. 拖船

10. 免征房产税的房产包括(　　)。

A. 国家机关、人民团体、军队的房产

B. 个人所有非营业用的房产

C. 宗教寺庙、公园、名胜古迹的房产

D. 经财政部批准免税的其他房产

11. 下列凭证免纳印花税的有(　　)。

A. 无息、贴息贷款

B. 建筑安装工程承包合同

C. 工商营业执照

D. 外国政府向我国政府提供优惠贷款所立的合同

12. 车辆购置税的征税范围包括(　　)。

A. 纳税人购买的应税车辆

B. 纳税人中奖所得的应税车辆

C. 纳税人接受捐赠取得的应税车辆

D. 纳税人自产自用的应税车辆

13. 下列关于印花税计税依据的说法中，正确的是(　　)。

A. 合同上记载的收入金额

B. 合同上记载的费用金额

C. 营业执照上记载的注册资本金金额

D. “实收资本”和“资本公积”账簿上记载的金额

14. 印花税的纳税方法有(　　)。

A. 自行贴花　　B. 汇贴或汇缴　　C. 委托代征　　D. 代扣代缴

15. 契税的征税范围包括(　　)。

A. 出让国有土地使用权　　B. 买卖房屋

C. 转让土地使用权　　D. 交换房屋

三、判断题

1. 资源税实行从量定额和从价定率两种征收方法。(　　)

2. 资源税的纳税人是从事应税资源开采或生产而进行销售或自用的内资企业和个人。(　　)

3. 经济落后地区，土地使用税的适用税额标准可适当降低，但降低额不得超过规定税额的最低限的30%。(　　)

4. 农村居民搬迁，原宅基地恢复耕种，新建住宅用地免征耕地占用税。(　　)

5. 城市维护建设税法适用于外商投资企业和外国企业。(　　)

6. 发生增值税、消费税、营业税减征时，不减征城市维护建设税。(　　)

7. 车船税纳税义务发生时间为取得车船所有权或者管理权的当月。 ( )

8. 农民自用房屋，按房产余值征收 1.2%的房产税。 ( )

9. 由国家财政部门拨付事业经费的单位，其经费来源实行自收自支后，可以免征房产税。 ( )

10. 纳税单位与免税单位共同使用的房屋，应征收房产税。 ( )

11. 如果一份合同由两方或两方以上当事人共同签订，签订合同的各方都是印花税的纳税义务人。 ( )

12. 记载资金的账簿，每年应以“实收资本”和“资本公积”两项账面余额合计金额计税贴花。 ( )

13. 财产所有人将财产赠给学校所立的书据，可以免征印花税。 ( )

14. 以预购方式或预付集资建房款方式承受土地、房屋权属的不纳契税。 ( )

15. 车辆购置税的征税范围包括所有机动车辆。 ( )

四、业务题

1. 某市一购物中心实行统一核算，其土地使用证上载明，该企业实际占用土地情况为：中心店占用面积为 10 660 平方米，一分店占地 4 680 平方米，二分店占地 7 540 平方米，企业仓库占地 8 190 平方米，企业自办托儿所占地 468 平方米，经税务机关确认，该企业所占用的土地适用的税额如下：中心店每平方米年税额 7 元，一分店每平方米年税额 5 元，二分店每平方米年税额 4 元，企业仓库每平方米年税额 1 元，托儿所每平方米年税额 5 元(该市政府规定，企业自办托儿所用地免征城镇土地使用税)。

要求：计算 2015 年该购物中心应纳城镇土地使用税税额。

2. 某房地产开发公司出售一幢写字楼，收入总额为 15 000 万元。开发该写字楼有关支出如下：支付地价款及各项费用 1 500 万元，房地产开发成本 4 500 万元；财务费用中的利息支出为 600 万元(可按转让项目计算分摊并提供金融机构证明)，转让环节缴纳的有关税费共计为 800 万元；该单位所在地政府规定的其他房地产开发费用计算扣除比例为 5%，请计算该房地产开发公司应缴纳的土地增值税。

3. 某国有企业在其城市市区有两幢房屋，其中一幢用于企业生产经营，其账面原值为 500 万元，2015 年初对这幢房屋进行了装修，花费了 80 万元，另外一幢房屋租给某私营企业，年租金收入为 30 万元，当地规定允许减除房产原值的 20%。

要求：计算该企业 2015 年应缴纳的房产税税额。

4. 某运输公司拥有载货汽车 18 辆(货车的载重净吨位全部为 5 吨)；乘人大客车 40 辆(其中 32 座车 15 辆，28 座车 25 辆)；小客车 8 辆(均为 10 座车)。

要求：计算该企业 2015 年应纳的车船税税额(该企业所在地规定载货汽车年纳税额为每吨 40 元，乘人汽车 31 座以上的每辆 180 元，12～30 座的每辆 150 元，11 座以下的每辆

140 元)。

5. 某企业 2015 年 2 月开业，领受房产权证、工商营业执照、土地使用证各一件，与其他企业订立转移专有技术使用权书据一件，所载金额为 100 万元；订立产品购销合同两件，所载金额为 180 万元；订立借款合同一份，所载金额为 60 万元；此外，企业的营业账簿中，“实收资本”科目载有资金为 800 万元。其他营业账簿 24 本。2015 年 12 月该企业“实收资本”所载资金增加为 1 000 万元。

要求：计算该企业 2015 年 2 月份应纳的印花税和 12 月份应补缴的印花税税额。

项目六　企业所得税及其会计核算

项目目的及要求

通过本项目的学习，学生应了解企业所得税的纳税人和征税对象、税率、纳税期限等内容；理解并掌握企业所得税应纳税额的计算方法；掌握企业所得税的会计处理方法；熟悉企业所得税的纳税申报等业务。

项目重点和难点

本项目的学习重点是企业所得税的要素、应纳税额的计算及会计处理，难点是企业所得税应纳税额的计算及会计处理。

案例导入

某市一家制造企业，2015 年实现税前收入总额 2 000 万元(其中包括产品销售收入 1 800 万元，购买国库券利息收入 200 万元)，发生各项成本费用共计 1000 万元，其中包括：合理的工资薪金总额 200 万元，业务招待费 100 万元，职工福利费 50 万元，职工教育经费 2 万元，工会经费 10 万元，税收滞纳金 10 万元，通过红十字会向灾区捐款 150 万元，另发生其他税前可扣除成本 478 万元。

要求：请分析计算这家企业当年应纳的企业所得税税额是多少(假定该企业以前年度无未弥补亏损)。

任务一　企业所得税概述

一、企业所得税的概念及特点

(一)企业所得税的概念

企业所得税是以中国境内企业的生产经营所得和其他所得为征税对象依法征收的所得税。它是国家参与企业利润分配的重要手段。

现行企业所得税法的基本规范是 2007 年 3 月 16 日第十届全国人民代表大会第五次全体会议通过的《企业所得税法》，以及 2007 年 11 月 28 日国务院第 197 次常务会议通过、

并于2008年1月1日施行的《企业所得税法实施条例》。新企业所得税法的颁布实施在我国税收法治建设中具有重要的意义，标志着我国税收制度逐渐走向了成熟和完善。

(二)企业所得税的特点

企业所得税具有与商品劳务税不同的性质，其特点体现在以下四个方面。

(1) 将企业划分为居民企业和非居民企业。现行企业所得税将纳税人划分为居民企业和非居民企业两大类。居民企业承担全面的纳税义务，即来源于我国境内外的所得均需要向中国政府申报纳税；而非居民企业只承担有限的纳税义务，即仅就来源于中国境内的所得向中国政府申报纳税。

(2) 征税对象为应纳税所得额。企业所得税以应纳税所得额为计税依据，而不是企业的利润总额。但应纳税所得额与利润总额又有联系，应纳税所得额是在利润总额的基础上调整计算的。

(3) 征税以量能负担为原则。企业所得税以企业的生产经营所得和其他收入为征税对象，所得多的多征，所得少的少征，没有所得的不征，能充分体现税收的公平负担的原则。而不像流转税那样不需要核算成本，只要取得收入就征税，不管盈利还是亏损。

(4) 企业所得税实行按年计征、分期预缴的办法。企业所得税以纳税人一个纳税年度内的应纳税所得额为计税依据，按年计算，分月或者分季预缴，年终汇算清缴，多退少补。月份或者季度终了后15日内预缴，年度终了后5个月内汇算清缴，多退少补。

二、企业所得税的纳税人

在中华人民共和国境内的企业和其他取得收入的组织(以下统称企业)为企业所得税的纳税人，依照企业所得税法的规定缴纳企业所得税。个人独资企业、合伙企业不适用企业所得税法。

新企业所得税将企业分为居民企业和非居民企业。居民企业承担全面纳税义务，应就来源于中国境内、境外的所得作为征税对象缴纳企业所得税。非居民企业仅承担有限纳税义务，仅就其来源于中国境内的所得作为征税对象缴纳所得税。

居民企业是指依法在中国境内成立，或者依照外国(地区)法律成立但实际管理机构在中国境内的企业，包括国有企业、集体企业、私营企业、联营企业、股份制企业、外商投资企业、外国企业，以及有生产经营所得和其他所得的其他组织(具体是指经国家有关部门批准，依法注册、登记的事业单位、社会团体等组织)。实际管理机构是指对企业的生产经营、人员、账务、财产等实施实质性全面管理和控制的机构。

非居民企业是指依照外国(地区)法律成立且实际管理机构不在中国境内，但在中国境内设立机构、场所的，或者在中国境内未设立机构、场所，但有来源于中国境内所得的企业。机构、场所是指在中国境内从事生产经营活动的机构、场所，包括其营业代理人。

三、企业所得税的征税对象

(一)居民企业的征税对象

居民企业承担全面纳税义务，应就来源于中国境内、境外的所得作为征税对象缴纳企业所得税。应税所得具体包括销售货物所得、提供劳务所得、转让财产所得、股息红利等权益性投资所得、利息所得、租金所得、特许权使用费所得、接受捐赠所得和其他所得。

(二)非居民企业的征税对象

非居民企业仅承担有限纳税义务，仅就其来源于中国境内所得部分缴纳所得税。这种所得税也称为预提所得税。预提所得税不是一个单独的税种，而是一种税款的缴纳方式。

(1) 非居民企业在中国境内设立机构、场所的，应当就其所设机构、场所取得的来源于中国境内的所得，以及发生在中国境外但与其所设机构、场所有实际联系的所得，缴纳企业所得税。

(2) 非居民企业在中国境内未设立机构、场所的，或者虽设立机构、场所但取得的所得与其所设机构、场所没有实际联系的，应当就其来源于中国境内的所得缴纳企业所得税。实际联系是指非居民企业在中国境内设立的机构、场所拥有据以取得所得的股权、债权，以及拥有、管理、控制据以取得所得的财产等。

四、企业所得税的税率

(一)基本税率

企业所得税的基本税率为 25%，适用于居民企业和在中国境内设立机构、场所且所得与机构、场所有关联的非居民企业。

(二)低税率

企业所得税的低税率为 20%，适用于在中国境内未设立机构、场所的，或者虽设立机构、场所但取得的所得与其所设机构、场所没有实际联系的非居民企业。但实际征税时适用 10%的税率。

任务二　企业所得税的计算

一、企业所得税应纳税所得额的确定

企业所得税的计税依据，是企业的应纳税所得额。应纳税所得额是指纳税人每一纳税年度的收入总额减去准予扣除项目金额后的余额。即

应纳税所得额=应税收入总额－扣除项目金额

(一)应纳税所得额的计算

在实际工作中，应纳税所得额的计算一般有以下两种方法。

1. 直接计算法

在直接计算法下，应纳税所得额的计算公式如下。

应纳税所得额=收入总额-不征税收入-免税收入-扣除额-允许弥补的以前年度亏损

2. 间接计算法

在间接计算法下，应纳税所得额的计算公式如下。

应纳税所得额 = 会计利润＋纳税调整增加额－纳税调整减少额

应纳税所得额与会计利润是两个不同的概念，两者既有联系又有区别。应纳税所得额是一个税收概念，是根据企业所得税法按照一定的标准确定的，是纳税人在一个时期内应缴企业所得税的计税依据。而会计利润则是一个会计核算概念，反映的是企业一定时期内生产经营的财务成果。会计利润是确定应纳税所得额的基础，但是不等同于应纳税所得额。企业按照财务会计制度的规定进行核算得出的会计利润，根据税法规定作相应的纳税调整后，才能作为应纳税所得额。

企业应纳税所得额的计算，以权责发生制为原则，属于当期的收入和费用，不论款项是否收付，均作为当期的收入和费用；不属于当期的收入和费用，即使款项已经在当期收付，均不作为当期的收入和费用。

(二)收入总额

收入总额是指企业以货币形式和非货币形式从各种来源取得的收入。企业以非货币形式取得的收入，应当按照公允价值确定收入额。公允价值是指按照市场价格确定的价值。

(1) 销售货物收入：是指企业销售商品、产品、原材料、包装物、低值易耗品以及其他存货取得的收入。

(2) 提供劳务收入：是指企业从事建筑安装、修理修配、交通运输、加工以及其他劳务服务活动取得的收入。

(3) 转让财产收入：是指企业转让固定资产、生物资产、无形资产、股权、债权等财产取得的收入。

(4) 股息、红利等权益性投资收益：是指企业因权益性投资从被投资方取得的收入。

(5) 利息收入：是指企业将资金提供他人使用但不构成权益性投资，或者因他人占用本企业资金取得的收入，包括存款利息、贷款利息、债券利息、欠款利息等收入。

(6) 租金收入：是指企业提供固定资产、包装物或者其他有形资产的使用权取得的收入。

(7) 特许权使用费收入：是指企业提供专利权、非专利技术、商标权、著作权以及其他特许权的使用权取得的收入。

(8) 接受捐赠收入：是指企业接受的来自其他企业、组织或者个人无偿给予的货币性资产、非货币性资产。

(三)不征税收入

新所得税法中，首次严格区分“不征税收入”和“免税收入”。“不征税收入”具体如下。

(1) 财政拨款是指各级政府对纳入预算管理的事业单位、社会团体等组织拨付的财政资金，但国务院以及国务院财政、税务主管部门另有规定的除外。

(2) 依法收取并纳入财政管理的行政事业性收费、政府性基金。行政事业性收费是指企业根据法律法规等有关规定，依照国务院规定程序批准，在实施社会公共管理，以及在向公民、法人或者其他组织提供特定公共服务过程中，向特定对象收取并纳入财政管理的费用。政府性基金是指企业根据法律、行政法规等有关规定，代政府收取的具有专项用途的财政资金。

(3) 国务院规定的其他不征税收入是指企业取得的，经国务院批准的国务院财政、税务主管部门规定专项用途的财政性资金。

(四)免税收入

“免税收入”本身已构成应税收入但予以免除，具体如下。

(1) 国债利息收入是指企业持有国务院财政部门发行的国债取得的利息收入。

(2) 符合条件的居民企业之间的股息、红利等权益性投资收益，是指居民企业直接投资于其他居民企业取得的投资收益。

(3) 在中国境内设立机构、场所的非居民企业从居民企业取得与该机构、场所有实际联系的股息、红利等权益性投资收益。

(4) 符合条件的非营利组织的收入。符合条件的非营利组织是指同时符合下列条件的组织：①依法履行非营利组织登记手续；②从事公益性或者非营利性活动；③取得的收入除用于与该组织有关的、合理的支出外，全部用于登记核定或者章程规定的公益性或者非营利性事业；④财产及其孳息不用于分配；⑤按照登记核定或者章程规定，该组织注销后的剩余财产用于公益性或者非营利性目的，或者由登记管理机关转赠给与该组织性质、宗旨相同的组织，并向社会公告；⑥投入人对投入该组织的财产不保留或者享有任何财产权利；⑦工作人员工资福利开支控制在规定的比例内，不变相分配该组织的财产。非营利组织的下列收入为免税收入：①接受其他单位或者个人捐赠的收入；②按照省级以上民政、财政部门规定收取的会费；③财政部、国家税务总局规定的其他收入。

(五)扣除项目

1. 税前扣除应遵循的原则

企业在生产经营活动中所发生的费用支出必须严格区分为收益性支出和资本性支出。纳税人申报的扣除项目要真实、合法。

2. 扣除项目的基本范围

企业实际发生的与取得收入有关的、合理的支出，包括成本、费用、税金、损失和其他支出，准予在计算应纳税所得额时扣除。

(1) 成本：是指企业在生产经营活动中发生的销售成本、销货成本、业务支出以及其他耗费。

(2) 费用：是指企业在生产经营活动中发生的销售费用、管理费用和财务费用，已经计入成本的有关费用除外。

(3) 税金：是指企业发生的除企业所得税和允许抵扣的增值税以外的各项税金及其附加。即纳税人按规定缴纳的消费税、营业税、资源税、土地增值税、出口关税、城市维护建设税、教育费附加等主营业务税金及附加(六税一费)，以及计入管理费用的房产税、车船税、城镇土地使用税、印花税等可以扣除。企业缴纳的房产税、车船税、城镇土地使用税、印花税等，已经计入管理费用并从中扣除的，不再作销售税金单独扣除。企业缴纳的增值税因其属于价外税，故不在所得税税前扣除之列。

(4) 损失：是指企业在生产经营活动中发生的固定资产和存货的盘亏、毁损、报废损失，转让财产损失，呆账损失，坏账损失，自然灾害等不可抗力因素造成的损失以及其他损失。企业发生的损失，减除责任人赔偿和保险赔款后的余额，依照国务院财政、税务主管部门的规定扣除。企业已经作为损失处理的资产，在以后纳税年度又全部收回或者部分收回时，应当计入当期收入。

3. 部分扣除项目的具体范围和标准

新所得税法统一规范了内外资企业的税前扣除范围和标准。与原税法相比，税前扣除项目的整体变化趋势是：取消或放宽扣除项目的数额限制，更为强调“合理”的原则。

1) 工资、薪金支出

企业实际发生的合理的职工工资薪金，准予在税前扣除。税前允许扣除的工资薪金是指企业每一纳税年度支付给在本企业任职或者受雇的员工的所有现金和非现金形式的劳动报酬，包括基本工资、奖金、津贴、补贴、年终加薪、加班工资，以及与任职或者受雇有关的其他支出。

2) 职工福利费、职工工会经费和职工教育经费

(1) 企业发生的职工福利费支出，不超过工资薪金总额14%的部分，准予扣除。

(2) 企业拨缴的职工工会经费支出，不超过工资薪金总额2%的部分，准予扣除。

(3) 企业发生的职工教育经费支出，不超过工资薪金总额2.5%的部分，准予扣除，超过部分准予在以后纳税年度结转扣除。

3) 基本社会保险费和住房公积金

企业按照国务院有关主管部门或者省级人民政府规定的范围和标准为职工缴纳的五险一金，即基本养老保险费、基本医疗保险费、失业保险费、工伤保险费、生育保险费等基本社会保险费和住房公积金，准予扣除。企业为投资者或者职工支付的补充养老保险费、补充医疗保险费，在规定的范围和标准内，准予扣除。

企业参加财产保险，按规定缴纳的保险费，准予扣除。企业为投资者或者职工支付的商业保险费，不得扣除。

4) 借款利息费用

企业在生产经营活动中发生的利息支出，按下列规定准予扣除：①非金融企业向金融企业借款的利息支出、金融企业的各项存款利息支出和同业拆借利息支出、企业经批准发行债券的利息支出；非金融企业向非金融企业借款的利息支出，不超过按照金融企业同期同类贷款利率计算的数额的部分。②企业在生产经营活动中发生的合理的不需要资本化的借款费用，准予扣除。③企业为购置、建造固定资产、无形资产和经过12个月以上的建造才能达到预定可销售状态的存货发生借款的，在有关资产购置、建造期间发生的合理的借款费用，应当予以资本化，作为资本性支出计入有关资产的成本，依照规定扣除；有关资产交付使用后发生的借款费用，可在当期扣除。

【例6-1】 某企业2015年度会计利润20万元，财务费用中扣除了两项利息支出，一项是银行流动资金借款200万元，借期6个月，付息4.5万元；另一项是向其他单位借款50万元，借期9个月，支付利息2.25万元。另外，在财务费用中，还计入了工程借款利息

5万元，则该企业当年企业所得税计算如下。

银行年利率= 4.5 ÷ 200 ÷ 2 = 4.5%

向其他单位借款税法标准= 50 × 4.5% × 9÷12 = 1.69(万元)

调增应纳税所得额= 2.25 − 1.69 = 0.56(万元)

应纳税额= (20 + 0.56 + 5) × 25% = 6.39(万元)

5)　汇兑损失

企业在货币交易中，以及纳税年度终了时将人民币以外的货币性资产、负债按照期末即期人民币汇率中间价折算为人民币时产生的汇兑损失，除已经计入有关资产成本以及已向所有者进行利润分配相关的部分外，准予扣除。

6)　业务招待费

考虑到商业招待和个人消费之间难以区分，为加强管理，同时借鉴国际经验，新税法规定企业发生的与生产经营活动有关的业务招待费支出，按照发生额的60%扣除，但最高不得超过当年销售(营业)收入的5‰。

【例6-2】 某企业2015年的销售收入为5 000万元，实际支出的业务招待费为40万元，在计算应纳税所得额时允许扣除的业务招待费是多少？

业务招待费发生额的60%为24万元，税前扣除限额= 5 000 × 5‰ = 25(万元)

由于业务招待费发生额的60%小于当年销售收入的5‰，因此在计算应纳税所得额时按照24万元扣除，实际支出的业务招待费40万元和税前扣除的业务招待费24万元之间的差额16万元作所得税纳税调增处理。

7)　广告费和业务宣传费

企业每一纳税年度发生的符合条件的广告费和业务宣传费，除国务院财政，税务主管部门另有规定外，不超过当年销售(营业)收入15%的部分，准予扣除，超过部分，准予在以后纳税年度结转扣除。

8)　环保专项资金

企业依照法律、行政法规有关规定提取的用于环境保护、生态恢复等方面的专项资金，准予扣除。专项资金提取后改变用途的，不得扣除。

9)　保险费用

企业参加财产保险，按照规定缴纳的保险费，准予扣除。

10)　固定资产租赁费

企业根据生产经营活动的需要租入固定资产支付的租赁费，按照以下方法扣除：①以经营租赁方式租入固定资产发生的租赁费支出，按照租赁期限均匀扣除；②以融资租赁方式租入固定资产发生的租赁费支出，按照规定构成融资租入固定资产价值的部分应当提取折旧费用，分期扣除。

11) 劳动保护支出

企业发生的合理的劳动保护支出，准予扣除。

12) 公益性捐赠支出

公益性捐赠是指企业通过公益性社会团体或者县级以上人民政府及其部门，用于《中华人民共和国公益事业捐赠法》规定的公益事业的捐赠。用于公益事业的捐赠支出是指《中华人民共和国公益事业捐赠法》规定的向公益事业的捐赠支出，具体范围包括：救助灾害、救济贫困、扶助残疾人等困难的社会群体和个人的活动；教育、科学、文化、卫生、体育事业；环境保护、社会公共设施建设；促进社会发展和进步的其他社会公共和福利事业。

纳税人当期实际发生的公益性捐赠支出，不超过年度利润总额12%的部分，准予扣除。年度利润总额是指企业按照国家统一会计制度的规定计算的年度会计利润。纳税人直接向受赠人的捐赠不允许扣除。

【例 6-3】 某企业 2015 年在营业外支出中列支的通过公共机构进行的公益性捐赠为 300 万元，该企业当年会计利润 2 000 万元。请计算年末该企业调整公益性捐赠增加或减少的应纳税所得额。

公益性捐赠扣除限额= 2 000 × 12% = 240(万元)

企业调整公益性捐赠增加的应纳税所得额= 300 − 240 = 60(万元)

13) 有关资产的费用

企业转让各类固定资产发生的费用，允许扣除：企业按规定计算的固定资产折旧费、无形资产和递延资产的摊销费，准予扣除。

14) 资产损失

企业当期发生的固定资产和流动资产盘亏、毁损净损失，由其提供清查盘存资料经主管税务机关审核后，准予扣除。

15) 总机构分摊的费用

非居民企业在中国境内设立的机构、场所，就其中国境外总机构发生的与该机构、场所生产经营有关的费用，能够提供总机构出具的费用汇集范围、定额、分配依据和方法等证明文件，并合理分摊的，准予扣除。

(六)不得扣除的项目

在计算应纳税所得额时，下列项目不得扣除。

(1) 向投资者支付的股息、红利等权益性投资收益款项。

(2) 企业所得税税款。

(3) 税收滞纳金。

(4) 罚金、罚款和被没收财物的损失。

(5) 超标的捐赠支出。

(6) 赞助支出不得扣除的赞助支出是指企业发生的与生产经营活动无关的各种非广告性质支出。

(7) 未经核定的准备金支出，是指不符合国务院财政、税务主管部门规定的各项资产减值准备、风险准备等准备金支出。

(8) 企业之间支付的管理费、企业内营业机构之间支付的租金和特许权使用费，以及非银行企业内营业机构之间支付的利息，不得扣除。

(9) 与取得收入无关的其他支出。

(七)资产的税务处理

1. 固定资产的税务处理

固定资产是指企业为生产产品、提供劳务、出租或者经营管理而持有的、使用时间超过 12 个月的非货币性资产，包括房屋、建筑物、机器、机械、运输工具以及其他与生产经营活动有关的设备、器具、工具等。

1) 固定资产的计税基础

企业的各项资产，以历史成本为计税基础。历史成本是指企业取得该项资产时实际发生的支出。

企业持有各项资产期间资产增值或者减值，除国务院财政、税务主管部门规定可以确认损益外，不得调整该资产的计税基础。换言之，在持有资产期间，资产发生增值或损失，如果在税收上可以确认损益，已经计入应纳税所得额，计算缴纳企业所得税的，可以调整资产的计税基础；否则一律不得调整资产的计税基础。例如，某资产历史成本 100 万元，增值 50 万元，若增值的 50 万元在税收中确认了损益，计算缴纳了所得税，则可以将资产的计税基础调整为 150 万元，否则一律不得调整资产的计税基础。

2) 固定资产折旧的范围

下列固定资产不得计算折旧扣除：房屋、建筑物以外未投入使用的固定资产；以经营租赁方式租入的固定资产；以融资租赁方式租出的固定资产；已足额提取折旧仍继续使用的固定资产；与经营活动无关的固定资产；单独估价作为固定资产入账的土地；其他不得计算折旧扣除的固定资产。

3) 固定资产折旧的计提方法

企业应当根据与固定资产有关的经济利益的预期实现方式，合理选择固定资产的折旧方法。

可选用的折旧方法包括年限平均法、工作量法、双倍余额递减法和年数总和法等。采用年限平均法计提折旧的，折旧年限不得低于税法规定的年限。采用加速折旧法计提折旧的，最低折旧年限不得低于规定折旧年限的60%。企业的固定资产由于技术进步等原因，确需加速折旧的，可以缩短折旧年限或者采取加速折旧的方法。采用加速折旧方法的，可以采用双倍余额递减法或年数总和法。

固定资产的折旧方法一经确定，不得随意变更。

4) 固定资产折旧的计提年限

税法对固定资产最短折旧年限的具体规定如表6-1所示。

表6-1 税法对固定资产最短折旧年限的具体规定

资产类别	最短折旧年限/年
房屋、建筑物	20
飞机、火车、轮船、机器、机械和其他生产设备	10
与生产经营活动有关的器具、工具、家具等	5
飞机、火车、轮船以外的运输工具	4
电子设备	3

2. 生物资产的税务处理

生物资产是指与农业生产相关的有生命的(即活的)动物和植物。从会计核算角度看，生物资产通常分为消耗性生物资产、生产性生物资产和公益性生物资产。

1) 生物资产的计税基础

外购的生产性生物资产，以购买价款和支付的相关税费为计税基础。

通过捐赠、投资、非货币性资产交换、债务重组等方式取得的生产性生物资产，以该资产的公允价值和支付的相关税费为计税基础。

2) 生物资产的折旧方法

生产性生物资产按照直线法计算的折旧，准予扣除。

生产性生物资产的折旧方法与固定资产的折旧方法相同。

3) 最短折旧年限

林木类生产性生物资产最短折旧年限为10年。

畜类生产性生物资产最短折旧年限为3年。

3. 无形资产的税务处理

无形资产是指企业为生产产品、提供劳务、出租或者经营管理而持有的、没有实物形

态的非货币性长期资产。

1) 无形资产的计税基础

外购的无形资产，以购买价款和支付的相关税费，以及直接归属于使该资产达到预定用途发生的其他支出为计税基础。

自行开发的无形资产，按开发过程中符合资本化条件后至达到预定用途前发生的实际支出作为计税基础。

研究阶段和不符合资本化条件的开发阶段的支出应计入当期的费用，在税前一次性扣除；开发过程中符合资本化条件后至达到预定用途前发生的实际支出作为资本性支出，计入无形资产的计税基础，分期摊销。

在开发阶段，判断可以将有关支出资本化计入无形资产成本的条件包括：①完成该无形资产以使其能够使用或出售在技术上具有可行性；②具有完成该无形资产并使用或出售的意图；③无形资产产生经济利益的方式，包括能够证明运用该无形资产生产的产品存在市场或无形资产自身存在市场，无形资产将在内部使用的，应当证明其有用性；④有足够的技术、财务资源和其他资源支持，以完成该无形资产的开发，并有能力使用或出售该无形资产；⑤归属于该无形资产开发阶段的支出能够可靠地计量。

通过捐赠、投资、非货币性资产交换、债务重组等方式取得的无形资产，以该资产的公允价值和支付的相关税费为计税基础。

2) 无形资产摊销的范围

在计算应纳税所得额时，企业按照规定计算的无形资产摊销费用，准予扣除。下列无形资产不得计算摊销费用扣除：①自行开发的支出已在计算应纳税所得额时扣除的无形资产；②自创商誉；③与经营活动无关的无形资产；④其他不得计算摊销费用扣除的无形资产。

3) 无形资产的摊销方法和年限

无形资产按照直线法计算的摊销费用，准予扣除。无形资产的摊销年限不得少于10年。作为受让或投资的无形资产，有关法律规定或者合同约定了使用年限的，可以按照规定或者约定的使用年限分期摊销。外购商誉的支出，在企业整体转让或清算时，准予扣除。

【例6-4】 位于市区的某企业2015年6月转让一项2年前外购的专利权，取得转让收入350万元，购进时支付价款300万元，该专利权摊销期10年，则

该项无形资产的账面成本$=300-300\div 10\times 2=300-60=240$(万元)

转让环节流转税$=350\times 5\%\times(1+7\%+3\%)=19.25$(万元)

转让所得$=350-240-19.25=90.75$(万元)

应纳企业所得税税额$=90.75\times 25\%=22.69$(万元)

4. 长期待摊费用的税务处理

长期待摊费用是指企业发生的应在一个年度以上或几个年度进行摊销的费用。在计算应纳税所得额时，企业发生的下列支出作为长期待摊费用，按照规定摊销的，准予扣除。

(1) 已足额提取折旧的固定资产的改建支出。

(2) 租入固定资产的改建支出。

(3) 固定资产的大修理支出。

(4) 其他应当作为长期待摊费用的支出。

固定资产的大修理支出是指同时符合下列条件的支出。

(1) 修理支出达到取得固定资产时的计税基础的50%以上。

(2) 修理后固定资产的使用年限延长2年以上。

固定资产的改建支出是指改变房屋或者建筑物结构、延长使用年限等发生的支出。已足额提取折旧的固定资产的改建支出，按照固定资产预计尚可使用年限分期摊销。租入固定资产的改建支出，按照合同约定的剩余租赁期限分期摊销。改建的固定资产延长使用年限的，除已足额提取折旧的固定资产的改建支出和租入固定资产的改建支出外，应当适当延长折旧年限。固定资产的大修理支出，按照固定资产尚可使用年限分期摊销，其他应当作为长期待摊费用的支出，自支出发生月份的次月起，分期摊销，摊销年限不得低于3年。

5. 存货的税务处理

企业使用或者销售存货，按照规定计算的存货成本，准予在计算应纳税所得额时扣除。

1) 存货的计税基础

通过支付现金方式取得的存货，以购买价款和支付的相关税费为成本。

通过支付现金以外的方式取得的存货，以该存货的公允价值和支付的相关税费为成本。

生产性生物资产收获的农产品，以产出或者采收过程中发生的材料费、人工费和分摊的间接费用等必要支出为成本。

2) 存货的计价方法

企业使用或者销售的存货的成本计算方法，可以在先进先出法、加权平均法、个别计价法中选用一种。计价方法一经选用，不得随意变更。

在发出存货的计量中，由于后进先出法不能真实反映存货流转，因此新会计准则取消了存货计价的后进先出法。相应地，在新税法中，也取消了后进先出法。

6. 投资资产的税务处理

投资资产是指企业对外进行权益性投资和债权性投资形成的资产。

1)　投资资产的计税基础

通过支付现金方式取得的投资资产，以购买价款为成本。

通过支付现金以外的方式取得的投资资产，以该资产的公允价值和支付的相关税费为成本。

2)　企业对外投资的税务处理

企业对外投资期间，投资资产的成本在计算应纳税所得额时不得扣除。换言之，企业的对外投资，在持有期间，不允许折旧和摊销，更不允许作为费用直接扣除。但企业在转让或者处置投资资产时，投资资产的成本，准予扣除。

二、亏损弥补

我国税法规定：纳税人发生年度亏损的，可以用下一纳税年度的所得弥补；下一纳税年度的所得不足弥补的，可以逐年延续弥补、但是延续弥补期最长不得超过五年。弥补亏损期限是指纳税人某一纳税年度发生亏损，准予用以后年度的应纳税所得额弥补；一年弥补不足的，可以逐年延续弥补；弥补期最长不得超过五年，五年内纳税人无论是盈利或亏损，都作为实际弥补年限计算。需要特别注意的是，这里所说的亏损是指税法意义的亏损，不是企业财务报表中反映的亏损额，而是企业财务报表中的亏损额经主管税务机关按税法规定核实调整后的金额，即企业应纳税所得额。

三、企业所得税应纳税额的计算

(一)居民企业应纳税额的计算

居民企业所得税应纳税额的计算公式如下。

应纳税额 = 应纳税所得额 × 适用税率 − 减免税额 − 抵免税额

【例 6-5】 某工业企业为居民企业，2015 年度经营情况如下。

全年取得产品销售收入 5 600 万元，发生产品销售成本 4 000 万元；其他业务收入 800 万元，其他业务成本 694 万元；取得购买国债取得利息收入 40 万元；缴纳非增值税销售税金及附加 300 万元；发生管理费用 760 万元(其中含新技术的研究开发费用 60 万元、业务招待费用 70 万元)；发生财务费用 200 万元；取得直接投资其他居民企业的权益性收益 34 万元(已在投资方所在地按 15%的税率缴纳了所得税)；取得营业外收入 100 万元，发生营业外支出 250 万元(其中含公益性捐赠 38 万元)。请计算该企业当年应纳的企业所得税税额(企业所得税适用税率 25%)。

(1)　利润总额 = 5 600 + 800 + 40 + 34 + 100 − 4 000 − 694 − 300 − 760 − 200 − 250

= 370(万元)

(2) 国债利息收入免征企业所得税，应调减所得额 40 万元。

(3) 技术开发费调减所得额 $=60\times50\%=30$(万元)

(4) 业务招待费扣除限额：$70\times60\%=42$(万元)

$(5\,600+800)\times5‰=32$(万元)

则允许扣除的业务招待费为 32 万元，实际应调增应纳税所得额$=70-32=38$(万元)

(5) 取得直接投资其他居民企业的权益性收益属于免税收入，应调减应纳税所得额 34 万元。

(6) 捐赠扣除标准$=370\times12\%=44.4$(万元)

企业实际捐赠额 38 万元小于扣除标准 44.4 万元，可按实际发生数扣除，不做纳税调整。

(7) 企业所得税应纳税所得额$=370-40-30+38-34=304$(万元)

应纳企业所得税税额$=304\times25\%=76$(万元)

(二)非居民企业应纳税额的计算

非居民企业分为两类：一类是在中国境内设立机构、场所的；另一类是在中国境内未设立机构、场所的，这两类企业应纳税额的计算有所不同。

(1) 非居民企业在中国境内设立机构、场所的，与居民企业应纳税额的计算一致。

非居民企业在中国境内设立机构、场所，就其中国境外总机构发生的与该机构、场所生产经营有关的费用，能够提供总机构出具的费用汇总范围、定额、分配依据和方法等证明文件，并合理分摊的，准予扣除。

(2) 非居民企业在中国境内未设立机构、场所的，或者虽设立机构、场所但取得的所得与其所设机构、场所没有实际联系的，其应纳税额按以下公式进行计算。

应纳税额=应纳税所得额 × 税率

其中适用税率为 10%，而应纳税所得额按照以下方法计算。

① 股息、红利等权益性投资收益和利息、租金、特许权使用费所得，以收入全额为应纳税所得额。

② 转让财产所得，以收入全额减除财产净值后的余额为应纳税所得额。

③ 其他所得，参照前两项规定的方法计算应纳税所得额。

财产净值是指有关资产、财产的计税基础减除按照规定应扣除的折旧、摊销、准备金等后的余额。

(三)境外所得已纳税额的扣除

对居民企业来源于境外的所得在境外已经缴纳或负担的所得税税款实行限额抵免。企业取得的下列所得已在境外缴纳的所得税税额，可以从其当期应纳税额中抵免，抵免限额

为该项所得依照本法规定计算的应纳税额；超过抵免限额的部分，可以在以后五个年度内，用每年度抵免限额抵免当年应抵税额后的余额进行抵补。

(1) 居民企业来源于中国境外的应税所得。

(2) 非居民企业在中国境内设立机构、场所，取得发生在中国境外但与该机构、场所有实际联系的应税所得。

居民企业从其直接或者间接控制的外国企业分得的来源于中国境外的股息、红利等权益性投资收益，外国企业在境外实际缴纳的所得税税额中属于该项所得负担的部分，可以作为该居民企业的可抵免境外所得税税额，在抵免限额内抵免。

抵免限额是企业来源于中国境外的所得，依照我国税法规定计算的应纳税额。该抵免限额应当分国(地区)不分项计算。其计算公式如下。

境外所得税税额的抵免限额=中国境内、境外所得按税法计算的应纳税总额×来源于某国(地区)的应纳税所得额÷中国境内、境外应纳税所得总额

其中，“境内、境外所得按税法计算的应纳税总额”是指按25%的法定税率计算的应纳税总额，不得使用任何优惠税率。超过抵免限额的部分，可以在以后五个年度内，用每年度抵免限额抵免当年应抵税额后的余额进行抵补。

【例6-6】 某居民企业，在境外A、B两国分别设有分支机构，2015年发生以下经济事项：2015年境内所得500万元，在A国的分支机构取得生产经营所得120万元，A国公司所得税税率为40%；在A国取得特许权使用费所得30万元，A国预提所得税税率20%；从B国分支机构分回利润40万元，已在B国纳税12万元。请计算2015年该企业汇总缴纳的企业所得税税额。

2015年汇总缴纳所得税的计算如下。

(1) A国已纳税款扣除限额$=(500+120+30)\times 25\%\times[(120+30)\div(500+120+30)]$
$=37.5$(万元)

在A国已纳税款$=120\times 40\%+30\times 20\%=54$(万元)

A国已纳税款54万元高于扣除限额37.5万元，2015年应按限额37.5万元扣除，超过限额的16.5万元当年不得扣除。

(2) B国应纳税所得额$=40+12=52$(万元)

B国已纳税款扣除限额$=(500+52)\times 25\%\times[52\div(500+52)]=13$(万元)

在B国已纳税款12万元，低于扣除限额13万元，可全额扣除。

(3) 2015年度汇总缴纳企业所得税税额$=(500+120+30+52)\times 25\%-37.5-12$
$=126$(万元)

四、预缴及汇算清缴所得税额的计算方法

(一)按月(季)预缴所得税的计算方法

纳税人预缴所得税时，应当按照月或者季度的实际利润预缴。如果这样预缴有困难的，可以按照上一纳税年度应纳税所得额的十二分之一或者四分之一，或者按税务机关认可的其他方法，分期预缴税款。预交方法一经确定，不得随意变更。

预缴税款的计算公式如下。

预缴所得税税额 = 月份或季度应纳税所得额×适用税率

或

预缴所得税税额 = 上年度应纳税所得额 × 1/12(或 1/4) × 适用税率

季度(月份)企业所得税的计算和预缴，纳税人按税务机关的规定分季(月)预缴企业所得税时，应将其季度(月份)累计实现的应纳税所得额换算成全年应纳税所得额，然后按换算后的全年应纳税所得额查找其适用的企业所得税税率，用当季(月)累计实现的应纳税所得额乘以适用税率，再减去累计已缴纳的企业所得税税额，即是当季(月)应预缴的企业所得税税额。

按季预缴企业所得税的企业也可根据《按季预缴企业所得税所得额适用税率换算表》对税率进行换算后计算出预缴额。

(二)年终汇算清缴税款

年终汇算清缴税款的计算公式如下。

全年应纳所得税税额=全年应纳税所得额 × 适用税率

年终汇算清缴税款=全年应纳所得税税额 −全年已预缴所得税税额

若年终汇算清缴税款额为正数，即纳税人少缴税款，少缴部分应在规定的汇算清缴期限内缴纳；若为负数，说明纳税人多缴了税款，多缴税款可在下一年度抵缴。

任务三　企业所得税的征收管理与纳税申报

一、企业所得税的税收优惠

(一)免征、减征企业所得税

1. 关于扶持农、林、牧、渔业发展的税收优惠

关于扶持农、林、牧、渔业发展的税收优惠具体分为以下两种情况。

(1) 免征企业所得税。企业从事下列项目的所得，免征企业所得税：蔬菜、谷物、薯类、油料、豆类、棉花、麻类、糖料、水果、坚果的种植；农作物新品种的选育；中药材的种植；林木的培育和种植；牲畜、家禽的饲养；林产品的采集；灌溉、农产品初加工、兽医、农技推广、农机作业和维修等农、林、牧、渔服务业项目；远洋捕捞。

(2) 减半征收企业所得税。企业从事下列项目的所得，减半征收企业所得税：花卉、茶以及其他饮料作物和香料作物的种植；海水养殖、内陆养殖。

2. 关于鼓励公共基础设施建设的税收优惠

企业从事国家重点扶持的公共基础设施项目的投资经营所得，自项目取得第一笔生产经营收入所属纳税年度起，第 1～3 年免征企业所得税，第 4～6 年减半征收企业所得税，即“三免三减半”的税收优惠政策。

3. 关于支持环境保护、节能节水的税收优惠

企业从事符合条件的环境保护、节能节水项目的所得，自项目取得第一笔生产经营收入所属纳税年度起，第 1～3 年免征企业所得税，第 4～6 年减半征收企业所得税。

4. 关于技术转让所得的税收优惠

原税法规定，企事业单位进行技术转让，以及在技术转让过程中发生的与技术转让有关的技术咨询、技术服务、技术培训的所得，年净收入在 30 万元以下的，暂免征收所得税；超过 30 万元的部分，依法缴纳所得税。

为促进技术创新和科技进步，我国新税法规定，在一个纳税年度内，居民企业技术转让所得不超过 500 万元的部分，免征企业所得税；超过 500 万元的部分，减半征收企业所得税。从上述规定中可以看出，新税法加大了技术转让所得的税收优惠力度。

(二)高新技术企业的税收优惠

对于国家需要重点扶持的高新技术企业，减按 15%的税率征收企业所得税。

国家需要重点扶持的高新技术企业，是指拥有国家自主知识产权，并同时符合下列条件的企业：①拥有核心自主知识产权，是指在中国境内注册的企业，近 3 年内通过自主研发、受让、受赠、并购等方式，或通过 5 年以上的独占许可方式，对其主要产品的核心技术拥有自主知识产权。②产品属于《国家重点支持的高新技术领域》规定的范围。③研究开发费用占销售收入的比例不低于规定的比例。最近一年销售收入小于 5 000 万元的企业，比例不低于 6%，最近一年销售收入在 5 000 万～20 000 万元的企业，比例不低于 4%，最近一年的销售收入在 20 000 万元以上的，比例不低于 3%。④高新技术产品收入占企业总收入的比例不低于规定的比例，是指高新技术产品收入占企业当年总收入的 60%以上。⑤科技

人员占企业职工人数不低于规定的比例，是指具有大专以上学历的科技人员占企业当年职工总数的 30%以上，其中研发人员占企业当年职工总数的 10%以上。⑥高新技术企业认定管理办法规定的其他条件。

这一优惠政策的主要变化在于将高新技术产业开发区内的高新技术企业享受 15%的优惠税率扩大到全国范围内的高新技术企业。

(三)小型微利企业的税收优惠

对符合规定条件的小型微利企业实行 20%的照顾性税率。所谓小型微利企业，是指从事国家非限制和禁止行业，并符合下列条件的企业：①工业企业，年应纳税所得额不超过 30 万元，从业人数不超过 100 人，资产总额不超过 3 000 万元；②其他企业，年应纳税所得额不超过 30 万元，从业人数不超过 80 人，资产总额不超过 1 000 万元。

自 2017 年 1 月 1 日至 2019 年 12 月 31 日，将小型微利企业的年应纳税所得额上限由 30 万元提高至 50 万元，对年应纳税所得额低于 50 万元(含 50 万元)的小型微利企业，其所得按 50%计入应纳税所得额，按 20%的税率缴纳企业所得税。小型微利企业是指从事国家非限制和禁止行业，并符合下列条件的企业。

(1) 工业企业，年度应纳税所得额不超过 50 万元，从业人数不超过 100 人，资产总额不超过 300 万元。

(2) 其他企业，年度应纳税所得额不超过 50 万元，从业人数不超过 80 人，资产总额不超过 1 000 万元。

其中，从业人数包括与企业建立劳动关系的职工人数和企业接受的劳务派遣用工人数。从业人数和资产总额指标应按企业全年的季度平均值确定。其具体计算公式如下。

季度平均值=(季初值+季末值)÷2

全年季度平均值=全年各季度平均值之和÷4

税法以从业人数和资产总额作为小型企业的判断标准；以年应纳税所得额作为微利企业的判断标准。对于从事国家非限制和禁止行业的企业，只有同时具备这两个标准才能享受小型微利企业的照顾性税率。

(四)加计扣除的优惠

1. 研究开发费用

企业为开发新技术、新产品、新工艺发生的研究开发费用，未形成无形资产计入当期损益的，在按规定实行 100%扣除基础上，按研究开发费用的 50%加计扣除；形成无形资产的，按无形资产成本的 150%进行摊销。

在 2017 年 1 月 1 日至 2019 年 12 月 31 日期间，科技型中小企业开展研发活动中实际发生的研发费用，未形成无形资产计入当期损益的，在按规定据实扣除的基础上，再按照实际发生额的75%在税前加计扣除；形成无形资产的，在上述期间按照无形资产成本的175%在税前摊销。

研究开发费是指企业为开发新技术、新产品、新工艺发生的研究开发费用。按照企业会计制度的规定，企业发生的研究开发费用符合一定条件的可以资本化形成无形资产，而不符合条件的应予以费用化计入当期损益。

为鼓励企业进行技术创新，税法对企业的研究开发费用实行加计扣除优惠办法，即未形成无形资产计入当期损益的，在按照规定据实扣除的基础上，按照研究开发费用的 50%加计扣除；形成无形资产的，按照无形资产成本的 150%摊销。

【例 6-7】 某企业 2015 年实际发生研究开发费 200 万元，2014 年支出 170 万元，则应纳税所得额调减额=200 × 50% = 100(万元)。

2．特定人员工资加计扣除

企业安置残疾人员所支付的工资，在按照支付给残疾职工工资据实扣除的基础上，按照支付给残疾职工工资的 100%加计扣除。残疾人员的范围适用《中华人民共和国残疾人保障法》的有关规定。

(五)创业投资企业的税收优惠

创业投资企业采取股权投资方式投资于未上市的中小高新技术企业 2 年以上的，可以按照其投资额的 70%在股权持有满 2 年的当年抵扣该创业投资企业的应纳税所得额；当年不足抵扣的，可以在以后纳税年度结转抵扣。

(六)加速折旧的规定

企业的固定资产由于技术进步等原因，确需加速折旧的，可以缩短折旧年限或者采取加速折旧的方法。加速折旧法是一种使用前期提取折旧较多，固定资产成本在使用年限内尽早得到价值补偿的折旧方法。我国现行财会制度规定允许使用的加速折旧法主要有两种：即双倍余额递减法和年数总和法。

可以采取缩短折旧年限或者采取加速折旧的方法的固定资产如下。

(1)　由于技术进步，产品更新换代较快的固定资产。

(2)　常年处于强震动、高腐蚀状态的固定资产。

采取缩短折旧年限方法的，最低折旧年限不得低于实施条例所规定折旧年限的 60%；采取加速折旧方法的，可以采取双倍余额递减法或者年数总和法。

(七)非居民企业的税收优惠

非居民企业减按10%的税率征收企业所得税。非居民企业是指依照外国(地区)法律、法规成立且实际管理机构不在中国境内，但在中国境内设立机构、场所的，或者在中国境内未设立机构、场所，但有来源于中国境内所得的企业。该类非居民企业取得下列所得免征企业所得税。

(1) 外国政府向中国政府提供贷款取得利息所得。

(2) 国际金融组织向中国政府和居民企业提供优惠贷款取得的利息所得。

(3) 经国务院批准的其他所得。

(八)其他优惠

我国新税法公布前已经批准设立的企业，依照当时的税收法律、行政法规规定，享受低税率优惠的，按照国务院规定，可以在新税法施行后5年内，逐步过渡到新税法规定的税率；享受定期减免税优惠的，按照国务院规定，可以在新税法施行后继续享受到期满为止，但因未获利而尚未享受优惠的，优惠期限从新税法施行年度起计算。我国新税法公布前已经批准设立的企业，是指2007年3月16日新税法公布前已经完成登记注册的企业。

2011年，财政部、海关总署、国家税务总局印发《关于深入实施西部大开发战略有关税收政策问题的通知》，明确了新一轮西部大开发税收优惠政策：自2011年1月1日至2020年12月31日，对设在西部地区的以《西部地区鼓励类产业目录》中规定的产业项目为主营业务，且其主营业务收入占企业收入总额70%以上的企业减按15%的税率征收企业所得税。对西部地区2010年12月31日前新办的、根据《财政部国家税务总局海关总署关于西部大开发税收优惠政策问题的通知》第二条第三款规定可以享受企业所得税“两免三减半”优惠的交通、电力、水利、邮政、广播电视企业，其享受的企业所得税“两免三减半”优惠可以继续享受到期满为止。

2014年，根据国务院有关批复精神，公布了广东横琴新区、福建平潭综合实验区和深圳前海深港现代服务业合作区企业所得税优惠目录，并就有关企业所得税政策通知如下：对设在横琴新区、平潭综合实验区和前海深港现代服务业合作区的鼓励类产业企业减按15%的税率征收企业所得税。企业在优惠区域内、外分别设有机构的，仅就其设在优惠区域内的机构的所得确定适用15%的企业所得税优惠税率。在确定区域内机构是否符合优惠条件时，根据设在优惠区域内机构本身的有关指标是否符合本通知第一条规定的条件加以确定，不考虑设在优惠区域外机构的因素。企业既符合本通知规定的减按15%税率征收企业所得税优惠条件，又符合《中华人民共和国企业所得税法》及其实施条例和国务院规定的其他各项税收优惠条件的，可以同时享受；其中符合其他税率优惠条件的，可以选择最优

惠的税率执行；涉及定期减免税的减半优惠的，应按照 25%法定税率计算的应纳税额减半征收企业所得税。本优惠政策自 2014 年 1 月 1 日起至 2020 年 12 月 31 日止执行。

二、企业所得税的征收管理

(一)纳税地点

(1) 除税收法律、行政法规另有规定外，居民企业以企业登记注册地为纳税地点；但登记注册地在境外的，以实际管理机构所在地为纳税地点。企业登记注册地是指企业依照国家有关规定登记注册的住所地。

(2) 居民企业在中国境内设立不具有法人资格的营业机构的，应当汇总计算并缴纳企业所得税。企业汇总计算并缴纳企业所得税时，应当统一核算应纳税所得额，具体办法由国务院财政、税务主管部门另行制定。

(3) 非居民企业在中国境内设立机构、场所的，应当就其所设机构、场所取得的来源于中国境内的所得，以及发生在中国境外但与其所设机构、场所有实际联系的所得，以机构、场所所在地为纳税地点。非居民企业在中国境内设立两个或者两个以上机构、场所的，经税务机关审核批准，可以选择由其主要机构、场所汇总缴纳企业所得税。非居民企业经批准汇总缴纳企业所得税后，需要增设、合并、迁移、关闭机构、场所或者停止机构、场所业务的，应当事先由负责汇总申报缴纳企业所得税的主要机构、场所向其所在地税务机关报告；需要变更汇总缴纳企业所得税的主要机构、场所的，依照前款规定办理。

(4) 非居民企业在中国境内未设立机构、场所的，或者虽设立机构、场所但取得的所得与其所设机构、场所没有实际联系的，以扣缴义务人所在地为纳税地点。

(5) 除国务院另有规定外，企业之间不得合并缴纳企业所得税。

(二)纳税期限

企业所得税实行按年计算、分月或分季预缴、年度汇算清缴、多退少补的征纳方法。具体纳税期限由主管税务机关根据纳税人应纳税额的大小，予以核定。

企业所得税的纳税年度，自公历 1 月 1 日起到 12 月 31 日止。纳税人在一个年度中间开业，或者由于合并、关闭等原因，使该纳税年度的实际经营期不足 12 个月的，应当以其实际经营期为一个纳税年度。纳税人清算时，应当以清算期间作为一个纳税年度。纳税人来源于境外的所得，应按照《条例》及其《实施细则》的规定，即每年 1 月 1 日至 12 月 31 日作为一个纳税年度。

纳税人应当在月份或者季度终了后 15 日内，向其机构所在地主管税务机关报送会计报表和预缴所得税申报表，并在规定期限内预缴所得税。预缴方法一经确定，不得随意变更。

企业所得税的年终汇算清缴，在年终后5个月内进行。纳税人应在年度终了后45日内，向其机构所在地主管税务机关报送会计决算报表和所得税申报表，办理年终汇算，少缴的所得税税款，应在下一个年度内补缴，多预缴的所得税税款，可在下一个年度抵缴。

对于纳税人的境外投资所得，可以在年终汇算时清缴。纳税人在纳税年度内，无论是盈利或亏损，均应按规定的期限办理纳税申报。

(三)企业所得税的主管税务机关

1. 国税系统征管的企业所得税

纳税人经营资金权属中央企事业单位所有的全民所有制单位，有中央企事业单位投资参股的联营企业和股份制企业，以及纳税人是金融保险企业的，其应纳的所得税，应缴入中央金库和按中央企事业单位、地方企事业单位投资比例分别计算、分别开票、分别缴入中央金库和地方金库，由国税局负责征收管理。

2. 地税系统征管的企业所得税

纳税人经营资金权属地方企事业单位投资的全民所有制企业、联营企业、股份制企业以及集体所有制企业(含经营资金权属中央企事业单位所有的集体所有制单位)，私营企业应纳的所得税，应缴入地方金库，由地方税务机关负责征收管理。

纳税人进行清算时，应当在进行工商注销登记之前，向当地主管税务机关进行所得税申报。

三、企业所得税的纳税申报

(1) 企业所得税的缴纳以人民币计算。

(2) 企业在纳税年度内，无论盈利或者亏损，都应当依照企业所得税法规定的期限，向税务机关报送预缴企业所得税纳税申报表、年度企业所得税纳税申报表等有关资料。

纳税申报表的格式如表6-2所示。

表6-2 中华人民共和国企业所得税年度纳税申报表(A类)

税款所属期间： 年 月 日至 年 月 日

纳税人名称：

纳税人识别号：□□□□□□□□□□□□□□□□□□□□ 金额单位：元(列至角分)

类 别	行 次	项 目	金 额
利润总额计算	1	一、营业收入(填附表一)	
	2	减：营业成本(填附表二)	

续表

类　别	行　次	项　目	金　额
利润总额计算	3	营业税金及附加	
	4	销售费用(填附表二)	
	5	管理费用(填附表二)	
利润总额计算	6	财务费用(填附表二)	
	7	资产减值损失	
	8	加：公允价值变动收益	
	9	投资收益	
	10	二、营业利润	
	11	加：营业外收入(填附表一)	
	12	减：营业外支出(填附表二)	
	13	三、利润总额(10＋11－12)	
应纳税所得额计算	14	加：纳税调整增加额(填附表三)	
	15	减：纳税调整减少额(填附表三)	
	16	其中：不征税收入	
	17	免税收入	
	18	减计收入	
	19	减、免税项目所得	
	20	加计扣除	
	21	抵扣应纳税所得额	
	22	加：境外应税所得弥补境内亏损	
	23	纳税调整后所得(13＋14－15＋22)	
	24	减：弥补以前年度亏损(填附表四)	
	25	应纳税所得额(23－24)	
应纳税额计算	26	税率(25%)	
	27	应纳所得税税额(25×26)	
	28	减：减免所得税税额(填附表五)	
	29	减：抵免所得税税额(填附表五)	
	30	应纳税额(27－28－29)	
	31	加：境外所得应纳所得税税额(填附表六)	
	32	减：境外所得抵免所得税税额(填附表六)	

续表

类　别	行　次	项　目	金　额
应纳税额计算	33	实际应纳所得税税额(30 + 31 − 32)	
	34	减：本年累计实际已预缴的所得税税额	
	35	其中：汇总纳税的总机构分摊预缴的税额	
	36	汇总纳税的总机构财政调库预缴的税额	
	37	汇总纳税的总机构所属分支机构分摊的预缴税额	
	38	合并纳税(母子体制)成员企业就地预缴比例	
	39	合并纳税企业就地预缴的所得税税额	
	40	本年应补(退)的所得税税额(33 − 34)	
附列资料	41	以前年度多缴的所得税税额在本年抵减额	
	42	以前年度应缴未缴在本年入库所得税税额	
纳税人公章：		代理申报中介机构公章：	主管税务机关受理专用章：
经办人：		经办人及执业证件号码：	受理人：
申报日期：　年　月　日		代理申报日期：　年　月　日	受理日期：　年　月　日

任务四　企业所得税的会计核算

根据我国现行会计制度，企业所得税采用资产负债表债务法进行核算，要求企业从资产负债表出发，比较资产负债表上列示的资产、负债按照企业会计准则规定确定的账面价值与按照税法规定确定的计税基础，对于两者之间的差额分别应纳税暂时性差异与可抵扣暂时性差异，确认相关的递延所得税负债与递延所得税资产，并在此基础上确定每一期间利润表中的所得税费用。

一、企业所得税会计核算的一般程序

企业所得税会计核算一般遵循以下程序。

(1) 按照会计准则确定资产负债表中除递延所得税资产和递延所得税负债以外的其他资产和负债项目的账面价值。

(2) 按照税法规定，确定资产负债表中有关资产、负债项目的计税基础。

(3) 比较资产、负债的账面价值与其计税基础，对于两者之间存在差异的，分析其性质，除企业会计准则中规定的特殊情况外，区分为应纳税暂时性差异与可抵扣暂时性差异，

确定该资产负债表日递延所得税负债和递延所得税资产的应有金额，并与期初递延所得税负债和递延所得税资产的余额相比，确定当期应予进一步确认的递延所得税资产和递延所得税负债金额或应予转销的金额。

(4) 按照适用的税法规定计算确定当期应纳税所得额，将应纳税所得额与适用的所得税税率计算的结果确认为当期应缴的所得税(即当期所得税)。

(5) 确定利润表中的所得税费用。按照当期应缴的所得税当期确认的递延所得税资产和递延所得税负债(即递延所得税)之和或之差，作为利润表中应予确认的所得税费用。

二、账户设置

企业一般通过“应交税费——应交所得税”“所得税费用”“递延所得税资产”和“递延所得税负债”账户进行所得税核算。

1. “应交税费——应交所得税”账户

该账户是负债类账户，贷方核算当期按照税法调整后的应纳税所得额乘以适用税率计算出的应纳所得税税额，借方核算已纳的所得税，期末贷方或借方余额，反映尚未缴纳或多缴纳的所得税。

2. “所得税费用”账户

该账户是损益类账户，核算企业从本期利润中扣除的所得税费用。该科目可设置“当期所得税费用”“递延所得税费用”明细账户，分别反映当期的所得税费用和发生的递延所得税费用。“当期所得税费用”明细科目借方反映企业本期发生的所得税费用。“递延所得税费用”科目借方反映因递延而增加的所得税费用，贷方发生额反映因递延而减少的所得税费用。期末应将该账户余额转入“本年利润”科目，即为本期在当期利润总额中扣除的所得税费用，结转本年利润后，该账户无余额。

3. “递延所得税资产”账户

该账户为资产类账户，核算企业确认的可抵扣暂时性差异产生的递延所得税资产和根据税法规定可用以后年度税前利润弥补的亏损及税款抵减产生的所得税资产。

资产负债表日，企业确认递延所得税资产，借记 “递延所得税资产”，贷记“所得税费用——递延所得税费用”。资产负债表日，递延所得税资产的应有余额大于其账面余额的，应按其差额确认，借记本科目，贷记“所得税费用——递延所得税费用”；资产负债表日，递延所得税资产的应有余额小于其账面余额的，作相反会计分录。

资产负债表日，预计未来期间很可能无法获得足够的应纳税所得额用以抵扣暂时性差异，按原已确认的递延所得税资产中应减记的金额，借记“所得税费用——递延所得税费用”

等科目，贷记“递延所得税资产”。

4. “递延所得税负债”账户

该账户为负债类账户，核算企业确认的应纳税暂时性差异产生的递延所得税负债。

资产负债表日，企业确认的递延所得税负债，借记“所得税费用——递延所得税费用”科目，贷记“递延所得税负债”科目。资产负债表日，递延所得税负债的应有余额大于其账面余额的，应按其差额确认，借记“所得税费用——递延所得税费用”科目，贷记“递延所得税负债”账户。资产负债表日，递延所得税负债的应有余额小于其账面余额的，作相反会计分录。

三、资产、负债的计税基础

所得税会计核算的前提是确定资产或负债的账面价值和计税基础。其中，资产、负债的账面价值，是指企业按照相关会计准则的要求进行核算后，在资产负债表中列示的金额，账面价值可以在会计核算账面上获得，因此所得税会计核算的关键在于确定资产、负债的计税基础。

(一)资产的计税基础

按照现行会计制度的要求，企业在取得资产、负债时应当确定其计税基础。资产的计税基础是指企业收回资产账面价值的过程中，计算应纳税所得额时按照税法可以自应税经济利益中抵扣的金额，即该项资产在未来使用或最终处置时，允许作为成本或费用于税前列支的金额。简单地说，就是未来不需要缴税的资产价值。

通常情况下，资产在初始确认时，其账面价值与计税基础是相等的，但在后续各会计核算期间，因会计核算方法与税法规定不同，才造成账面价值与计税基础产生差异。

资产的计税基础=未来可税前列支的金额

某一资产负债表日资产的计税基础=成本－以前期间已税前列支的金额

通俗地说，资产的账面价值，可以视为收入，而资产的计税基础，可以视为成本费用。收入－费用>0，产生利润，应当纳税。

【例6-8】 通达企业2014年12月31日购入一台设备，原价为150万元，该设备预计使用5年，净残值为零，企业按直线法计提折旧，税法规定该固定资产可以采用加速折旧法计提折旧，该企业在计税时采用双倍余额递减法计提折旧，净残值为零。

根据以上条件，会计上采用直线法计提折旧，每年应提折旧额为30万元，则2015年12月31日，该固定资产账面价值为150－30＝120(万元)；税法采用双倍余额递减法计提折旧，2015年应提折旧额为150×40%＝60(万元)，则2015年12月31日，该固定资产的计

税基础为 150 - 60 = 90(万元)。这样，该固定资产的账面价值 120 万元与计税基础 90 万元之间产生 30 万元的差额，将于未来期间计入企业的应纳税所得额。

(二)负债的计税基础

负债的计税基础是指负债的账面价值减去未来期间计算应纳税所得额时，按照税法规定可予以抵扣的金额。

负债的计税基础 = 账面价值 - 未来可税前列支的金额

一般情况下，负债的确认和清偿不影响企业的损益，也不影响企业所得额的计算，因而未来期间计算应纳税所得额时按照税法规定可予以抵扣的金额为零，计税基础与账面价值是相同的。两者的差异主要是自费用中提取的负债，如企业因销售商品提供售后服务等原因确认的预计负债。

【例 6-9】 甲企业 2015 年因销售产品承诺提供 3 年的保修服务，在当年度利润表中确认了 200 万元的销售费用，同时确认为预计负债，当年度未发生任何保修支出。假定按照税法规定，与产品售后服务相关的费用在实际发生时允许税前扣除。

该项预计负债在甲企业 2015 年 12 月 31 日资产负债表中的账面价值为 200 万元。

因假定税法规定，与产品保修相关的费用在未来期间实际发生时才允许税前扣除，则该项负债的计税基础为账面价值扣除未来期间计算应纳税所得额时按照税法规定可予抵扣的金额，与该项负债相关的保修支出在未来期间实际发生时可予税前扣除，即未来期间计算应纳税所得额时按照税法规定可予抵扣的金额为 200 万元，该项负债的计税基础 = 200 - 200 = 0。

四、暂时性差异

资产或负债的账面价值与计税基础之间的差额，称为暂时性差异。对于某些未作为资产和负债确认的项目，按照税法规定可以确认其计税基础的，该计税基础与其账面价值之间的差额也属于暂时性差异。因资产、负债的账面价值与其计税基础不同，产生了在未来收回资产或清偿负债的期间内，应纳税所得额增加或减少并导致未来期间应缴所得税增加或减少的情况，形成企业的资产或负债，所以应确认相关的递延所得税负债或递延所得税资产。

按照对未来期间应税金额的影响，暂时性差异可分为应纳税暂时性差异和可抵扣暂时性差异。对于暂时性差异，企业会计准则要求采用资产负债表债务法进行相关账务处理，其具体账务处理程序主要分为以下步骤。

(1) 确定产生暂时性差异的项目。

(2) 确定各年的暂时性差异。

(3) 确定该差异对纳税的影响。

(4) 确定所得税费用并作出综合分录。

(一)应纳税暂时性差异

应纳税暂时性差异是指在确定未来收回资产或清偿负债期间的应纳税所得额时，将导致产生应税金额的暂时性差异。这种差异在未来期间转回，会增加转回期间的应纳税所得额和应缴所得税，因此在产生当期应将其确认为递延所得税负债。

应纳税暂时性差异通常产生于以下两种情况。

1. 资产的账面价值大于其计税基础

资产的账面价值大于其计税基础，说明该项资产的账面价值在未来期间不能全部在税前抵扣，两者之间的差额将会增加未来期间的应纳税所得额及应纳税额，从而产生应纳税暂时性差异，应确认相关的递延所得税负债。

【例6-10】 承例6-8，2015年12月31日，该固定资产的账面价值为120万元，而计税基础为90万元，两者之间有30万元差额，意味着固定资产未来计提折旧时有30万元不能在税前抵扣，从而增加未来期间企业的应纳税所得额和应纳税额，这种差异就称为应纳税暂时性差异，因此而引起未来将会多缴的所得税税额，应当确认为递延所得税负债。

2. 负债的账面价值小于其计税基础

负债的账面价值为企业预计在未来期间清偿该负债时的经济利益的流出，而计税基础代表的是账面价值在扣除税法规定未来期间允许税前扣除的金额之和的差额。负债的账面价值与其计税基础不同产生的暂时性差异，实质上是税法规定就该项负债在未来期间可以税前扣除的金额。

负债产生的暂时性差异= 账面价值－计税基础

= 账面价值-(账面价值-未来期间计税时税法规定可以税前扣除的金额)

= 未来期间计税时税法规定可以税前扣除的金额

负债的账面价值小于其计税基础，则意味着就该项负债在未来期间可以税前抵扣的金额为负数，即应在未来期间应纳税所得额的基础上调增，增加应纳税所得额与应纳所得税税额，产生的应纳税暂时性差异，应确认相关的递延所得税负债。

(二)可抵扣暂时性差异

可抵扣暂时性差异是指在确定未来收回资产或清偿债务期间的应纳税所得额时，将导

致产生可抵扣金额的暂时性差异。可抵扣暂时性差异在未来期间转回会减少转回期间的应纳税所得额和应纳所得税税额，因此在产生当期，符合确认条件时，应将其确认为递延所得税资产。

可抵扣暂时性差异通常产生于以下两种情况。

1．资产的账面价值小于其计税基础

资产的账面价值小于其计税基础，说明该项资产在未来可以税前扣除的金额较大，计税基础和账面价值之间的差额将会减少未来期间的应纳税所得额和应纳税额，从而产生可抵扣暂时性差异。

【例 6-11】 承例 6-8，假定情况与之前相反，2014 年 12 月 31 日该项固定资产的账面价值为 90 万元，而计税基础为 120 万元，两者之间有 30 万元差额，意味着未来按税法计算固定资产税前扣除时可以比会计账面价值多扣除 30 万元，从而减少未来期间企业的应纳税所得额和应纳税额，这种差异就称为可抵扣暂时性差异，因此而引起未来少缴的所得税金额，符合有关确认条件时，应当确认为递延所得税资产。①

2．负债的账面价值大于其计税基础

负债的账面价值大于其计税基础，意味着就该项负债在未来期间按照税法规定与负债相关的全部或部分支出可以在税前扣除，减少未来期间的应纳税所得额和应纳税额，产生可抵扣暂时性差异，符合有关确认条件时，应确认相关的递延所得税资产。

五、所得税的会计处理

对于暂时性差异，会计准则要求采用资产负债表债务法进行所得税会计处理。具体会计处理的过程如下。

(一)递延所得税资产的确认和计量

当企业资产的账面价值小于其计税基础，或负债的账面价值大于其计税基础，从而产生可抵扣暂时性差异时，企业应将其确认为资产，作为递延所得税资产加以处理。但确认的前提条件是，在资产负债表日，若有确凿证据表明未来期间有可能获得足够的应纳税所得额用于抵扣暂时性差异，则应当确认为以前期间未确认的递延所得税资产；若有确凿证据表明未来期间不能获得足够的应纳税所得额用于抵扣暂时性差异，则不应确认为递延所得税资产。

① 曾英姿. 税务会计实务[M]. 厦门：厦门大学出版社，2009：202(案例内容有改动).

会计核算的具体做法如下。

(1) 资产负债表日，企业按照税法规定计算确定的当期应缴所得税，借记“所得税费用——当期所得税费用”科目，贷记“应交税费——应交所得税”科目。

(2) 资产负债表日，根据递延所得税资产的应有余额大于“递延所得税资产”科目余额的差额，借记“递延所得税资产”科目，贷记“所得税费用——当期所得税费用” “资本公积——其他资本公积”等科目；递延所得税资产的应有余额小于“递延所得税资产”科目余额的差额，作相反的会计分录。

(3) 期末，应将“所得税费用”科目的余额转入“本年利润”科目，结转后本科目无余额。

【例 6-12】 光辉企业 2012 年 12 月 31 日购入一台价值为 10 万元的设备并投入使用，该设备预计使用三年，净残值率 10%，企业按年数总和法计提折旧，税法规定按平均年限法计提折旧，企业所得税率 25%，无其他时间性差异。假设在其他因素不变的情况下，该企业每年税前利润 20 万元。请分别计算年数总和法及平均年限法下该设备每年的折旧额，并编制该企业 2013—2015 年三年应缴所得税的会计分录。[①]

按年数总和法计算折旧额如下。

第一年折旧额= 100 000 × (1−10%) × 3÷6 = 45 000(元)

第二年折旧额= 100 000 × (1−10%) × 2÷6 = 30 000(元)

第三年折旧额= 100 000 × (1−10%) × 1÷6 = 15 000(元)

按平均年限法计算折旧额如下。

每年折旧额 = 100 000 × (1 − 10%) ÷ 3 = 30 000(元)

各年应缴所得税计算如表 6-3 所示。

表 6-3 各年应交所得税计算表

单位：元

项 目	2012 年 12 月 31 日	2013 年 12 月 31 日	2014 年 12 月 31 日	2015 年 12 月 31 日
账面价值	100 000	55 000	25 000	10 000
计税基础	100 000	70 000	40 000	10 000
差额	0	−15 000	−15 000	0
税率	25%			
递延所得税资产余额	0	3 750	3 750	0
各年度递延所得税资产发生额	—	3 750	3 750	−3 750

① 曾英姿. 税务会计实务[M]. 厦门：厦门大学出版社，2009：203(案例内容有改动).

各年会计分录如表 6-4 所示。

表 6-4　各年会计分录

单位：元

摘　要	分　录	2013 年	2014 年	2015 年
确认递延所得税资产	借：递延所得税资产 　　贷：所得税费用——递延所得税费用	3 750 3 750	—	-3 750 -3 750
计提当期应交税费	借：所得税费用——当期所得税费用 　　贷：应交税费——应交所得税	53 750 53 750	50 000 50 000	46 250 46 250
结转本年利润	借：本年利润 　　所得税费用——递延所得税费用 　　贷：所得税费用——当期所得税费用	50 000 3 750 53 750	50 000 — 50 000	50 000 -3 750 46 250

注：表中负数应理解为该科目应在相反方向。

(二)递延所得税负债的确认和计量

当企业资产的账面价值大于其计税基础，或负债的账面价值小于其计税基础，从而产生应纳税暂时性差异时，企业应将其确认为负债，作为递延所得税负债加以处理。

会计核算的具体做法如下。

(1) 资产负债表日，企业按照税法规定计算确定的当期应缴所得税，借记“所得税费用——当期所得税费用”科目，贷记“应交税费——应交所得税”科目。

(2) 资产负债表日，根据递延所得税负债的应有余额大于“递延所得税负债”科目余额的差额，借记“所得税费用——当期所得税费用”科目，贷记“递延所得税负债”“资本公积——其他资本公积”等科目；递延所得税负债的应有余额小于“递延所得税负债”科目余额的差额，作相反的会计分录。

(3) 期末，应将“所得税费用”科目的余额转入“本年利润”科目，结转后本科目无余额。

【例 6-13】 承例 6-12，如果企业按平均年限法计提折旧，税法规定按年数总和法计提折旧，则相关计算及会计分录如表 6-5 和表 6-6 所示。[①]

① 曾英姿. 税务会计实务[M]. 厦门：厦门大学出版社，2009：204(案例内容有改动).

表 6-5　2012—2015 年企业所得税差异及递延所得税

单位：元

项　目	2012 年 12 月 31 日	2013 年 12 月 31 日	2014 年 12 月 31 日	2015 年 12 月 31 日
账面价值	100 000	70 000	40 000	10 000
计税基础	100 000	55 000	25 000	10 000
差额	0	15 000	15 000	0
税率	25%			
递延所得税资产余额	0	3 750	3 750	0
各年度递延所得税资产发生额	—	3 750	3 750	−3 750

表 7-6　2013—2015 年企业递延所得税及所得税费用确认分录

单位：元

摘　要	分　录	2013 年	2014 年	2015 年
确认递延所得税负债	借：所得税费用——递延所得税费用	3 750	—	−3 750
	贷：递延所得税负债	3 750		−3 750
计提当期应交税费	借：所得税费用——当期所得税费用	46 250	50 000	53 750
	贷：应交税费——应交所得税	46 250	50 000	53 750
结转本年利润	借：本年利润	50 000	50 000	50 000
	贷：所得税费用——递延所得税费用	46 250	50 000	53 750
	——当期所得税费用	3 750	—	−3 750

注：表中负数应理解为该科目应在相反方向。

资产负债表日，对于递延所得税资产和递延所得税负债，应当根据税法规定，按照预期收回资产或清偿负债期间适用税率计算。适用税率发生变化的，应对已确认的递延所得税资产和递延所得税负债进行重新计算，除直接在所有者权益中确认交易或者事项产生的递延所得税资产和递延所得税负债以外，应当将其影响数计入变化当期的所得税费用。

(三)亏损弥补的所得税会计处理

我国现行税法允许企业当年发生的亏损可以在以后五年用税前利润弥补。按照现行准则要求，由于当年亏损可以抵扣未来应纳税所得额，导致企业未来可以少缴所得税，因此作为可抵扣暂时性差异应确认为递延所得税资产。企业对于能够结转的后期尚可抵扣的亏损，其引起的未来所得税利益应在亏损当年确认为递延所得税资产，并在今后补亏的年份予以转回。这样处理有一个前提是企业预计在未来五年内能够取得充分的应纳税所得来弥补当年度的亏损，否则就不应该确认为递延所得税资产。

【例6-14】 某企业在2012—2015年间每年的应税收益分别为-100万元、20万元、50万元、80万元，该企业适用税率为25%，假设无其他暂时性差异。请编制相应的会计处理分录。

(1) 2012年，由于企业亏损100万元，在预计未来年度有足够应税收益弥补这部分亏损的情况下，这部分亏损将会导致企业未来可以少缴所得税税额=100 × 25% = 25(万元)，应作为可抵扣暂时性差异确认为递延所得税资产。

借：递延所得税资产　　250 000
　　贷：所得税费用——补亏减税　　250 000

(2) 2013年，企业盈利20万元，本来应纳所得税税额=20 × 25% = 5(万元)，但弥补2012年度亏损后不用缴税，即2012年确认的递延所得税资产在2013年度部分转回，仍有未弥补亏损80万元，相应的尚待抵扣递延所得税资产=25 − 5 = 20(万元)。

借：所得税费用　　50 000
　　贷：递延所得税资产　　50 000

(3) 2014年企业盈利50万元，本来应纳所得税税额=50 × 25% = 12.5(万元)，但弥补2012年度亏损后不用缴税，即2012年确认的递延所得税资产在2014年度进一步转回，仍有未弥补亏损30万元，相应的尚待抵扣递延所得税资产=20−12.5 = 7.5(万元)。

借：所得税费用　　125 000
　　贷：递延所得税资产　　125 000

(4) 2015年企业盈利80万元，本来应纳所得税税额=80 × 25% = 20(万元)，但弥补2012年度亏损后不用缴税，即2012年确认的递延所得税资产在2015年度全部转回。结转后，递延所得税资产应无余额。

借：所得税费用　　200 000
　　贷：递延所得税资产　　75 000
　　　　应交税费——应交所得税　　125 000

案例导入分析

解析：(1) 该企业2014年收入总额2 000万元，其中购买国债利息200万元免税。

(2) 准予扣除项目：工资200万元。

准予扣除的业务招待费=1 800 × 0.5% = 9(万元)

100 × 60% = 60(万元)

则准予扣除的业务招待费为 9 万元。

职工福利费=200 × 14% = 28(万元)，则允许扣除 28 万元。

职工教育经费=200 × 2.5% = 5(万元)，则允许按实际发生额扣除。

工会经费=200 × 2% = 4(万元)，则允许扣除 4 万元。

根据税法规定，税收滞纳金不允许扣除。

企业利润总额= 2 000 − 1 000 = 1 000(万元)

则允许扣除的公益性捐赠=1 000 × 12% = 120(万元)

(3) 企业应纳税所得税= 2 000 − 200 − 200 − 9 − 28 − 2 − 4 − 120 − 478
= 959(万元)

应纳企业所得税税额= 959 × 25% = 239.75(万元)

项目实务训练

一、单项选择题

1. 我国企业所得税条例规定，纳税人下列收入中，属于不征税收入范围的是( )。

A. 财政拨款　　B. 租金收入
C. 产品销售收入　　D. 国债利息收入

2. 在计算企业所得税应纳税所得额时，下列项目准予从收入总额中扣除的是( )。

A. 各项经济合同违约金和罚款　　B. 各项税收滞纳金和罚款支出
C. 非广告性质的赞助支出　　D. 企业按规定提取的存货减值准备

3. 企业所得税的计税依据是企业的( )。

A. 应纳税额　　B. 利润额　　C. 应纳税所得额 D. 收入总额

4. 我国企业所得税的征收方法是( )。

A. 按月计征，按月预缴
B. 按季计征，按月预缴
C. 按年计征，按月或按季预缴
D. 按年计征，按月或季预缴，年终汇算清缴

5. 某企业 2013 年度发生亏损 5 万元，2014 年盈利 8 万元，该企业 2014 年度应纳企业所得税( ) 万元。

A. 0.75　　B. 2　　C. 0　　D. 1.25

6. 企业所得税规定纳税人应在年度终了后( )日内，向其所在地主管税务机关报送

会计决算报表和纳税申报表。

A. 15　　B. 30　　C. 45　　D. 60

7. 下列项目中，允许在企业所得税税前扣除的是(　　)。

A. 未经核定的准备金支出　　B. 纳税人缴纳的增值税

C. 纳税人因买卖合同纠纷而支付的诉讼费用　　D. 长期投资减值准备金

8. 下列支出中，允许在税前扣除的有(　　)。

A. 对广告部门赞助的广告性支出　　B. 对有意联营单位的赞助支出

C. 工商局罚款　　D. 税收的滞纳金

9. 企业境外所得已在境外实际缴纳的所得税税款，在汇总纳税并按规定计算的扣除限额扣除时，如果境外实际缴纳的税款超过扣除限额，对超过的部分可处理的方法是(　　)。

A. 列为当年费用支出

B. 从本年度的应纳所得税税额中扣除

C. 从以后年度税额扣除的余额中补扣，补扣期限最长不得超过五年

D. 从以后年度境外所得中扣除

10. 纳税人计算企业应纳所得税时，准予从收入总额中扣除的计入“主营业务税金及附加”的是(　　)。

A. 增值税、消费税、资源税、城建税

B. 增值税、消费税、印花税、城建税

C. 消费税、资源税、城建税、土地增值税

D. 消费税、资源税、城建税、印花税

11. 下列固定资产中，计征企业所得税时，允许计提折旧的有(　　)。

A. 土地　　B. 以经营租赁方式租入的固定资产

C. 按规定提取维修费的固定资产　　D. 以融资租赁方式租入的固定资产

12. 计征企业所得税时，超过规定标准列支的业务招待费，应计入(　　)。

A. 营业外收入　　B. 成本　　C. 费用　　D. 应税所得额

13. 某制药厂2015年主营业务收入2 500万元，营业外收入80万元，广告费支出300万元，则2015年计算应纳税所得额时广告费纳税调整为(　　)。

A. 调减50万元　　B. 调增150万元

C. 调增75万元　　D. 不调整

14. 根据企业所得税法律制度的规定，企业为开发新技术、新产品、新工艺发生的研究开发费用，未形成无形资产计入当期损益的，在按照规定据实扣除的基础上，按照研究开发费用一定比例加计扣除，该比例为(　　)。

A. 50%　　B. 100%　　C. 150%　　D. 200%

15. 下列税种在计算企业所得税应纳税所得额时，不准从收入额中扣除的税金是(　　)。

A. 增值税　　B. 消费税　　C. 营业税　　D. 土地增值税

二、多项选择题

1. 企业的下列支出准予从收入总额中扣除的有(　　)。

A. 对外投资的支出

B. 缴纳的增值税

C. 转让固定资产发生的费用

D. 以经营租赁方式租入固定资产而发生的租赁费

2. 企业的下列支出不能从收入总额中扣除的有(　　)。

A. 各种非广告性质的赞助费用

B. 纳税人逾期归还银行贷款，银行按规定加收的罚息

C. 参加财产保险，按规定缴纳的保险费用

D. 纳税人为雇员向商业保险机构投保的人寿保险

3. 根据企业所得税法律制度的规定，下列各项中，在计算企业所得税应纳税所得额时不得扣除的有(　　)。

A. 合理工资薪金总额2.5%以内的职工教育经费　　B. 企业所得税税款

C. 交通罚款　　D. 消费税税款

4. 在计算应纳税所得额时，允许扣除的“费用”是指(　　)。

A. 销售(经营)费用　　B. 管理费用

C. 财务费用　　D. 制造费用

5. 下列属于计入“管理费用”开支的税金(即费用性税金)有(　　)。

A. 城建税　　B. 房产税　　C. 车船使用税　　D. 印花税

6. 下列项目中，属于企业所得税暂行条例规定的收入总额的有(　　)。

A. 保险公司给予纳税人的无赔款优待　　B. 纳税人购买国库券的利息收入

C. 股息收入　　D. 特许权使用费收入

7. 下列项目中，能够在企业所得税前扣除的有(　　)。

A. 资源税　　B. 增值税　　C. 土地增值税　　D. 印花税

8. 在计算应税所得额时，下列项目中不能从收入总额中扣除的有(　　)。

A. 无形资产开发支出未形成资产的部分

B. 意外事故损失中有关赔偿的部分

C. 各种广告性的赞助支出

D. 税收的滞纳金

9. 下列项目中，在会计利润的基础上应调增应纳税所得额的项目有(　　)。
   A. 工资费用支出超标准　　B. 业务招待费支出超标准
   C. 公益救济性捐赠超标准　　D. 查补的营业税
10. 下列项目中，计征企业所得税时不允许扣除的项目有(　　)。
   A. 以经营租赁方式租入固定资产发生的租赁费
   B. 纳税人按规定缴纳的残疾人就业保障金
   C. 保险公司给予纳税人的无赔款优待
   D. 为解决职工子女入学，直接捐赠给某小学的计算机

三、判断题

1. 企业来源于中国境外的所得，已在境外缴纳的所得税税款，准予在汇总纳税时，从其应纳税额中扣除，但扣除额不得超过其境外所得依中国税法规定计算的应纳税额。(　　)
2. 企业购买国债的利息收入，不计入应纳税所得额。(　　)
3. 企业向非金融机构借款的利息支出可按实际发生数扣除。(　　)
4. 纳税人销售商品涉及现金折扣的，应当按照扣除现金折扣后的金额确定销售商品收入。(　　)
5. 纳税人的财务、会计处理与税法规定不一致的，应按税收规定予以调整。(　　)
6. 企业已在境外缴纳的所得税税款，是指纳税人来源于中国境外的所得在境外实际缴纳的所得税。(　　)
7. 企业所得税应当分国不分项计算其扣除限额。(　　)
8. 企业在生产经营期间的借款利息支出，可按实际发生数从收入总额中扣除。(　　)
9. 企业发生亏损，可在今后五年内弥补亏损，是指以五个盈利年度的利润弥补亏损。(　　)
10. 纳税人按财务制度规定提取的存货减值准备金在计算应纳税所得额时准予扣除。(　　)

四、业务题

1. 某企业2015年有关财务资料如下。

(1) 实现利润350万元。

(2) 2014年尚未弥补的亏损5万元。

(3) 未按期缴纳税金，被罚款1万元，在“营业外支出”中列支。

(4) 该企业实行坏账准备金制度，坏账提取比例为5‰。2014年年末应收账款余额为200万元，企业年末坏账准备贷方余额为1.5万元。

(5) 取得国库券利息收入3万元，计入“投资收益”账户。

(6) 从联营企业分回税后利润3万元，联营企业所得税税率是15%。

(7) 支付非公益性捐赠4万元，已列入“营业外支出”。

要求：计算该企业2015年度应缴的企业所得税税额。

2. 某国有公司当年境内经营应纳税所得额为2 000万元，其在A、B两国设有分支机构，A国分支机构当年应纳税所得额为600万元，其中生产经营所得为500万元，A国规定税率为40%，特许权使用费所得为100万元，A国规定税率为20%；B国分支机构当年应纳税所得额为400万元，其中生产经营所得为250万元，B国规定税率为30%，租金所得为150万元，规定税率为10%。

要求：计算该公司当年度境内外所得汇总缴纳的所得税税额。

3. 某企业2015年度经营情况如下。

(1) 产品销售收入总额840万元，发生销售退回40万元，已缴销售税金8万元。

(2) 本期生产成本420万元。

(3) 销售费用和管理费用支出25万元。

(4) 转让一项生产专用技术取得收入12万元。

(5) 向“希望工程”捐款5万元，已在”营业外支出”列支。

(6) 1—11月份已预缴所得税93万元。

要求：计算其年终应补(退)所得税税款。

4. 某化工生产企业成立于2011年，至2015年的4年间各年获利情况如下。2011年亏损100万元，2012年亏损20万元，2013年获利40万元，2014年获利60万元，2015年实现利润总额700万元，已预缴所得税231万元。利润总额中，涉及以下可能需要纳税调整的事项。

(1) 已扣除本年新产品研究开发费用48万元(上年发生30万元)。

(2) 已扣除捐赠支出80万元(其中通过红十字会向红十字事业捐款30万元，通过非盈利社会团体向残疾人基金会捐款50万元)。

(3) 已计入成本费用的工资280万元，并已计提了三项经费。

要求：计算该企业2015年汇算清缴应补(或应退)的企业所得税税额。

5. 胜利公司2012年12月31日购入价值50 000元的设备，预计该设备使用期限5年，无残值，采用直线法计提折旧，税法允许采用双倍余额递减法计提折旧。各年应税利润总额分别为100 000元、108 000元、112 800元、114 600元、114 600元，该企业适用税率25%。

要求：采用资产负债表债务法计算各年递延所得税、应缴所得税、所得税费用并作出2013年、2014年、2015年相应的会计分录。

项目七　个人所得税及其会计核算

项目目的及要求

通过本项目的学习，学生应了解个人所得税的纳税人和征税对象、税率、纳税期限等内容；理解并掌握应纳税额的计算方法；掌握个人所得税的会计处理方法；熟悉个人所得税的纳税申报等业务。

项目重点和难点

本项目的学习重点是个人所得税应纳税额的计算及会计业务处理，难点是个人所得税应纳税额的计算。

案例导入

高级工程师黄某(中国公民)供职于某建筑设计院，2015 年 12 月取得的收入情况如下。

(1) 当月工资 5 000 元。

(2) 与其同事合作出版业务专著一本，稿酬共计 7 800 元，黄某分得 3 900 元。

(3) 为一所筹建中的儿童福利院提供全套建筑工程设计方案，取得劳务报酬收入 38 000 元，将其中 18 000 元通过民政局捐赠给了该儿童福利院.

(4) 将自有私房一套出租，当月取得租金收入 5 000 元(不考虑其他税费)。

(5) 取得国家建设部颁发的科技成果奖奖金 15 000 元。

要求：计算该工程师当月共计应缴纳的个人所得税税额(各项所得均由自己申报纳税)。

任务一　个人所得税概述

一、个人所得税的概念

个人所得税是对在中国境内有住所，或者无住所而在境内居住满一年的个人，就其从中国境内和境外取得的所得，以及在中国境内无住所又不居住或者无住所而在境内居住不满一年的个人，就其从中国境内取得的所得征收的一种税。

中国现行个人所得税的基本规范是 1980 年 9 月 10 日第五届全国人民代表大会第三次

会议制定、根据2011年6月30日第十一届全国人民代表大会常务委员会第二十一次会议决定修正的《中华人民共和国个人所得税法》。2015年财政部税政司多次组织专家开会研讨，个税进一步改革方案已初具雏形，改革的方向是建立综合与分类相结合的个人所得税制，未来工资薪金所得、劳务报酬所得等将统一纳入综合范围征税，个税调节收入分配的作用将进一步增强。十八届五中全会关于收入分配改革的基本原则会在个税改革中有所体现。实行有利于缩小收入差距的政策，明显增加低收入劳动者收入，扩大中等收入者比重，加快建立综合和分类相结合的个人所得税制。

我国目前实行的是分类税制，即将个人各种来源不同、性质各异的所得进行分类，分别扣除不同的费用，按不同的税率课税。我国税法规定的应税所得包括工资、薪金所得，个体工商户的生产、经营所得，对企事业单位的承包经营、承租经营所得，劳务报酬所得，利息、股息、红利所得，财产租赁所得，财产转让所得等共计11类。我国最早提出建立综合与分类相结合的个人所得税制是在1995年，至今已经过去了21个春秋，我国仍然是分类征收个人所得税。在最新的个税改革方案中，首先要解决的问题就是哪些个人收入继续分类征收个税，哪些收入纳入综合征收范围。确定了综合征收范围后，还需要确定综合计征的税率。

个人所得税是世界性的重要税种之一，其开征源于个别国家筹集军费的需要，而今已发展成为大多数国家组织财政收入、调节经济运行的重要手段。

二、个人所得税的特点

我国现行的个人所得税具有以下特点。

(一)实行分类征收

世界各国的个人所得税制大体分为三种类型：分类所得税制、综合所得税制和混合所得税制。我国目前是分类所得税制，即将个人的应税所得分为：工资、薪金所得，个体工商户的生产、经营所得，对企事业单位的承包经营、承租经营所得，劳务报酬所得，稿酬所得，特许权使用费所得，利息、股息、红利所得，财产租赁所得，财产转让所得，偶然所得，其他所得，共11类，分别适用不同的费用减除规定、不同的税率和不同的计税方法。

(二)累进税率与比例税率并用

我国现行个人所得税针对各类所得的性质差别与特点，分别采用累计税率与比例税率进行征税。比如，对工资、薪金所得，个体工商户的生产经营所得，企事业单位的承包、承租所得采用累进税率，对劳务报酬、稿酬、财产租赁所得等其他所得采用比例税率。

(三)费用扣除采用定额扣除和定率扣除相结合的方法

我国的个人所得税对各项所得，分别采用费用定额扣除和定率扣除两种方法。例如，工资、薪金所得采用的是每月定额扣除方式，每月扣除费用 3 500 元(2011 年 9 月 1 日以后)；对劳务报酬等所得采取定额扣除以外，还采用了定率扣除方式，即每次收入不超过 4 000 元的减除 800 元，每次收入 4 000 元以上的减除 20%的费用。

(四)计税方法多样

由于各项所得的实现方式和核算方法不尽相同，因此其表现在计税方法上也是多种多样的。比如，工资、薪金所得按月计税；生产经营所得和承包、承租经营所得按年计税，分月预缴；其他所得采用按次计税的方法。

(五)自行申报与代扣代缴相结合

为了有效控制税源、防止漏税和逃税，我国个人所得税法规定，对纳税人的应纳税额分别采取由支付单位源泉扣缴和纳税人自行申报两种方法。

三、个人所得税的纳税人

在中国境内有住所，或者无住所而在境内居住满一年的个人，以及在中国境内无住所又不居住或者无住所而在境内居住不满一年的个人为个人所得税纳税人，包括中国公民、个体工商户以及有来源于中国境内所得的外籍人员和中国香港、澳门、台湾同胞。

自 2000 年 1 月 1 日起，个人独资企业和合伙企业投资者也是个人所得税的纳税人。为有效行使税收管辖权，我国采用国际上通行的住所标准和居住时间标准将个人所得税纳税人划分为居民纳税人和非居民纳税人，分别承担不同的纳税义务。

(一)居民纳税人

居民纳税人是指在中国境内有住所，或者无住所而在境内居住满一年的个人。居民纳税人应负全面纳税义务，要就其来源于中国境内和境外的全部所得，依照中国税法规定缴纳个人所得税。

“在中国境内有住所”的个人，是指因户籍、家庭、经济利益关系而在中国境内习惯性居住的个人。所谓习惯性居住，是判定纳税义务人是居民或非居民的一个法律意义上的标准，不是指实际居住或在某一个特定时期内的居住地。例如，因学习、工作、探亲、旅游等而在中国境外居住的，在其原因消除之后，必须回到中国境内居住的个人，则中国即为该纳税人习惯性居住地。

“在境内居住满一年”，是指在一个纳税年度(即公历 1 月 1 日起至 12 月 31 日止，下同)内，在中国境内居住满 365 日。在计算居住天数时，对临时离境应视同在华居住，不扣减其在境内居住的天数。这里所说的临时离境，是指在一个纳税年度内一次不超过 30 日或者多次累计不超过 90 日的离境。

根据以上标准，个人所得税的居民纳税人包括以下两类。

(1) 在中国境内定居的中国公民和外国侨民。但不包括虽具有中国国籍，却并没有在中国内地定居，而是侨居海外的华侨和居住在香港、澳门、台湾地区的同胞。

(2) 从公历 1 月 1 日起至 12 月 31 日止，居住在中国境内的外国人、海外侨胞和港、澳、台地区同胞，如果在一个纳税年度内，一次离境不超过 30 天，或多次离境累计不超过 90 天，都应视为全年在中国居住，从而被认定为居民纳税人。

居民纳税人应负全面纳税义务，要就其来源于中国境内和境外的全部所得，依照中国税法规定缴纳个人所得税。

(二)非居民纳税人

非居民纳税人是指不符合居民纳税义务人条件的纳税义务人，即在中国境内无住所又不居住或者无住所且在一个纳税年度内，在中国境内居住不满一年的个人。在现实生活中，非居民纳税人实际上只能是在一个纳税年度内，没有在中国境内居住，或者居住不满一年的外籍人员，港、澳、台地区同胞。

非居民纳税人负有限纳税义务，仅就其来源于中国境内的所得，依照中国税法规定缴纳个人所得税。

【例 7-1】 某跨国自然人 2014 年 5 月 1 日至 2015 年 12 月 20 在中国境内工作，在此期间分别于 2015 年 5 月 1 日至 5 月 15 日以及 2015 年 10 月 1 日至 10 月 20 日回国探亲，则该纳税人 2014 年度以及 2015 年度是中国的居民纳税人还是非居民纳税人？

首先该纳税人在中国境内无住所，另外由于该纳税人 2014 年度自 5 月 1 日起在中国居住，在境内居住不满一年，因此 2014 年度为非居民纳税人；2015 年度虽然该纳税人有两次离境，但都没有超过 30 天，累计也没超过 90 天，因此为临时离境，则 2015 年该纳税人在境内居住满一年，即该纳税人 2015 年度为居民纳税人，应就其来自境内、境外的全部所得在境内纳税。

四、个人所得税的征税对象

中国现行个人所得税法把以下 11 个类别的所得(无论是现金、实物还是证券所得)定为应税所得。

1．工资、薪金所得

工资、薪金所得，是指个人因任职或者受雇而取得的工资、薪金、奖金、年终加薪、劳动分红、津贴、补贴以及与任职或者受雇有关的其他所得。

一般说来，工资、薪金所得属于非独立个人劳动所得。所谓非独立个人劳动，是指个人所从事的是由他人指定、安排并接受管理的劳动。工作或服务于公司、工厂、行政、事业单位的人员(私营企业主除外)均为非独立劳动者。他们从上述单位取得的劳动报酬，是以工资、薪金的形式体现的。除工资、薪金以外，奖金、年终加薪、劳动分红、津贴、补贴也被确定为工资、薪金范畴。其中，年终加薪、劳动分红不分种类和取得情况，一律按工资、薪金所得课税。

根据我国目前个人收入的构成情况，规定对于一些不属于工资、薪金性质的补贴、津贴或者不属于纳税人本人工资、薪金所得项目的收入，不予征税。这些项目具体如下：

(1)　独生子女补贴。

(2)　执行公务员工资制度未纳入基本工资总额的补贴、津贴差额和家属成员的副食品补贴。

(3)　托儿补助费。

(4)　差旅费津贴、误餐补助。

2．个体工商户的生产、经营所得

个体工商户的生产、经营所得，是指以下所得。

(1)　个体工商户从事工业、手工业、建筑业、交通运输业、商业、饮食业、服务业、修理业及其他行业取得的所得。

(2)　个人经政府有关部门批准，取得执照，从事办学、医疗、咨询以及其他有偿服务活动取得的所得。

(3)　上述个体工商户和个人取得的与生产、经营有关的各项应税所得。

(4)　个人因从事彩票代销业务而取得的所得，应按照“个体工商户的生产、经营所得”项目计征个人所得税。

(5)　其他个人从事个体工商业生产、经营取得的所得。

个体工商户的上述生产、经营所得实际上可以分为两类：一类是纯生产、经营所得，如第(1)～(4)项所得，它是指个人直接从事工商各业生产、经营活动而取得的生产性、经营性所得以及有关的其他所得。另一类是独立劳动所得，如第(5)项所得。所谓独立劳动，是指个人所从事的是由自己自由提供的，不受他人指定、安排和具体管理的劳动。例如，私人诊所的医生、私人会计事务所的会计师，以及独立从事教学、文艺等活动的个人均为独立劳动者，他们的收入具有不确定性。

3．对企事业单位的承包经营、承租经营所得

对企事业单位的承包经营、承租经营所得，是指个人承包经营或承租经营以及转包、转租取得的所得。承包项目可分多种，如生产经营、采购、销售、建筑安装等各种承包。

个人对企事业单位的承包、承租经营形式较多，分配方式也不尽相同。大体上可以划分为以下两类。

(1) 承包、承租经营后，工商登记变更为个体工商户。此类承包、承租经营所得，实际上属于个体工商户的生产、经营所得，应按个体工商户的生产、经营所得项目征收个人所得税，不再征收企业所得税。

(2) 承包、承租经营后，工商登记仍为企业的，不论其分配方式如何，均应先按照企业所得税的有关规定缴纳企业所得税。承包、承租经营者按照合同(协议)规定取得的所得，依照个人所得税法的有关规定缴纳个人所得税。其具体规定如下。

① 承包、承租人对企业经营成果不拥有所有权，仅是按合同(协议)规定取得一定所得的，其取得的所得应按照工资、薪金所得项目征税。

② 承包、承租人按合同(协议)规定只向发包方、出租方交纳一定费用后，企业经营成果归承包、承租人所有的，其取得的所得应按照对企事业单位承包经营、承租经营所得项目征税。

4．劳务报酬所得

劳务报酬所得是指个人独立从事各种非雇佣的劳务所取得的所得。

在实务操作中，有可能出现难以判定一项所得是属于工资、薪金所得，还是属于劳务报酬所得的情况。两者的区别在于：工资、薪金所得属于非独立个人劳务活动，即在机关、团体、学校、部队、企事业单位及其他组织中任职、受雇而得到的报酬；劳务报酬所得则是个人独立从事各种技艺、提供各项劳务取得的报酬。

是否存在雇佣与被雇佣关系则是判定工资、薪金所得和劳务报酬所得的一项重要标准，前者存在雇佣与被雇佣关系，后者则不存在这种关系。例如，演职员参加任职单位组织的演出取得的报酬为工资、薪金所得，而参加非任职单位组织的演出取得的报酬则为劳务报酬所得。

5．稿酬所得

稿酬所得是指个人因其作品以图书、报刊形式出版、发表而取得的所得。这里所说的作品，包括文学作品、书画作品、摄影作品以及其他作品。

6．特许权使用费所得

特许权使用费所得是指个人提供专利权、商标权、著作权、非专利技术以及其他特许

权的使用权取得的所得。

7．利息、股息、红利所得

利息、股息、红利所得，是指个人拥有债权、股权而取得的利息、股息、红利所得。

利息是指个人拥有债权而取得的利息，包括存款利息、贷款利息和各种债券的利息。按税法规定，个人取得的利息所得，除国债和国家发行的金融债券利息外，应当依法缴纳个人所得税。

股息、红利是指个人拥有股权取得的股息、红利。按照一定的比率对每股发给的息金，称为股息；公司、企业应分配的利润，按股份分配的称为红利。股息、红利所得，除另有规定外，都应当缴纳个人所得税。

需要注意的是，对储蓄存款利息，自 2008 年 10 月 9 日起暂免征收储蓄存款利息的个人所得税。

8．财产租赁所得

财产租赁所得是指个人出租建筑物、土地使用权、机器设备、车船以及其他财产取得的所得，包括个人取得的财产转租收入。

确认财产租赁所得的纳税人，应以产权凭证为依据；无产权凭证的，由主管税务机关根据实际情况确定。

9．财产转让所得

财产转让所得是指个人转让有价证券、股权、建筑物、土地使用权、机器设备、车船以及其他财产取得的所得。

10．偶然所得

偶然所得是指个人得奖、中奖、中彩以及其他偶然性质的所得。得奖是指参加各种有奖竞赛活动，取得名次得到的奖金；中奖、中彩是指参加各种有奖活动，如有奖销售、有奖储蓄或者购买彩票，经过规定程序，抽中、摇中号码而取得的奖金。

偶然所得应缴纳的个人所得税税款，一律由发奖单位或机构代扣代缴。

个人购买体育彩票，凡一次中奖收入不超过 1 万元的，暂免征收个人所得税；超过 1 万元的，应按规定全额征收个人所得税。

11．其他所得

其他所得是指除上述项目以外，经国务院财政部门确定征税的所得。

五、个人所得税的税率

个人所得税根据不同的征税项目，分别规定了三种不同税率。

1. 工资、薪金所得，适用 7 级超额累进税率①

工资、薪金所得适用税率如表 7-1 所示。

表 7-1　工资、薪金所得适用税率

级　数	全月应纳税所得额	税率/%	速算扣除数
1	不超过 1 500 元的	3	0
2	超过 1 500 元至 4 500 元的部分	10	105
3	超过 4 500 元至 9 000 元的部分	20	555
4	超过 9 000 元至 35 000 元的部分	25	1 005
5	超过 35 000 元至 55 000 元的部分	30	2 755
6	超过 55 000 元至 80 000 元的部分	35	5 505
7	超过 80 000 元的部分	45	13 505

注：本表所称全月应纳税所得额是指依照最新修正的《个人所得税法》第六条规定，以每月收入额减除费用 3 500 元以及附加减除费用后的余额。

2. 5 级超额累进税率

个体工商户的生产、经营所得和对企事业单位的承包经营、承租经营所得适用税率表，如表 7-2 所示。

表 7-2　5 级超额累进税率表

级　数	全年应纳税所得额	税率/%	速算扣除数
1	不超过 15 000 元的	5	0
2	超过 15 000 元至 30 000 元的部分	10	750

① 根据 2011 年 6 月 30 日第十一届全国人民代表大会常务委员会第二十一次会议《关于修改〈中华人民共和国个人所得税法〉的决定》第六次修正，工资、薪金所得，以每月收入额减除费用 3 500 元后的余额为应纳税所得额，适用超额累进税率，税率为 3%～45%，新法于 2011 年 9 月 1 日起施行。

续表

级　数	全年应纳税所得额	税率/%	速算扣除数
3	超过 30 000 元至 60 000 元的部分	20	3 750
4	超过 60 000 元至 100 000 元的部分	30	9 750
5	超过 100 000 元的部分	35	14 750

3. 比例税率

对个人的稿酬，劳务报酬，特许权使用费，利息、股息和红利，财产租赁，财产转让，偶然所得和其他所得等，按次计算征收个人所得税，适用 20%的比例税率。

(1) 对稿酬所得适用 20%的比例税率，并按应纳税额减征 30%；对劳务报酬所得一次性收入畸高和特高的，除按 20%征税外还可实行加成征收，以保护合理的收入和限制不合理的收入。

(2) 劳务报酬所得，适用比例税率，税率为 20%。对劳务报酬所得一次收入畸高的，可以实行加成征收，具体实施办法由国务院规定。

“劳务报酬所得一次收入畸高”，是指个人一次取得的劳务报酬，其应纳税所得额超过 20 000 元。具体加成征收办法为：对应纳税所得额超过 20 000 元至 50 000 元的部分，依照税法规定计算应纳税额后再按照应纳税额加征五成；超过 50 000 元的部分，加征十成。因此，劳务报酬所得实际上适用 20%、30%、40%的 3 级超额累进税率，如表 7-3 所示。

表 7-3　劳务报酬所得适用 3 级超额累进税率表

每次应纳税所得额	税率/%	速算扣除数
不超过 20 000 元的部分	20	0
超过 20 000 元不超过 50 000 元的部分	30	2 000
超过 50 000 元的部分	40	7 000

(3) 特许权使用费所得，利息、股息、红利所得，财产租赁所得，财产转让所得，偶然所得和其他所得，适用比例税率，税率为 20%。

对于个人按市场价格出租的居民住房取得的所得，自 2001 年 1 月 1 日起暂减按 10%的税率征收个人所得税。

任务二　个人所得税应纳税额的计算

一、应纳税所得额的计算

(一)各项费用减除标准

(1) 工资、薪金所得，以每月收入额减除费用 3 500 元(自 2011 年 9 月 1 日起)后的余额为应纳税所得额。

另外，对在中国境内无住所而在中国境内取得工资、薪金所得的纳税义务人和在中国境内有住所而在中国境外取得工资、薪金所得的纳税义务人，可以根据其平均收入水平、生活水平以及汇率变化情况确定附加减除费用，即每月在减除 3 500 元费用的基础上，再减除 1 300 元的标准。

附加减除费用适用的范围包括以下几类纳税人。

① 在中国境内的外商投资企业和外国企业中工作的外籍人员。

② 应聘在中国境内的企业、事业单位、社会团体、国家机关中工作的外籍专家。

③ 在中国境内有住所而在中国境外任职或者受雇取得工资、薪金所得的个人。

④ 国务院财政、税务主管部门确定的其他人员。

(2) 个体工商户的生产、经营所得，以每一纳税年度的收入总额，减除成本、费用以及损失以后的余额，为应纳税所得额。

(3) 对企事业单位的承包经营、承租经营所得，以每一纳税年度的收入总额，减除必要费用后的余额，为应纳税所得额。减除必要费用是指按月减除 3 500 元(自 2011 年 9 月 1 日起)。

(4) 劳务报酬所得、稿酬所得、特许权使用费所得、财产租赁所得，每次收入不超过 4 000 元的，减除费用 800 元；每次收入超过 4 000 元的，减除 20%的费用，其余为应纳税所得额。

(5) 财产转让所得，以转让财产的收入额减除财产原值和合理费用后的余额为应纳税所得额。

(6) 利息、股息、红利所得，偶然所得和其他所得，以每次收入额为应纳税所得额，不扣减任何费用。

(二)所得来源地的认定

非居民纳税人因其负有限纳税义务，仅就来源于中国境内的所得按税法规定缴纳个人所得税，因此对其所得来源地的判断认定，就显得十分重要。

对来源于中国境内所得的判断认定，不是以款项的支付地为标准，也不是以取得者是否居住在中国境内为标准，应根据税法规定进行确定。

所得的来源地与所得的支付地并不是同一概念，有时两者是一致的，有时却是不相同的。根据我国税法规定，以下所得，不论支付地点是否在中国境内，均为来源于中国境内的所得：①因任职、受雇、履约等而在中国境内提供劳务取得的所得；②将财产出租给承租人在中国境内使用而取得的所得；③转让中国境内的建筑物、土地使用权等财产或者在中国境内转让其他财产取得的所得；④许可各种特许权在中国境内使用而取得的所得；⑤从中国境内的公司、企业以及其他经济组织或者个人取得的利息、股息、红利所得。

(三)每次收入的确定

现行个人所得税法对于纳税义务人取得的劳务报酬所得，稿酬所得，特许权使用费所得，财产租赁所得，利息、股息、红利所得，偶然所得和其他所得等应税所得项目，在确定应纳税所得额时，均是以每次收入为计算依据的，因此准确确定每次收入是计算应纳税额的关键。每次收入区分不同应税项目，具体如下。

1. 劳务报酬所得

根据不同劳务项目的特点，分别规定如下。

(1) 只有一次性收入的，以取得该项收入为一次。

(2) 属于同一项目连续性收入的，以一个月内取得的收入为一次。

2. 稿酬所得

以每次出版、发表取得的收入为一次，具体又可细分如下。

(1) 个人每次以图书、报刊方式出版、发表同一作品，不论出版单位是预付还是分笔支付稿酬，或者加印该作品后再付稿酬，均应合并其稿酬所得按一次计征个人所得税。

(2) 个人在两处或两处以上出版、发表或再版同一作品而取得稿酬所得，则可分别各处取得的所得或再版所得按分次所得计征个人所得税。

【例 7-2】 某作品 2013 年 10 月出版，稿酬 3 800 元；2015 年 10 月修订后再版，稿酬 7 600 元。则对 2003 年 10 月的 3 800 元稿酬和 2015 年 10 月的 7 600 元稿酬应按两次稿酬所得分别纳税。

(3) 个人的同一作品在报刊上连载，应合并其因连载而取得的所有稿酬所得为一次，按税法规定计征个人所得税。在其连载之后又出书取得稿酬所得，或先出书后连载取得稿酬所得，应视同再版稿酬分次计征个人所得税，即连载作为一次，出书作为另一次。

3. 特许权使用费所得

以一项特许权的一次许可使用所取得的收入为一次。

如果转让时取得的收入是分笔支付的，则应将各笔收入相加为一次的收入，计征个人所得税。

4. 财产租赁所得

以一个月内取得的收入为一次。

5. 利息、股息、红利所得

以支付利息、股息、红利时取得的收入为一次。

6. 偶然所得、其他所得

均以每次取得该项收入为一次。

二、应纳税额的计算

(一)工资、薪金所得

工资、薪金所得适用7级超额累进税率计算应纳税额，按月计征，以每月收入扣除3 500元或4 800元后的余额作为应纳税所得额，按适用税率计算应纳税额。其计算公式如下。

全月应纳税额 =(全月工资、薪金收入额－费用扣除标准)×适用税率－速算扣除数

【例7-3】 某纳税人2015年10月的工资为6 000元，计算当月应纳个人所得税税额。

应纳税所得额=6 000－3 500＝2 500(元)

应纳税额=2 500×10%－105＝145(元)

对在中国境内有住所的个人一次取得数月奖金或年终加薪、劳动分红(以下简称奖金，不包括应按月支付的奖金)的征税规定。

年终奖应纳个人所得税的计算方法如下。

(1) 如果雇员当月工资薪金所得高于(或等于)税法规定的费用扣除额的，适用公式如下。

应纳税额= 雇员当月取得全年一次性奖金×适用税率－速算扣除数

【例7-4】 某单位2015年员工甲的年终奖为54 000元。则甲的税后净收入(该单位员工当月工薪所得高于税法规定3 500元扣除限额)分别计算如下。

按照规定，甲年终奖分摊到12个月后，相当于每月收入4 500元，故其适用税率为10%，速算扣除数为105元，则甲应纳个人所得税税额如下。

54 000×10%－105＝5 295(元)

税后净收入计算如下。

54 000 − 5 295 = 48 705(元)

(2) 如果雇员当月工资薪金所得低于税法规定的费用扣除额的，适用公式如下。

应纳税额=(雇员当月取得全年一次性奖金 − 雇员当月工资薪金所得与费用扣除额的差额) × 适用税率 − 速算扣除数

【例 7-5】 张某 2015 年 12 月应税工资 3 000 元，当月取得全年一次性奖金 36 500 元，则其当月应纳个人所得税税额如下。

应纳税额= [36 500 − (3 500 − 3 000)] × 10% − 105 = 3 495(元)

在一个纳税年度里，对每一个纳税人，该计算办法只允许采用一次。雇员取得除全年一次性奖金以外的其他各种名目的奖金，如半年奖、季度奖、加班奖、先进奖、考勤奖等，一律与当月工资、薪金收入合并，按税法规定缴纳个人所得税。

(二)个体工商户的生产、经营所得

个体工商户的生产、经营所得适用 5 级超额累进税率，实行按年计征，分月或分季预缴，年终汇算清缴，多退少补的方法，以每一纳税年度的收入总额，减除成本、费用以及损失后的余额为应纳税所得额，按适用税率计算应纳税额。

应纳税所得额 = 全年收入总额 − 成本、费用及损失

计算应纳税所得额时允许扣除的项目如下。

(1) 自 2008 年 3 月 1 日起，个体工商户业主的费用扣除标准统一确定为每年 24 000 元，即每月 2 000 元。

(2) 个体工商户向其从业人员实际支付的合理的工资、薪金支出，允许在税前据实扣除。

(3) 个体工商户拨缴的工会经费、发生的职工福利费、职工教育经费支出分别在工资、薪金总额 2%、14%、2.5%的标准内据实扣除。

(4) 个体工商户每一纳税年度发生的广告费和业务宣传费不超过当年销售(营业)收入 15%的部分，可据实扣除；超过部分，允许在以后年度结转。

(5) 个体工商户每一纳税年度发生的和生产经营直接相关的业务招待费支出，按照实际发生额的 60%扣除，但最高不超过当年销售(营业)收入的 0.5%。

个体工商户的生产、经营所得应纳税额的计算公式如下。

应纳税额= 应纳税所得额 × 税率 − 速算扣除数

= (全年收入总额 − 成本、费用及损失) × 适用税率 − 速算扣除数

个人独资企业和合伙企业适用以上规定。

【例 7-6】某个体户全年经营收入 200 000 元，其中生产经营成本、费用为 180 000 元，则其应纳的个人所得税税额如下。

应纳税所得额 = 200 000 − 180 000 = 20 000(元)

应纳税额 = 20 000 × 20% − 1 250 = 2 750(元)

(三)企事业单位的承包、承租经营所得

企事业单位的承包、承租经营所得，适用 5 级超额累进税率，实行按年计征，分月或分季预缴，年终汇算清缴，多退少补的方法，以每一纳税年度的收入总额，减除必要费用后的余额为应纳税所得额。“每一纳税年度的收入总额”，是指纳税人按照承包经营、承租经营合同规定分得的经营利润和工资、薪金性质的所得；“减除必要费用”，是指按月减除 3 500 元(自 2011 年 9 月 1 日起)。

企事业单位的承包、承租经营所得应纳税额的计算公式如下。

应纳税所得额 = 收入总额 − 必要扣除费用 − 上交承包费

应纳税额 = 应纳税所得额 × 税率 − 速算扣除数

【例 7-7】假定 2015 年 9 月 1 日，李某承包某招待所，承包期为 3 年。2015 年实现承包经营利润 100 000 元，按承包合同规定，应上交承包费 20 000 元，则李某 2015 年应纳的个人所得税税额如下。

应纳税所得额= 100 000 − 20 000 − (3 500 × 4) = 66 000(元)

应纳税额= 66 000 × 35% − 6 750 = 16 350(元)

(四)劳务报酬所得

劳务报酬所得按次纳税，每次收入不超过 4 000 元的，减除费用 800 元；4 000 元以上的，减除 20%的费用，其余额为应纳税所得额。对劳务报酬一次收入畸高的，实行加成征收。

劳务报酬所得应纳税所得额及应纳税额的计算公式如下。

(1) 每次收入不超过 4 000 元的，

应纳税所得额=每次收入额 − 800

应纳税额=应纳税所得额 × 20%

= (每次收入额 − 800) × 20%

(2) 每次收入超过 4 000 元但所得额不超过 20 000 元的，

应纳税所得额=每次收入额 × (1 − 20%)

应纳税额=应纳税所得额 × 20%

=每次收入额 × (1 − 20%) × 20%

(3) 每次所得额超过 20 000 元但不超过 50 000 元的，

应纳税所得额=每次收入额 × (1 − 20%)

应纳税额=应纳税所得额 × 适用税率−速算扣除数

=每次收入额 × (1 − 20%) × 30% − 2 000

(4) 每次所得额超过 50 000 元的，

应纳税所得额=每次收入额 × (1 − 20%)

应纳税额=应纳税所得额 × 适用税率−速算扣除数

=每次收入额 × (1 − 20%) × 40% − 7 000

【例 7-8】 张某 2015 年 8 月为某单位翻译外文资料，取得报酬 40 000 元，则张某应纳的个人所得税税额如下。

应纳税所得额= 40 000 × (1−20%) = 32 000(元)

应纳税额= 32 000 × 30% − 2 000 = 7 600(元)

(五)稿酬所得

稿酬所得按次纳税，每次收入不超过 4 000 元的，减除费用 800 元；4 000 元以上的，减除 20%的费用，其余额为应纳税所得额。

稿酬所得应纳税所得额及应纳税额的计算公式如下。

(1) 每次收入不超过 4 000 元的，

应纳税所得额=每次收入额− 800

应纳税额=应纳税所得额 × 适用税率

= (每次收入额 − 800) × 20% × (1− 30%)

(2) 每次收入超过 4 000 元的，

应纳税所得额=每次收入额 × (1− 20%)

应纳税额=应纳税所得额 × 适用税率

=每次收入额 × (1− 20%) × 20% × (1− 30%)

【例 7-9】 作家李某的小说在某报刊连载 18 期，每期稿酬 1 500 元，共计 27 000 元。后经出版社出版，又取得稿酬 40 000 元，后加印 1 000 册，给付稿酬 4 000 元。请计算李某应纳的个人所得税税额。

连载小说稿酬应纳个人所得税税额= 27 000 × (1 − 20%) × 20% × (1− 30%) = 3 024(元)

出版小说应纳个人所得税税额= 40 000 × (1 − 20%) × 20% × (1 − 30%) = 4 480(元)

小说加印不再单独算一次收入，而是与出版算一次缴纳个人所得税，即

$$(40\ 000+4\ 000)\times(1-20\%)\times 20\%\times(1-30\%)=4\ 928(\text{元})$$

因出版已纳个税4 480元，则加印再补缴个税4 928－4 480＝448(元)

(六)特许权使用费所得

特许权使用费所得实行按次纳税，每次收入不超过4 000元的，减除费用800元；4 000元以上的，减除20%的费用，其余额为应纳税所得额。

特许权使用费所得应纳税所得额及应纳税额的计算公式如下。

(1) 每次收入不超过4 000元的，

$$\text{应纳税所得额}=\text{每次收入额}-800$$

$$\begin{aligned}\text{应纳税额}&=\text{应纳税所得额}\times\text{适用税率}\\&=(\text{每次收入额}-800)\times 20\%\end{aligned}$$

(2) 每次收入超过4 000元的，

$$\text{应纳税所得额}=\text{每次收入额}\times(1-20\%)$$

$$\begin{aligned}\text{应纳税额}&=\text{应纳税所得额}\times\text{适用税率}\\&=\text{每次收入额}\times(1-20\%)\times 20\%\end{aligned}$$

【例7-10】 张某2014年向某企业提供了一项专利技术使用权，取得收入30 000元，则该笔收入张某应纳的个人所得税税额如下。

应纳税额＝30 000×(1－20%)×20%＝4 800(元)

(七)财产租赁所得

财产租赁所得实行按次纳税，每次收入不超过4 000元的，减除费用800元；4 000元以上的，减除20%的费用，其余额为应纳税所得额。

在确定财产租赁所得的应纳税所得额时，对纳税人在出租财产过程中缴纳的税金和教育费附加，可持完税(缴款)凭证，从其财产租赁收入中扣除。纳税人出租财产取得财产租赁收入，在计算征税时，除可依法减除规定费用和有关税、费外，还准予扣除能够提供有效、准确凭证，证明由纳税人负担的该出租财产实际开支的修缮费用。允许扣除的修缮费用，以每次800元为限，一次扣除不完的，准予在下一次继续扣除，直至扣完为止。

个人出租财产取得的财产租赁收入，在计算缴纳个人所得税时，应依次扣除以下费用。

(1) 财产租赁过程中缴纳的税费。

(2) 由纳税人负担的该出租财产实际开支的修缮费用。

(3) 税法规定的费用扣除标准。

对个人按市场价格出租的居民住房取得的所得，自 2001 年 1 月 1 日起暂减按 10%的税率征收个人所得税。

财产租赁所得应纳税所得额及应纳税额的计算公式如下。

(1) 每次收入不超过 4 000 元的，

应纳税所得额=每次收入额－800－出租房屋财产过程中缴纳的税、费－出租房屋财产实际开支的修缮费用(限 800 元)

应纳税额=应纳税所得额×适用税率

=[每次收入额－800－出租房屋财产过程中缴纳的税、费－出租房屋财产实际开支的修缮费用(限 800 元)]×20%

(2) 每次收入超过 4 000 元的，

应纳税所得额 = 每次收入额×(1－20%)－出租房屋财产过程中缴纳的税、费－出租房屋财产实际开支的修缮费用(限 800 元)

应纳税额 = 应纳税所得额×适用税率

=[每次收入额×(1－20%)－出租房屋财产过程中缴纳的税、费－出租房屋财产实际开支的修缮费用(限 800 元)]×20%

【例 7-11】 王某于 2015 年 1 月起将自有房屋出租，每月租金 2 000 元，全年租金收入 24 000 元。假定王某每月因出租房屋而缴纳的相关税金及附加为 110 元，则王某全年租金收入应缴纳的个人所得税税额如下。

每月应纳税额=(2 000－110−800)×10%=109(元)

全年应纳税额=109×12 =1 308(元)

(八)财产转让所得

财产转让所得实行按次纳税，以转让财产的收入额减除财产原值和合理费用后的余额为应纳税所得额，按 20%的税率计算应纳税额。

财产原值按照以下方法确定：①有价证券，为买入价以及买入时按照规定缴纳的有关费用；②建筑物，为建造费或者购进价格以及其他有关费用；③土地使用权，为取得土地使用权所支付的金额、开发土地的费用以及其他有关费用；④机器设备、车船，为购进价格、运输费、安装费以及其他有关费用；⑤其他财产原值，参照以上四种办法确定。

上述财产原值的确定，纳税人必须提供有关合法凭证；对未能提供完整、准确的财产原值合法凭证而不能正确计算财产原值的，主管税务机关可根据当地实际情况核定其财产原值。可以扣除的合理费用是指纳税人在卖出财产过程中按有关规定所支付的费用，如营业税及其附加、中介服务费、资产评估费等。

财产转让所得应纳税所得额及应纳税额的计算公式如下。

应纳税所得额=每次转让财产收入额－财产原值－合理费用

应纳税额=应纳税所得额×适用税率

=(每次转让财产收入额－财产原值－合理费用)×20%

【例 7-12】 李红 2016 年转让 2007 年所买房屋一套，取得转让收入 50 万元，该房购买成本 20 万元，在转让过程中已支付了相关税费 2.5 万元。请计算李红应纳的个人所得税税额。

应纳税额=(50－20－2.5)×20%=5.5(万元)

我国自 2015 年 1 月 1 日起施行《股权转让所得个人所得税管理办法(试行)》，股权转让收入是指转让方因股权转让而获得的现金、实物、有价证券和其他形式的经济利益。个人转让股权，以股权转让收入减除股权原值和合理费用后的余额为应纳税所得额，按“财产转让所得”缴纳个人所得税。根据《个人所得税法》规定，以所得人为纳税义务人，以支付所得的单位或者个人为扣缴义务人。在股权转让交易中，转让方为纳税义务人，而收让股权的一方是扣缴义务人或者是代缴义务人。

(九)利息、股息、红利所得、偶然所得以及其他所得

利息、股息、红利所得，偶然所得以及其他所得按次纳税，以每次收入额为应纳税所得额，依 20%的税率计算应纳税额。

应纳税所得额及应纳税额计算公式如下。

应纳税所得额=每次收入额

应纳税额=应纳税所得额×20%

(十)应纳税额计算中的特殊问题

1. 个人所得公益性捐赠的扣除

我国个人所得税法规定：个人将其所得通过中国境内的社会团体、国家机关向教育和其他社会公益事业以及遭受严重自然灾害地区、贫困地区的捐赠，捐赠额未超过纳税人申报的应纳税所得额 30%的部分，可以从其应纳税所得额中扣除。

【例 7-13】 某居民取得一次性劳务报酬收入 50 000 元，该居民通过民政局向一儿童福利院捐赠款项 15 000 元，则计算其应纳个人所得税税额如下。

捐赠扣除限额＝50 000×(1－20%)×30%＝12 000(元)

捐赠额 15 000 元超过扣除限额，税前可扣除 12 000 元，则其应纳税额=

[50 000×(1－20%)－12 000]×30%－2 000＝6 400(元)

2. 境外所得已纳税额的扣除

我国税法规定，纳税人从中国境外取得的所得，准予其在应纳税额中扣除已在境外缴纳的个人所得税税额，但扣除额不得超过该纳税人境外所得依照中国现行个人所得税法规定计算的应纳税额。

“已在境外缴纳的个人所得税税额”，是指纳税人从中国境外取得的所得，依照该所得来源国家或者地区的法律应当缴纳并且实际已经缴纳的税额。

“依照税法规定计算的应纳税额”，是指纳税人从中国境外取得的所得，区别不同国家或者地区和不同应税项目，依照税法规定的费用减除标准和适用税率计算的应纳税额；同一国家或者地区内不同应税项目的应纳税额之和，为该国家或者地区的扣除限额。

纳税人在中国境外一个国家或者地区实际已经缴纳的个人所得税税额，低于依照上述规定计算出的该国家或者地区扣除限额的，应当在中国缴纳差额部分的税款；超过该国家或者地区扣除限额的，其超过部分不得在本纳税年度的应纳税额中扣除，但是可以在以后纳税年度的该国家或者地区扣除限额的余额中补扣，补扣期限最长不得超过5年。

【例7-14】 某纳税人在2015年度，从A、B两国取得应税收入，其中：在A国一公司任职，取得工资、薪金收入69 600元(平均每月5 800元)；因提供一项专利技术使用权，一次取得特许权使用费收入30 000元，该两项收入在A国缴纳个人所得税5 000元；因在B国出版著作获得稿酬收入(版税)15 000元，并在B国缴纳该项收入的个人所得税1 720元。其抵扣计算方法如下。

(1) A国所纳个人所得税的抵免限额。

按照我国税法规定的费用减除标准和税率，计算该纳税义务人从A国取得的应税所得应纳税额，该应纳税额即为抵免限额。

① 工资、薪金所得。

该纳税义务人从A国取得的工资、薪金收入，应每月减除费用4 800元，其余额按7级超额累进税率表的适用税率计算应纳税额。

每月应纳税额=(5 800 － 4 800) × 3% = 30(元)

全年应纳税额= 30 × 12(月份数) = 360(元)

② 特许权使用费所得。该纳税义务人从A国取得的特许权使用费收入，应减除20%的费用，其余额按20%的比例税率计算应纳税额。

应纳税额= 30 000 × (1 − 20%) × 20% = 4 800(元)

根据计算结果，该纳税义务人从A国取得应税所得在A国缴纳的个人所得税额的抵免限额为5 160 (360 + 4 800) 元。其实其在A国实际缴纳个人所得税5 000元，低于抵免限额可以全额抵扣，并需在中国补缴差额部分的税款，计160 (5 160 − 5 000) 元。

(2) B国所纳个人所得税的抵免限额。

按照我国税法的规定，该纳税义务人从B国取得的稿酬收入，应减除20%的费用，就其余额按20%的税率计算应纳税额并减征30%，其计算结果如下。

[15 000 × (1－20%) × 20%(税率)] × (1－30%) = 1 680(元)

即其抵免限额为1 680元。该纳税义务人的稿酬所得在B国实际缴纳个人所得税1 720元，超出抵免限额40元，不能在本年度扣减，但可在以后5个纳税年度的该国减除限额的余额中补扣。

任务三　个人所得税的征收管理和纳税申报

一、个人所得税的税收优惠

个人所得税法对个人所得项目给予了减税免税的优惠，主要内容如下。

1．下列各项个人所得，免纳个人所得税

(1) 省级人民政府、国务院部委、中国人民解放军军级以上单位，以及外国组织、国际组织颁发的科学、教育、技术、文化、卫生体育、环境保护等方面的奖金。

(2) 国债和国家发行的金融债券利息。即个人持有中华人民共和国财政部发行的债券和经国务院批准发行的金融债券而取得的利息所得。

(3) 按照国家统一规定发给的补贴、津贴。即按照国务院规定发给的政府特殊津贴和国务院规定免税的补贴、津贴。

(4) 福利费、抚恤金、救济金。

(5) 保险赔款。

(6) 军人的转业费、复员费。

(7) 依照国家统一规定发给干部、职工的安家费、退职费、退休工资、离休生活补助费。

(8) 按照中国有关法律规定应免税的各国驻华使馆、领事馆的外交代表、领事官员和其他人员所得。

(9) 中国政府参加的国际公约、签订的协议中规定免税的所得。

(10) 教育储蓄存款利息以及国家财务部门确定的其他专项储蓄存款或者储蓄性专项基金存款利息。

(11) 乡、镇以上人民政府或者经县以上人民政府主管部门批准成立的见义勇为基金会或者类似组织发给见义勇为者的奖金和奖品。

(12) 中国科学院和中国工程院院士津贴、资深院士津贴。

(13) 企业和个人按照国家或者地方政府规定的比例，提取并向指定的金融机构实际缴付的住房公积金、基本医疗保险费、基本养老保险费、失业保险费，免征个人所得税；超过规定比例缴付的部分，应当并入个人当期的工资、薪金所得计税。个人领取原来提存的上述款项及其利息时也免征个人所得税。

(14) 下岗职工从事社区居民服务业取得的经营所得和劳务报酬所得，可以定期免征个人所得税。

(15) 为了鼓励个人换购住房，对于出售自有住房并拟在现住房出售后一年内按市场价格重新购房的纳税人，其出售现住房所应缴纳的个人所得税，视其重新购房的价值可全部或部分免税。

(16) 军队干部取得的某些特殊补贴、津贴，如军粮差价补贴、夫妻分居补助费等。

(17) 个人与用人单位因解除劳动关系而取得的一次性经济补偿收入，相当于当地上年职工平均工资 3 倍数额以内的部分，免征个人所得税。

(18) 经国务院财政部门批准免税的所得。

2. 有下列情形之一的，经批准可以减征个人所得税

(1) 残疾、孤老人员和烈属的所得。

(2) 因严重自然灾害造成重大损失的。

(3) 其他经国务院财政部门批准减税的。

二、个人所得税的征管和申报

1. 自行申报纳税的纳税义务人

(1) 自 2006 年 1 月 1 日起，年所得 12 万元以上的。

(2) 从中国境内两处或者两处以上取得工资、薪金所得的。

(3) 从中国境外取得所得的。

(4) 取得应税所得，没有扣缴义务人的。

(5) 国务院规定的其他情形。

2. 申报地点

(1) 年所得 12 万元以上的纳税人，纳税申报地点分别为：①在中国境内有任职、受雇单位的，向任职、受雇单位所在地主管税务机关申报。②在中国境内有两处或者两处以上任职、受雇单位的，选择并固定向其中一处单位所在地主管税务机关申报。③在中国境内无任职、受雇单位，年所得项目中有个体工商户的生产、经营所得或者对企事业单位的承

包经营、承租经营所得(以下统称生产、经营所得)的，向其中一处实际经营所在地主管税务机关申报。④在中国境内无任职、受雇单位，年所得项目中无生产、经营所得的，向户籍所在地主管税务机关申报。在中国境内有户籍，但户籍所在地与中国境内经常居住地不一致的，选择并固定向其中一地主管税务机关申报。在中国境内没有户籍的，向中国境内经常居住地主管税务机关申报。

(2) 从两处或者两处以上取得工资、薪金所得的，选择并固定向其中一处单位所在地主管税务机关申报。

(3) 从中国境外取得所得的，向中国境内户籍所在地主管税务机关申报。在中国境内有户籍，但户籍所在地与中国境内经常居住地不一致的，选择并固定向其中一地主管税务机关申报。在中国境内没有户籍的，向中国境内经常居住地主管税务机关申报。

(4) 个体工商户向实际经营所在地主管税务机关申报。

3．纳税期限

年所得12万元以上的纳税人，在纳税年度终了后3个月内向主管税务机关办理纳税申报。

个体工商户和个人独资、合伙企业投资者取得的生产、经营所得应纳的税款，分月预缴的，纳税人在每月终了后7日内办理纳税申报；分季预缴的，纳税人在每个季度终了后7日内办理纳税申报。纳税年度终了后，纳税人在3个月内进行汇算清缴。

纳税人年终一次性取得对企事业单位的承包经营、承租经营所得的，自取得所得之日起30日内办理纳税申报；在一个纳税年度内分次取得承包经营、承租经营所得的，在每次取得所得后的次月7日内申报预缴，纳税年度终了后3个月内汇算清缴。

从中国境外取得所得的纳税人，在纳税年度终了后30日内向中国境内主管税务机关办理纳税申报。

4．申报方式

纳税人可以采取数据电文、邮寄等方式申报，也可以直接到主管税务机关申报，或者采取符合主管税务机关规定的其他方式申报。

任务四　个人所得税的会计核算

根据我国税法规定，大部分个人所得税以支付个人应税所得的单位为扣缴义务人，扣缴义务人需要在发生代扣代缴事项时，进行相应会计处理，正确记录和反映个人所得税的扣缴事项。另外一部分所得(如个体工商户的生产经营所得)以及自行申报纳税的自然人由个

人自行申报纳税，对于自行申报的自然人，不需要进行会计处理；而账册健全的个体工商户则应作相应会计处理。因此，个体工商户的会计处理分为两种类型：一是个体工商户的生产经营所得个人所得税的会计处理；二是扣缴义务人代扣代缴个人所得税的会计处理。

一、个体工商户的生产经营所得应纳个人所得税的会计处理

个体工商户缴纳个人所得税除实行查账核实征收的个体工商户外，对采用自行申报缴纳个人所得税的纳税人，一般不进行会计核算。

实行查账核实征收的个体工商户的个人所得税通过"所得税费用"和"应交税费——应交个人所得税"等账户进行会计核算。

【例 7-15】 个体工商户张某 2015 年全年经营收入 30 万元，其中生产经营成本、费用总额 25 万元。请计算张某 2015 年应纳个人所得税，并进行会计业务处理。

应纳税所得额= 300 000 − 250 000 = 50 000(元)

应纳税额= 50 000 × 30% − 4 250 = 10 750(元)

会计分录如下。

① 计算应纳个人所得税时，

借：所得税费用　　10 750

　　贷：应交税费——应交个人所得税，　　10 750

② 实际缴纳税款时，

借：应交税费——应交个人所得税，　　10 750

　　贷：银行存款　　10 750

③ 结转所得税费用时，

借：本年利润　　10 750

　　贷：所得税费用　　10 750

二、代扣代缴个人所得税的会计处理

自然人取得收入自行申报缴纳税款不必进行会计业务处理，但是，作为扣缴义务人在代扣代缴个人所得税时，应设置相关会计科目进行会计业务处理。由于支付的类型不同，各代扣代缴单位代扣代缴税款的会计核算涉及的会计科目也有所不同。

(一)代扣代缴工资、薪金个人所得税的会计处理

支付工资(包括奖金、年终加薪、津贴、补贴等)的单位，代扣代缴个人所得税时，应通

过“应交税费——代扣代缴个人所得税”账户进行会计核算。在计算应代扣的个人所得税时，借记“应付职工薪酬”科目，贷记“应交税费——代扣代缴个人所得税”科目。

【例 7-16】 某企业 2015 年 10 月份支付给职工当月工资后，代扣代缴个人所得税为 150 000 元。请作出相关会计分录。

①代扣代缴个人所得税时，

借：应付职工薪酬　　150 000

　贷：应交税费——代扣代缴个人所得税　　150 000

②实际缴纳税款时

借：应交税费——代扣代缴个人所得税　　150 000

　贷：银行存款　　150 000

(二)代扣代缴其他个人所得税的业务处理

支付承包经营、承租经营所得，劳务报酬所得，稿酬所得，特许权使用费所得，利息、股息、红利所得，财产租赁所得，财产转让所得，偶然所得和其他所得的单位，在支付上述各项所得的同时，按税法规定应代扣代缴个人所得税。代扣代缴个人所得税时，借记“应付债券”“应付股利”“应付账款”“其他应付款”“财务费用”等科目，贷记“应交税费——代扣代缴个人所得税”科目。

【例 7-17】 张某将一项发明专利以 50 000 元的价格转让给甲企业。请计算甲企业代扣代缴的个人所得税税额。

代扣代缴个人所得税税额= 50 000 × (1 - 20%) × 20% = 8 000(元)

甲企业会计处理如下。

①购入专利权作为无形资产入账时，

借：无形资产　　50 000

　贷：其他应付款　　50 000

② 支付费用，代扣个人所得税时，

借：其他应付款　　50 000

　贷：库存现金　　42 000

　　应交税费——代扣代缴个人所得税　　8 000

案例导入分析

解析：(1) 黄某 12 月份工资所得应纳个人所得税税额= (5 000 - 3 500) × 3% = 45(元)

(2) 取得稿酬应纳个人所得税税额= (3 900 - 800) × 20% × (1 - 30%) = 434(元)

(3) 劳务报酬所得应纳税所得额税额= 38 000 × (1- 20%) = 30 400(元)

捐赠扣除限额= 30 400 × 30% = 9 120(元)

应纳个人所得税税额= (30 400 – 9 120) × 30% - 2 000 = 4 384(元)

(4) 取得房屋租金应纳个人所得税税额= 5 000 × 10% = 500(元)

(5) 取得省级以上奖金免税。

因此，黄某当月应纳个人所得税税额=45 + 434 + 4 384 + 500 = 5 363(元)

项目实务训练

一、单项选择题

1. 下列所得中，以一个月内取得的收入为一次纳税的有(　　)。

   A. 财产转让所得　　B. 稿酬所得

   C. 利息所得　　D. 财产租赁所得

2. 某演员一次获得表演收入 30 000 元，其应纳个人所得税税额为(　　)元。

   A. 5 200　　B. 6 000　　C. 4 800　　D. 5 600

3. 稿酬所得，适用比例税率，税率为 20%，并按应纳税额减征(　　)。

   A. 100%　　B. 20%　　C. 30%　　D. 40%

4. 下列所得中，属一次收入畸高，可以实行加成征收的是(　　)。

   A. 稿酬所得　　B. 利息、股息、红利所得

   C. 劳务报酬所得　　D. 偶然所得

5. 某画家出版个人专辑取得稿酬 50 000 元，该画家请出版社代其向希望工程基金会捐款 5 000 元，则其应纳个人所得税税额为(　　)元。

   A. 3 920　　B. 4 900　　C. 5 040　　D. 5 600

6. 在中国境内无住所，但在一个纳税年度中在中国境内累计居住不满一年的有所得的个人(　　)。

   A. 就其来源于中国境外的所得征税

   B. 免予征收个人所得税

   C. 就其来源于中国境内的所得纳税

   D. 就其来源于中国境内、境外全部所得纳税

7. 个人出租房屋使用权取得的是(　　)。

   A. 财产转让所得　　B. 财产租赁所得

   C. 特许权使用费所得　　D. 劳务所得

8. 下列应税项目中，不适用代扣代缴方式纳税的是(　　)。

A. 工资薪金所得　　B. 稿酬所得

C. 个体户生产经营所得　　D. 劳务报酬所得

9. 对于县级政府颁布的科学、教育、技术、文化、卫生、体育、环境保护等方面的奖金，应(　　)。

A. 征收个人所得税　　B. 免征个人所得税

C. 减半征收个人所得税　　D. 适当减征个人所得税

10. 张某于2015年8月将城区自有住房出租，月租金2 000元，年租金24 000元，租期一年，租金每月收取。扣除营业税、城建税、教育费附加之后，其2015年应纳个人所得税税额为(　　)元。

A. 545　　B. 567　　C. 1 134　　D. 1 360.8

11. 某教授2015年3月因出版编著的教材，获得稿酬8 500元，2016年1月因教材加印又获得稿酬700元。该教授应纳个人所得税税额为(　　)元。

A. 952　　B. 1 288　　C. 1 472　　D. 1 030.4

12. 按照个人所得税法的有关规定，下列表述中不正确的是(　　)。

A. 个人发表一篇作品，出版单位分三次支付稿酬，则这三次稿酬应合并为一次征税

B. 个人在两处出版同一作品而分别取得稿酬，则应分别单独纳税

C. 个人的同一作品连载之后又出书取得稿酬的应视同再版稿酬分别征税

D. 个人因作品加印而获得稿酬，应就此次稿酬单独纳税

13. 个人所得税法规定，在中国境内两处或两处以上取得的工资、薪金所得，其纳税地点是(　　)。

A. 收入来源地　　B. 税务局指定地点

C. 纳税人户籍所在地　　D. 纳税人选择一地申报纳税

14. 下列人员中为个人所得税的非居民纳税人的是(　　)。

A. 在中国境内有住所的个人　　B. 中国国内公民

C. 在中国境内定居的外国侨民　　D. 在中国境内定居不满一年的外籍人员

15. 下列各项中，属于劳务报酬所得的有(　　)。

A. 发表论文取得的报酬

B. 提供著作权的使用权取得的报酬

C. 将外国小说翻译出版取得的报酬

D. 受托从事文字翻译取得的报酬

二、多项选择题

1. 下列所得中为来源于中国境内所得的是(　　)。
   A. 将财产出租给在美国的中国公民由其使用而取得的所得
   B. 中国公民转让其在日本的房产而取得的所得
   C. 提供在中国境内使用的专利权、非专利技术等特许权取得的所得
   D. 持有中国的各种债券而从中国境内的公司、企业取得的利息
2. 享受附加减除费用的个人包括(　　)。
   A. 华侨和港、澳、台同胞
   B. 在中国境内有住所但在境外工作的中国居民
   C. 在我国工作的外籍专家
   D. 在我国的外国企业中工作的中方人员
3. 下列所得中，属于免征个人所得税的项目有(　　)。
   A. 独生子女补贴　　B. 储蓄存款利息
   C. 保险赔款　　D. 孤老人员、残疾、烈属所得
4. 下列项目中，计征个人所得税时，允许从总收入中扣除800元的有(　　)。
   A. 稿费3 800元
   B. 在商场有奖销售中获奖1 000元
   C. 提供咨询服务一次取得收入2 000元
   D. 房租收入每月800元
5. 个人取得下列各项所得，必须自行申报纳税的有(　　)。
   A. 从两处或两处以上取得工资所得
   B. 取得应税所得，没有扣缴义务人的
   C. 取得一次性劳务报酬所得
   D. 分笔取得属于一次性的劳务报酬所得
6. 应计入个人所得税的工薪所得包括(　　)。
   A. 年终加薪　　B. 年终奖金　　C. 职务工资　　D. 交通费补贴
7. 对个人所得征个人所得税时，以每“次”收入为应纳税所得额的有(　　)。
   A. 利息、股息、红利所得　　B. 稿酬所得
   C. 财产转让所得　　D. 偶然所得
8. 下列应税项目中，在计算应纳税所得额时，采用定额扣除费用的有(　　)。
   A. 设计费4 000元
   B. 承包所得30 000元(不拥有所有权的承包方式)
   C. 偶然所得2 000元

D. 财产转让所得 20 000 元

9. 下列个人所得中，在计算个人所得税时，不得减除费用的有(　　)。

A. 利息、股息、红利所得　　B. 稿酬所得

C. 劳务报酬所得　　D. 偶然所得

10. 下列个人所得中，适用 20%税率的有(　　)。

A. 劳务报酬所得一次收入总额在 25 000 元以下的

B. 劳务报酬所得一次收入计税所得额在 20 000 元以上的

C. 特许权使用费所得

D. 年终奖金所得

三、判断题

1. 某日本公民于 2015 年 1 月 1 日至 2016 年 5 月 30 日在中国境内工作，该日本公民不是我国个人所得税的居民纳税人。(　　)

2. 税法规定，纳税人取得的年终奖金按 20%的税率缴纳个人所得税。(　　)

3. 某美籍专家在中国居住了 4 年，按中国税法规定，其为中国的居民纳税人。2015 年在中国取得的年薪 15 万元人民币，他在美国又取得利息、租金收入折合人民币 20 万元。他取得的这 35 万元所得，都应向中国政府缴纳个人所得税。(　　)

4. 王某与李某合著一本书，共取得稿酬 2 000 元，若王某分得 1 200 元，李某分得 800 元，那么，王某缴纳个人所得税 56 元，李某则不缴税。(　　)

5. 居民纳税义务人是指在中国境内有住所的个人。(　　)

6. 工薪所得是非独立个人劳务取得的报酬，劳务报酬是独立个人从事自由职业取得的所得。(　　)

7. 同一作品先在报刊上连载，然后再出版，两次稿酬所得视为一次合并申报缴纳个人所得税。(　　)

8. 个人将其应税所得，全部用于公益救济性捐赠，将不承担缴纳个人所得税义务。(　　)

9. 纳税义务人从中国境外取得的所得，已在境外缴纳个人所得税的，只要有正式凭据，无论多少，均可在其应纳税额中扣除。(　　)

10. 外籍人员、华侨或港、澳、台同胞不是中国大陆公民的，他们在缴纳个人所得税时应按非居民纳税人对待。(　　)

11. 某歌星取得一次性劳务报酬 2.3 万元，对此应实行加成征收办法计算个人所得税。(　　)

12. 邓教授 7 月份在某大学就环保问题连续演讲两次，分别获演讲费 3 000 元和 5 000 元，因此邓教授应缴个人所得税税额 1 240 元。(　　)

四、业务题

1. 德国某专家，2015 年 2 月 1 日至 2015 年 12 月 31 日受派到我国某厂担任顾问。在我国境内工作期间，该厂每月支付其工资 6 000 元人民币，其在德国的公司每月支付其 15 000 元人民币，该专家在中国期间，曾为研究所讲学，获得报酬 2 000 元人民币；还应邀进行设计、制图，获得报酬 35 000 元人民币。

要求：请计算该专家在我国工作期间应缴纳的个人所得税税额。

2. 某中国公民，2015 年 1—12 月从中国境内取得工薪收入 60 000 元，取得稿酬收入 2 000 元；当年还从 A 国取得特许权使用费收入 8 000 元，从 B 国取得利息收入 3 000 元。该纳税人已按 A、B 两国规定缴纳了个人所得税 1 400 元和 500 元。

要求：请计算该纳税人 2015 年应纳的个人所得税税额。

3. 某青年作家 10 月份取得工资所得 4 000 元，中奖所得 850 元，劳务报酬 5 000 元。当月又出版两部小说，分别获得稿酬收入 7 000 元和 3 500 元，其中一篇小说获省人民政府颁发的文学成果奖，奖金 1 000 元。

要求：请计算该月该作家应缴纳的个人所得税税额。

4. 某人出售自住三年的房屋一幢，价格为 50 万元，该房购进价是 30 万元。卖出过程中，交房管部门各项费用 150 元，印花税 250 元，其他费用 100 元。

要求：请计算其应缴个人所得税税额。

5. 某大学周老师 2015 年 12 月收入情况如下。

(1) 工资收入 5 000 元。

(2) 学校发年终奖金 36 150 元。

(3) 担任兼职律师取得收入 80 000 元，从中捐给“希望工程”(教育)基金会 40 000 元。

(4) 取得稿酬 3 800 元。

(5) 出售自有自用 6 年的家庭唯一住房，扣除当初购买公房的价格和售房时按规定支付的有关税费后，取得净收入 12 万元。

要求：请按上述条件分析计算周老师 12 月份应缴纳的个人所得税税额。

6. 某高级工程师 2015 年 1 至 12 月取得以下收入。

(1) 从中国境内取得工资、薪金收入 60 000 元。

(2) 出租三室一厅住房，按月收取租金，全年取得租金收入 18 000 元，已缴纳营业税、城建税和教育费附加。

(3) 从 A 国取得特许权使用费收入 20 000 元，该纳税人已在 A 国缴纳个人所得税 3 000 元。

(4) 从 B 国取得利息收入 1 400 元，已在 B 国缴纳个人所得税税额 700 元。

要求：请计算该纳税人 2015 年应在我国缴纳的个人所得税税额。

项目八　税收征收管理法

项目目的及要求

通过本项目的学习，使学生能够了解纳税登记以及纳税申报制度的基本概念和主要内容，掌握纳税登记和纳税申报的办理程序和方法以及税款征收相关制度和税务检查的相关内容，熟悉相关的税收征管法律以及违反税收法律制度的法律责任。

项目重点和难点

本项目的学习重点是税务管理的相关内容和税款征收相关规定，难点是税款征收制度。

案例导入

某税务所在2015年11月12日实施检查中，发现某商户(个体)2015年10月20日领取营业执照后，未申请办理税务登记。据此，该税务所于2015年11月13日作出责令该商店必须于2015年11月20日前办理税务登记，逾期不办理的，将按《税收征管法》有关规定处以罚款的决定。

要求：请分析本处理决定是否有效，为什么？[①]

任务一　税收征收管理概述

税收征收管理法律制度是国家税收法律体系的重要组成部分。税收征收管理法适用于依法由税务机关征收的各种税收的征收管理。

一、税收征收管理体制

我国的税收管理体制，遵循“统一领导，分级管理”的原则。税法统一，税权集中，在中央统一领导下，赋予地方政府一定的税收管理权，以便因地制宜地处理税收问题。实行分级管理，把税收管理的统一性和灵活性结合起来，调动全国各方面的积极性。

---

① 宋森，吴煜丽. 纳税会计实务[M]. 北京：经济科学出版社，2010：254(案例内容有改动).

税收管理体制的内容包括税收管理权限的划分、税务机构的设置以及机构隶属关系的确定等几个方面。划分税收管理权限是税收管理体制的核心内容，税收管理体制中规定的中央与地方拥有的税收管理权限，包括建立税收制度的权限和执行税收制度的权限。

分税制是按税种划分中央和地方收入来源的一种财政管理体制。实行分税制，要求按照税种实现“三分”，即分权、分税、分管。因此，分税制实质上就是为了有效地处理中央政府和地方政府之间的事权和财权关系，通过划分税权，将税收按照税种划分为中央税和地方税(有时还有共享税)两大税类进行管理而形成的一种财政管理体制。目前，我国的税收分别由税务、财政、海关等系统负责征收管理。

为适应分税制的要求，全国税务机关分为国家税务局(简称国税)和地方税务局(简称地税)，负责征收不同的税种。国税主要负责征收中央税、中央与地方共享税，地税主要负责征收地方税，它们之间的征收管理分工一般划分如下。

国家税务总局系统负责征收管理的项目有：增值税，消费税，铁道部门、各银行总行、各保险总公司集中缴纳的营业税、所得税、城市维护建设税，金融、保险企业缴纳的营业税，中央企业缴纳的所得税，中央与地方所属企业、事业单位组成的联营企业、股份制企业缴纳的所得税，地方银行、非银行金融企业缴纳的所得税，海洋石油企业缴纳的所得税、资源税，证券交易印花税，中央税的滞纳金、补税、罚款。

地方税务局系统负责征收管理的项目有：营业税，城市维护建设税(不包括上述由国家税务总局系统负责征收管理的部分)，地方国有企业、集体企业、私营企业缴纳的所得税，个人所得税，资源税，城镇土地使用税，耕地占用税，土地增值税，房产税，城市房地产税，车船税，印花税，契税及其他地方附加，地方税的滞纳金、补税、罚款。

二、征纳双方的权利和义务

(一)纳税人和扣缴义务人的权利

(1) 有权向税务机关了解国家税收法律、行政法规的规定以及纳税程序等。

(2) 有权要求税务机关为纳税人、扣缴义务人的情况保密。

(3) 纳税人依法享有申请减税、免税、退税的权利。

(4) 对税务机关所作出的决定，享有陈述权、申辩权；依法享有申请行政复议、提起行政诉讼、请求国家赔偿等权利。

(5) 有权控告和检举税务机关、税务人员的违法违纪行为。

(二)纳税人和扣缴义务人的义务

(1) 必须依照法律、行政法规的规定缴纳税款、代扣代缴、代收代缴税款。

(2) 应当按照国家有关规定如实向税务机关提供与纳税和代扣代缴、代收代缴税款有关的信息。

(3) 应当接受税务机关依法进行的税务检查。

(4) 应当按照税收法律、行政法规的规定履行纳税义务；其签订的合同、协议等与税收法律、行政法规相抵触的，一律无效。

(三)税务机关和税务人员的权利

(1) 负责税收征收管理工作。国务院税务主管部门主管全国税收征收管理工作。各地国家税务局和地方税务局应当按照国务院规定的税收征收管理范围分别进行征收管理。

(2) 税务机关依法执行职务，任何单位和个人不得阻挠。

(3) 纳税人和扣缴义务人对税务机关的处罚决定逾期不申请行政复议，也不向人民法院起诉、又不履行的，作出处罚决定的税务机关可以依法采取强制执行措施，或者申请人民法院强制执行。

(四)税务机关和税务人员的义务

(1) 应当广泛宣传税收法律、行政法规，普及纳税知识，无偿地为纳税人提供纳税咨询服务。

(2) 应当加强队伍建设，提高税务人员的政治业务素质。

(3) 应当做好税务系统信息化建设工作。

(4) 必须秉公执法、忠于职守、清正廉洁、礼貌待人、文明服务，尊重和保护纳税人、扣缴义务人的权利，依法接受监督。

(5) 不得索贿受贿、徇私舞弊、玩忽职守，不征或少征应征税款；不得滥用职权多征税款或者故意刁难纳税人和扣缴义务人。

(6) 应当建立、健全内部制约和监督管理制度。

(7) 上级税务机关应当对下级税务机关的执法活动依法进行监督。

(8) 各级税务机关应当对其工作人员执行法律、行政法规和廉洁自律准则的情况进行监督检查。

(9) 税务机关负责征收、管理、稽查、行政复议的人员的职责应当明确，并相互分离、相互制约。

(10) 税务人员在核定应纳税额、调整税收定额、进行税务检查、实施税务行政处罚、办理税务行政复议时，与纳税人、扣缴义务人或者其法定代表人、直接责任人有下列关系之一的，应当回避：①夫妻关系；②直系血亲关系；③三代以内旁系血亲关系；④近姻亲关系；⑤可能影响公正执法的其他利害关系。

(11) 应当为检举人保密，并按照规定给予相应的奖励。

(12) 应当为纳税人、扣缴义务人的商业秘密及个人隐私保密。纳税人、扣缴义务人的税收违法行为不属保密范围。

任务二　税务管理

一、税务登记管理

(一)税务登记的概念与范围

税务登记，又称“纳税登记”，是税务机关对纳税人有关开业、变动、歇业以及注销等基本情况的变化实行法定登记的一项管理制度，也是纳税人履行纳税义务向税务机关办理的一项法定手续。税务登记是税收征管过程的首要环节，是征纳双方法律关系成立的书面依据，加强税务登记的管理，有利于强化税收征管，堵塞征管漏洞，提高征管效率。

建立税务登记制度是进行税收征纳的必要前提。一方面，通过税务登记，税务机关可以及时、准确、全面地了解和掌握辖区内纳税人的基本情况、行业分布状况以及各经济类型比重，便于税务机关准确分析税源、合理安排征管力量、提高征管效率；另一方面，通过税务登记，纳税人可以了解有关纳税程序、增强纳税意识、提高计缴税款的准确性。

依有关规定，凡具有法律、行政法规规定的应税收入、应税行为或应税财产的纳税人或负有代扣代缴、代收代缴义务的扣缴义务人，都必须依法办理税务登记。税务机关对从事生产、经营并取得工商行政管理部门核发营业执照的纳税人进行税务登记；对纳税人非独立核算的分支机构以及非从事生产、经营但经常性取得应税收入的纳税人进行注册税务登记。纳税人应当自取得营业执照或经有关部门批准成立之日起30日内向税务机关办理税务登记。

(二)税务登记的内容

税务登记的内容包括：设立(开业)税务登记，变更税务登记，停业、复业税务登记，注销税务登记和外出经营报验税务登记等。

1．设立税务登记

设立税务登记是指从事生产经营的纳税人，经国家工商行政管理部门批准开业后首次办理的纳税登记。

根据有关规定，需要办理开业税务登记的纳税人分为以下两类。

(1) 领取营业执照从事生产、经营的纳税人有：①企业，即从事生产经营的单位或组织，包括国有、集体、私营企业，中外合资合作企业、外商独资企业，以及各种联营、联合、股份制企业等。②企业在外地设立的分支机构和从事生产、经营的场所，如驻外地的产品经销处、维修服务站、产品点、分厂、分店、分公司等。③个体工商户，是指经工商行政管理部门批准开业的城乡个体工商户。④从事生产、经营的事业单位，是指经工商行政管理部门批准开业的，从事生产、经营的机关、团体、部队、学校和其他事业单位。

(2) 其他纳税人。根据规定，不从事生产、经营，但依照法律、法规的规定负有纳税义务的单位和个人，除临时取得应税收入或发生应税行为以及只缴纳个人所得税、车船使用税的以外，都应按规定向税务机关办理税务登记。

税务登记表的主要内容包括：①单位名称、法定代表人或者业主姓名及其居民身份证、护照或者其他合法证件的号码；②住所、经营地点；③经济性质；④企业形式、核算方式；⑤生产经营范围、经营方式；⑥注册资金(资本)、投资总额、开户银行及账号；⑦生产经营期限、从业人数、营业执照号码；⑧财务负责人、办税人员；⑨其他有关事项。

企业在外地设立的分支机构或者从事生产、经营的场所，还应当登记总机构名称、地址、法定代表人、主要业务范围、财务负责人。

税务机关应当自收到申报之日起30日内审核并发给税务登记证件。税务机关审核无误的，应在30日内予以登记，核发税务登记证或者注册税务登记证。

税务登记证，也称为税务登记证件，是从事生产、经营的纳税人向生产、经营地或者纳税义务发生地的主管税务机关申报办理税务登记时所颁发的登记凭证。办理领取税务登记证件时，要如实填写税务登记表，并按照税务机关的要求提供有关证件、资料。税务机关对税务登记证件实行定期验证和换证制度。纳税人应在规定期限内，持有关证件到主管税务机关办理验证或者换证手续。纳税人应将税务登记证件正本在其生产、经营场所或者办公场所公开悬挂，接受税务机关检查。 纳税人遗失税务登记证件的，应在 15 日内书面报告主管税务机关，并登报声明作废。

2. 变更税务登记

变更税务登记是指纳税人办理设立税务登记后，因税务登记内容发生变化，向税务机关申请将税务登记内容重新调整为与实际情况一致的一种税务登记管理制度。

凡纳税人、扣缴义务人发生所规定的税务登记内容变化之一者，均应自工商行政管理机关办理变更登记或自政府有关部门批准或实际变更之日起30日内，持有关证件向原税务登记主管机关申请办理变更税务登记。

变更税务登记的内容包括：①改变纳税人、扣缴义务人名称；②改变法定代表人；③改变登记注册类型；④改变注册(住所)地址或经营地址；⑤改变银行账号；⑥改变经营

期限；⑦改变通信号码或联系方式；⑧增设或撤销分支机构；⑨其他改变税务登记的内容事项。

纳税人税务登记内容发生变化的，需要到工商行政管理机关或者其他机关办理变更登记的，应当自工商行政管理机关或者其他机关办理变更登记之日起30日内，持有关证件向原税务登记机关申报办理变更税务登记。纳税人税务登记内容发生变化，不需要到工商行政管理机关或者其他机关办理变更登记的，应当自发生变化之日起30日内，持有关证件向原税务登记机关申报办理变更税务登记。

税务机关应当自受理之日起30日内，审核办理变更税务登记。纳税人税务登记表和税务登记证中的内容都发生变更的，税务机关按变更后的内容重新核发税务登记证件；纳税人税务登记表的内容发生变更而税务登记证中的内容未发生变更的，税务机关不重新核发税务登记证件。

3．停业、复业税务登记

停业、复业税务登记是纳税人暂停和恢复生产经营活动而办理的纳税登记。

纳税人在办理停业登记时，应如实填写停业申请登记表，说明停业理由、停业期限、停业前的纳税情况和发票的领、用、存情况，并结清应纳税款、滞纳金、罚款。税务机关应收存其税务登记证件及副本、发票领购簿、未使用完的发票和其他税务证件。

纳税人应当于恢复生产、经营之前，向税务机关提出复业登记申请，经确认后办理复业登记，领回或启用税务登记证件和发票领购簿及其停业前领购的发票，纳入正常管理。纳税人停业期满不能及时恢复生产、经营的，应当在停业期满前向税务机关提出延长停业登记申请。纳税人停业期满未按期复业又不申请延长停业的，税务机关应当视为已恢复营业，实施正常的税收征收管理。

4．注销税务登记

注销税务登记是指纳税人在发生解散、破产、撤销以及依法终止履行纳税义务的其他情形时，向原登记税务机关申请办理的登记。注销登记是本质上的变化，意味着纳税人作为纳税主体在法律意义上的消失或死亡。

注销税务登记的适用范围包括：①纳税人因经营期限届满而自动解散；②企业由于改组、分级、合并等原因而被撤销；③企业资不抵债而破产；④纳税人住所、经营地址迁移而涉及改变原主管税务机关的；⑤纳税人被工商行政管理部门吊销营业执照；⑥纳税人依法终止履行纳税义务的其他情形。

注销税务登记的时间要求如下。

(1) 纳税人发生解散、破产、撤销以及其他情形，依法终止纳税义务的，应当在向工商行政管理机关办理注销登记前，向原税务登记管理机关申报办理注销税务登记。

(2) 按规定不需要在工商管理机关办理注销登记的，应当批准或者宣告终止之日起 15 日内，向原税务登记管理机关申报办理注销税务登记。

(3) 纳税人因住所、生产、经营场所变动而涉及改变主管税务登记机关的，应当在向工商行政管理机关申请办理变更或注销登记前，或者住所、生产、经营场所变动前，向原税务登记机关申报办理注销税务登记，并在 30 日内向迁达地主管税务登记机关申报办理税务登记。

(4) 纳税人被工商行政管理机关吊销营业执照的，应当自营业执照被吊销之日起 15 日内，向原税务登记机关申报办理注销税务登记。

5．外出经营报验税务登记

从事生产、经营的纳税人到外县(市)进行生产经营的，应当向主管税务机关申请开具外出经营活动税收管理证明。主管税务机关对纳税人的申请进行审核后，按照一地(县、市)一证的原则，核发《外出经营活动税收管理证明》。纳税人应当在到达经营地进行生产、经营前向经营地税务机关申请报验税务登记，并按规定提交有关证件、资料。外出经营活动结束，纳税人应当向经营地税务机关填报《外出经营活动情况申报表》，并按规定结清税款、缴销未用完的发票。

税务机关应自收到纳税人填报的税务登记表等有关资料之日起 30 日内审核完毕，并作出予以登记或者不予以登记的决定。对准予登记的，应当核发税务登记证件(副本)。税务登记证件应当载明以下内容：纳税人名称、统一代码、法定代表人或负责人、详细地址、经济性质(或经济类型)、经营方式、经营范围(主营、兼营)、经营期限和证件有效期限等。

二、账簿、凭证管理

《税收征管法》规定，税务机关是发票的主管机关，负责发票印制、领购、开具、取得、保管、缴销的管理和监督，单位、个人在购销商品、提供或者接受服务以及从事其他经营活动中，应当按照规定开具、使用、取得发票。

发票是指在购销商品、提供或者接受服务以及从事其他经营活动中，开具、收取的收付款的书面证明。它是确定经营收支行为发生的法定凭证，是会计核算的原始依据，也是税务稽查的重要证据。凭证，亦称会计凭证，是记载纳税人经济业务、明确经济责任的一种书面证明，是登记账簿的基础和进行会计核算的工具。

发票管理主要包括对发票印制、发票取得、发票保管、发票发售、发票使用、发票稽核以及发票缴销等方面的管理和监督。加强发票管理有利于促进企业正确地进行财务核算，加强财务监督，同时能确保国家税款准确及时地入库，增加国家财政收入，防止偷税行为的发生。

(一)发票的种类、样式和内容

发票的形状、规格、内容由国家税务总局规定。全国统一发票监制章是税务机关管理发票的法定标志，其形状、规格、内容、印色由国家税务总局规定。除经国家税务总局或国家税务总局省、自治区、直辖市税务分局和省、自治区、直辖市地方税务局(国家税务总局省、自治区、直辖市税务分局和省、自治区、直辖市地方税务局以下统称省级税务机关)依据各自的职责批准外，发票均应套印全国统一发票监制章。

发票分为普通发票、增值税专用发票和专业发票。普通发票主要由营业税纳税人和增值税小规模纳税人使用，增值税一般纳税人在不能开具专用发票的情况下也可使用普通发票。普通发票由行业发票和专用发票组成。前者适用于某个行业和经营业务，如商业零售统一发票、商业批发统一发票、工业企业产品销售统一发票等；后者仅适用于某一经营项目，如广告费用结算发票、商品房销售发票等。

发票的基本联次为三联，第一联为存根联，开票方留存备查；第二联为发票联，收执方作为付款或收款原始凭证；第三联为记账联，开票方作为记账原始凭证。增值税专用发票的基本联次还应包括抵扣联，收执方作为抵扣税款的凭证。除增值税专用发票外，县(市)以上税务机关根据需要可适当增减联次并确定其用途。

发票的基本内容包括：发票的名称、字轨号码、联次及用途，客户名称，开户银行及账号，商品名称或经营项目，计量单位、数量、单价、大小写金额，开票人，开票日期，开票单位(个人)名称(章)等。有代扣、代收、委托代征税款的，其发票内容应当包括代扣、代收、委托代征税种的税率和代扣、代收、委托代征税额。

在全国范围内统一式样的发票，由国家税务总局确定。在省、自治区、直辖市范围内统一式样的发票，由省级税务机关确定。发票的式样包括发票所属的种类、各联用途、具体内容、版面排列、规格、使用范围等。

有固定生产经营场所、财务和发票管理制度健全、发票使用量较大的单位，可以申请印制印有本单位名称的发票；如果统一发票式样不能满足业务需要，也可以自行设计本单位的发票式样，但均须报经县(市)以上税务机关批准，其中增值税专用发票由国家税务总局另定。

(二)发票的印制

增值税专用发票由国务院税务主管部门指定的企业印制。其他发票按照国务院税务主管部门的规定，分别由省、自治区、直辖市国家税务局、地方税务局指定的企业印制。禁止私印、伪造、变造发票。发票防伪专用品由国家税务总局指定的企业生产。全国统一发票监制章的式样和发票版面印刷要求，由国家税务总局规定。发票监制章由省、自治区、直辖市国家税务局、地方税务局制作。发票应当套印全国统一发票监制章，作为税务机关管理发票的法定标志。发票实行不定期换版制度。

(三)发票的领购

1．领购发票的对象

依法办理税务登记的单位和个人，在领取税务登记证件后，可以向主管税务机关申请领购发票。依法不需办理税务登记的单位需要领购发票的，可以按照规定程序，向主管税务机关申请领购发票。

临时到省外从事经营活动的单位和个人，凭所在地税务机关的证明，向经营地税务机关申请领购发票。临时到本省、自治区、直辖市以及跨市、县从事经营活动领购发票的办法，由省、自治区、直辖市税务机关规定。

2．领购发票的程序

单位或个人在申请领购发票时，必须提出购票申请报告，在报告中载明单位和个人的名称，所属行业，经济类型，需要发票的种类、名称、数量等内容，并加盖单位公章和经办人印章。固定业户到外县(市)销售货物的应当向经营地国家税务机关申请领购或者填开经营地的普通发票。申请领购发票时，应当提供保证人或者根据所领购发票的票面限额及数量缴纳不超过一万元的发票保证金，并限期缴销发票。按期缴销发票的，解除保证人的担保义务或者退还保证金，未按期缴销发票的，由保证人承担法律责任或者收缴保证金。依法不需要办理税务登记的纳税人以及其他未领取税务登记证的纳税人不得领购发票，需用发票时，可向经营地主管国家税务机关申请填开。申请填开时，应提供足以证明发生购销业务或者提供劳务服务以及其他经营业务活动方面的证明，对税法规定应当缴纳税款的，应当先缴税后开票。

(四)发票的开具和保管

销售商品、提供服务以及从事其他经营活动的单位和个人，对外发生经营业务收取款项，收款方应当向付款方开具发票。特殊情况下，由付款方向收款方开具发票。所有单位和从事生产、经营活动的个人在购买商品、接受服务以及从事其他经营活动支付款项时，应当向收款方取得发票。取得发票时，不得要求变更品名和金额。不符合规定的发票，不得作为财务报销凭证，任何单位和个人有权拒收。不符合规定的发票是指开具或取得的发票是应经而未经税务机关监制，或填写项目不全，内容不真实，字迹不清楚，没有加盖财务印章或发票专用章，伪造、作废以及其他不符合税法规定的发票。

使用发票的单位和个人必须在实现经营收入或者发生纳税义务时填开发票，未发生经

营业务一律不准填开发票。单位和个人填开发票时，必须按照规定的时限、号码顺序填开，填写时必须项目齐全、内容真实、字迹清楚，全份一次复写，各联内容完全一致，并加盖单位财务印章或者发票专用章。填开发票应使用中文，也可以使用中外两种文字。对于填开发票后，发生销货退回或者折价的，在收回原发票或取得对方国家税务机关的有效证明后，方可填开红字发票。用票单位和个人填错发票，应书写或加盖“作废”字样，完整保存各联备查。

单位和个人应当建立发票使用登记制度，设置发票登记簿，并定期向主管国家税务机关报告发票使用情况。开具发票的单位和个人应当按照国家税务机关的规定存放和保管发票，不得擅自损毁。已经开具的发票存根联和发票登记簿，应当保存五年。保存期满，报经主管国家税务机关查验后销毁。用票单位和个人丢失发票时应及时报告主管国家税务机关，并在报刊、电视等新闻媒介上公开声明作废，同时接受国家税务机关的处理。

三、纳税申报

(一)纳税申报的概念

纳税申报是指纳税人发生纳税义务后，在税法规定的期限内向主管税务机关提交书面报告的一种法定手续，也是税务机关办理征税业务、核实应纳税款、开具完税凭证的主要依据。

纳税人必须依照法律、行政法规规定或者税务机关依照法律、行政法规的规定确定的申报期限、申报内容如实办理纳税申报，报送纳税申报表、财务会计报表以及税务机关根据实际需要要求纳税人报送的其他纳税资料。扣缴义务人必须依照法律、行政法规规定或者税务机关依照法律、行政法规的规定确定的申报期限、申报内容如实报送代扣代缴、代收代缴税款报告表以及税务机关根据实际需要要求扣缴义务人报送的其他有关资料。

(二)纳税申报的内容

纳税申报的内容主要体现在各个税种的纳税申报表和代扣代缴、代收代缴税款报告内，其次是随纳税申报表附报的财务报表和有关纳税资料。

我国各税种都有相应的纳税申报表，实行源泉控制的税种有代扣代缴、代收代缴报告表，不同税种的计税依据、计税环节、计税方法不同，纳税申报表的格式也不同。但各税种的纳税申报表的主要内容一般都包括纳税人名称、税种、应纳税项目、适用税率、单位税额、计税依据、应纳税额、税款所属期限等。

纳税人办理纳税申报时，应根据不同情况报送下列有关资料。

(1) 财务会计报表及其说明材料。

(2) 与纳税有关的合同、协议书。

(3) 外出经营活动税收管理证明。

(4) 境内或者境外公证机构出具的有关证明文件。

(5) 税务机关规定应当报送的其他有关资料。

扣缴义务人向税务机关报送的代扣代缴、代收代缴税款报表的主要内容一般包括：扣缴义务人名称，被代扣、代收税款纳税人名称，代扣、代收税款所属期限，应代扣、代收税款项目，适用税率，计税依据，应代扣、代收税额以及税务机关规定的其他应当申报的项目。

享受减、免税优惠的纳税人，其减免税期间纳税申报表要分两部分进行填报，一是按正常纳税年度进行填报，并据以计算应纳税额；二是按其享受的税收优惠待遇，依据税收优惠规定计算应纳税款。

(三)纳税申报的方式

税务机关应当建立、健全纳税人自行申报纳税制度。但经税务机关批准，纳税人、扣缴义务人亦可采取邮寄、数据电文方式办理纳税申报或者报送代扣代缴、代收代缴税款报告表。另外，实行定期定额缴纳税款的纳税人，可以实行简易申报、简并征期等申报纳税方式。

(1) 自行申报。纳税人、扣缴义务人、代征人应当在纳税申报期限内到主管国家税务机关办理纳税申报、代扣代缴、代收代缴税款或委托代征税款报告。

(2) 邮寄申报。纳税人采取邮寄方式办理纳税申报的，应当使用统一的纳税申报专用信封，并以邮政部门收据作为申报凭据。邮寄申报以寄出的邮戳日期为实际申报日期。

(3) 数据电文申报。数据电文申报是指税务机关确定的电话语音、电子数据交换和网络传输等电子方式。纳税人采取电子方式办理纳税申报的，应当按照税务机关规定的期限和要求保存有关资料，并定期书面报送主管税务机关。

(四)纳税申报的期限

(1) 增值税、消费税的纳税期限分别为1日、3日、5日、10日、15日、1个月或者1个季度。纳税人的具体纳税期限，由主管税务机关根据纳税人应纳税额的大小分别核定；不能按照固定期限纳税的，可以按次纳税。

纳税人以1个月或者1个季度为1个纳税期的，自期满之日起15日内申报纳税；以1日、3日、5日、10日或者15日为1个纳税期的，自期满之日起5日内预缴税款，于次月1日起15日内申报纳税并结清上月应纳税款。

(2) 企业所得税分月或者分季预缴。企业应当自月份或者季度终了之日起15日内，向

税务机关报送预缴企业所得税纳税申报表，预缴税款。企业应当自年度终了之日起 5 个月内，向税务机关报送年度企业所得税纳税申报表，并汇算清缴，结清应缴应退税款。企业在报送企业所得税纳税申报表时，应当按照规定附送财务会计报告和其他有关资料。企业在年度中间终止经营活动的，应当自实际经营终止之日起60日内，向税务机关办理当期企业所得税汇算清缴。企业应当在办理注销登记前，就其清算所得向税务机关申报并依法缴纳企业所得税。

(3) 个人所得税应当在次月 7 日内向主管税务机关申报所得并缴纳税款。纳税人年终一次性取得对企事业单位的承包经营、承租经营所得的，自取得所得之日起 30 日内办理纳税申报；在 1 个纳税年度内分次取得承包经营、承租经营所得的，在每次取得所得后的次月 7 日内申报预缴，纳税年度终了后 3 个月内汇算清缴。从中国境外取得所得的纳税人，在纳税年度终了后 30 日内向中国境内主管税务机关办理纳税申报。

任务三　税 款 征 收

税款征收是指国家税务机关依照税收法律、法规，将纳税人应税款项组织入库的执法过程的总称，它是税务管理工作的中心环节。从纳税人角度看，税款征收的过程同时也是税款缴纳的过程，它从一个侧面反映了纳税人依法缴纳税款的遵法与守法过程。

一、税款征收方式

税款征收方式是指税务机关根据税收法律、法规和纳税人生产经营、财务管理状况，本着保证国家税收、便于税务人员征收的原则所采取的具体组织税款入库的方式。

(一)税款的确定方式

1. 查账征收

查账征收是指税务机关对会计核算制度比较健全的纳税人，依据其报送的纳税申报表、财务会计报表和其他有关纳税资料，计算应纳税款，填写缴款书或完税凭证，由纳税人到银行划解税款的征收方式。这种方式一般适用于财务会计制度较为健全，能够认真履行纳税义务的纳税单位。

2. 查定征收

查定征收是指税务机关对财务不全，但能控制其材料、产量或进销货物的纳税单位和个人，根据纳税户正常条件下的生产能力，对其生产的应税产品确定产量、销售额并据以核算税款的一种征收方式。这种方式适用于生产规模较小、会计核算不健全的作坊式小企业。

3. 查验征收

查验征收是指税务机关对纳税人的应税商品、产品，通过查验数量，按市场一般销售单价计算其销售收入，并据以计算应纳税款的一种征收方式。这种方式适用于城乡集贸市场的临时经营以及场外(如火车站、机场、码头、公路交通要道等地)经销商品的课税，其灵活性较大。

4. 定期定额征收

定期定额征收是指对某些营业额、利润额不能准确计算的小型个体工商户，采取自报评议，由税务机关定期确定营业额和所得额附征率，多税种合并征收的一种征收方式。这种方式适用于一些无完整考核依据的纳税人。

(二)税款的缴纳方式

1. 自核自缴

自核自缴也称“三自纳税”，是指纳税人按照税务机关的要求，在规定的缴款期限内，根据其财务会计情况，依照税法规定，自行计算税款，自行填写纳税缴款书，自行向开户银行缴纳税款，税务机关对纳税单位进行定期或不定期检查的一种税款征收方式。

2. 代扣代缴、代收代缴

代扣代缴是指按照税法规定，负有扣缴税款义务的法定义务人负责对纳税人应纳的税款进行代扣代缴的方式。即由支付人在向纳税人支付款项时，从所支付的款项中依法直接扣收税款并代为缴纳，其目的在于对零星分散、不易控管的税源实行源泉控制。例如，目前我国对纳税人课征的个人所得税、预提所得税就是采取代扣代缴的源泉扣缴形式。

代收代缴是指按照税法规定，负有收缴税款义务的法定义务人，负责对纳税人应纳的税款进行代收代缴的方式。即由与纳税人有经济业务往来的单位和个人在向纳税人收取款项时依法收取税款，并向税务机关解缴，其目的在于对税收网络覆盖不到或者难以征收的领域实行源泉控管。例如，委托加工应纳消费税产品的代收代缴税款。

3. 委托代征

委托代征是指受委托的有关单位按照税务机关核发的代征证书的要求，以税务机关的名义向纳税人征收一些零星税款的方式。目前，各地对零散、不易控管的税源，大多是委托街道办事处、居委会、乡政府、村委会及交通管理部门等代征税款。但要注意的是，被

委托人只能以税务机关的名义进行征收税款，并且没有行政处罚权。

二、税款征收措施

(一)税务机关调整应纳税额

1. 核定应纳税额的对象

根据《税收征管法》的规定，有下列情形之一的纳税人，税务机关有权核定其应纳税额。

(1) 依照法律、行政法规的规定可以不设置账簿的。

(2) 依照法律、行政法规的规定应当设置但未设置账簿的。

(3) 擅自销毁账簿或者拒不提供纳税资料的。

(4) 虽设置账簿，但账目混乱或者成本资料、收入凭证、费用凭证残缺不全，难以查账的。

(5) 发生纳税义务，未按照规定的期限办理纳税申报，经税务机关责令限期申报，逾期仍不申报的。

(6) 纳税人申报的计税依据明显偏低，又无正当理由的。

(7) 未按照规定办理税务登记的从事生产、经营的纳税人以及临时经营的纳税人。

2. 核定应纳税额的方式

为了减少核定应纳税额的随意性，使核定的税额更接近纳税人实际情况和法定负担水平，税务机关应按以下方式进行核定。

(1) 参照当地同类行业或者类似行业中经营规模和收入水平相近的纳税人的收入额和利润率核定。

(2) 按照成本加合理的费用和利润核定。

(3) 按照耗用的原材料、燃料、动力等推算或者测算核定。

(4) 按照其他合理的方法核定。

采用上述所列其中一种方法不足以正确核定应纳税额时，可以同时采用两种以上的方法核定。

(二)加收滞纳金

根据《税收征管法》的规定，纳税人未按照规定期限缴纳税款的，扣缴义务人未按照规定期限解缴税款的，税务机关除责令限期缴纳外，从滞纳税款之日起，按日加收滞纳税款万分之五的滞纳金。加收滞纳金的起止时间，为法律、行政法规规定或者税务机关依照法律、行政法规的规定确定的税款缴纳期限届满次日起至纳税人、扣缴义务人实际缴纳或者解缴税款之日止。经税务机关批准延期缴纳税款的，在批准期限内不加收滞纳金。

(三)责令提供纳税担保

纳税担保是指纳税人向税务机关提供一定的财产作为抵押或者由第三人作纳税担保人，以担保其依法、及时、足额缴纳应纳税款的制度。纳税担保制度是我国税收征管制度中的一项重要内容。实行这项制度有利于促使纳税人依法、及时、足额纳税，使国家的税收利益在更大程度上得到保证。

税务机关要求纳税人提供纳税担保的前提条件是：税务机关有根据认为有逃避纳税义务行为的纳税人，在税务机关规定的纳税期限内，被发现有明显的转移隐匿其应纳税的商品、货物以及其他财产或者应纳税收入迹象的，税务机关可以责成其提供纳税担保；欠缴税款人员需要出境，而又未能结清所欠税款的，税务机关可以要求其提供纳税担保。

纳税人可以提供两种方式的纳税担保：一是经税务机关认可的纳税担保人；二是纳税人所拥有的未设置抵押权的财产。

纳税担保人是指中国境内具有纳税担保能力的公民、法人或者其他经济组织。国家机关不得作为纳税担保人。

纳税担保人如果同意为纳税人提供纳税担保，应当填写纳税担保书，写明担保对象、担保范围、担保期限和担保责任以及其他事项。担保书须经纳税人、纳税担保人和税务机关签字盖章后方为有效。采用纳税担保人方式担保的，如果纳税人未及时、足额履行纳税义务，其应缴未缴的税款及相应的滞纳金由纳税担保人负责缴纳。

纳税人以其所拥有的未设置抵押权的财产作为纳税担保的，应当填写作为纳税担保的财产清单，并写明担保财产的价值以及其他有关事项。纳税担保财产清单须经纳税人和税务机关签字盖章后方为有效。纳税人可以用作纳税担保的财产包括现金和非现金财产。采用预缴现金方式作为纳税担保的，只限于对未领取营业执照从事工程承包或者提供劳务的单位和个人。采用财产抵押方式担保的，如果纳税人未及时、足额履行纳税义务，税务机关必须立即强制变卖抵押财产或以预收的保证金(现金)直接抵缴纳税人应缴未缴的税款和相应的滞纳金。

(四)采取税收保全措施

根据《税收征管法》的规定，税务机关有根据认为从事生产、经营的纳税人有逃避纳税义务行为的，可以在规定的纳税期之前，责令限期缴纳应纳税款；在限期内发现纳税人有明显的转移、隐匿其应纳税的商品、货物以及其他财产或者应纳税收入的迹象的，税务机关可以责成纳税人提供纳税担保。

如果纳税人不能提供纳税担保，经县以上税务局(分局)局长批准，税务机关可以采取下列税收保全措施：①书面通知纳税人开户银行或者其他金融机构冻结纳税人的金额相当于应纳税款的存款；②扣押、查封纳税人的价值相当于应纳税款的商品、货物或者其他财产。

纳税人在税务机关规定的期限内缴纳税款的，税务机关必须立即解除税收保全措施；期限届满仍未缴纳税款的，经县以上税务局(分局)局长批准，税务机关可以书面通知纳税人开户银行或者其他金融机构从其冻结的存款中扣缴税款，或者依法拍卖或者变卖所扣押、查封的商品、货物或者其他财产，以拍卖或者变卖所得抵缴税款。个人及其所扶养家属维持生活必需的住房和用品，不在税收保全措施的范围之内。

根据《税收征管法》的规定，从事生产、经营的纳税人、扣缴义务人未按照规定的期限缴纳或者解缴税款，纳税担保人未按照规定的期限缴纳所担保的税款，由税务机关责令限期缴纳，逾期仍未缴纳的，经县以上税务局(分局)局长批准，税务机关可以采取下列强制执行措施：①书面通知其开户银行或者其他金融机构从其存款中扣缴税款；②扣押、查封、依法拍卖或者变卖其价值相当于应纳税款的商品、货物或者其他财产，以拍卖或者变卖所得抵缴税款。

税务机关采取强制执行措施时，对纳税人、扣缴义务人、纳税担保人未缴纳的滞纳金同时强制执行。个人及其所扶养家属维持生活必需的住房和用品，不在强制执行措施的范围之内。

(五)阻止出境

根据《税收征管法》的规定，欠缴税款的纳税人或者其法定代表人需要出境的，应当在出境前向税务机关结清应纳税款、滞纳金，或者提供纳税担保。未结清税款、滞纳金，又不提供担保的，税务机关可以通知出境管理机关阻止其出境。

三、其他关于税款征收的法律规定

(一)税收优先制度

税务机关征收税款，税收优先于无担保债权，法律另有规定的除外；纳税人欠缴的税款发生在纳税人以其财产设定抵押、质押或者纳税人的财产被留置之前的，税收应当先于抵押权、质押权、留置权执行。纳税人欠缴税款，同时又被行政机关决定处以罚款、没收违法所得的，税收优先于罚款、没收违法所得。

(二)代位权、撤销权

欠缴税款的纳税人因怠于行使到期债权，或者放弃到期债权，或者无偿转让财产，或者以明显不合理的低价转让财产而受让人知道该情形，对国家税收造成损害的，税务机关可以依照合同法的规定行使代位权、撤销权。

任务四　税 务 检 查

一、税务检查的概念

税务检查是税务管理的重要环节，是纳税监督的重要内容，也是税收法律、法规贯彻执行的重要手段。税务检查，又称为纳税检查，是税务机关根据税收法律、法规以及有关会计制度的规定，采取一定的组织形式，运用一定的检查方法，对纳税人是否依法履行纳税义务的情况进行检查和监督，以充分发挥税收职能作用的一种管理活动。它包括对偷逃税等违法案件的查处、对避税案件的查处以及对税务违章案件的查处。

税务检查的依据是国家税收法律、法规以及会计制度的规定，其目的是监督纳税人依法履行纳税义务，促使税务机关完善税收征收管理。在税务检查中，税务机关是税务检查的主体，代表国家行使政治权力，对纳税人所从事的各种经济活动和应税行为进行监督和检查；纳税人是税务检查的客体，依法接受税务机关的检查和监督、如实反映有关情况、提供有关资料。

二、税务检查的方法

税务机关进行税务检查，一般采用以下三种方法。

(1) 税务查账：是对纳税人的会计凭证、账簿、会计报表以及银行存款账户等核算资料所反映的纳税情况所进行的检查。这是税务检查中最常用的方法。

(2) 实地调查：是对纳税人账外情况进行的现场调查。

(3) 税务稽查：是对纳税人的应税货物进行的检查。

三、税务检查的内容

税务检查主要包括以下内容。

(1) 检查纳税人遵守国家税收法律、法规的情况。这项检查主要包括检查纳税人是否及时办理纳税申报，有无隐瞒销售收入、虚增成本费用等偷税行为；是否及时缴纳税款、有无拖欠税款行为。如果检查中发现存在上述行为，则依法处理，并限期改正。

(2) 检查纳税人遵守国家财会制度和财经纪律的情况。此项检查的主要内容是检查纳税人是否严格按照财务会计制度的规定进行会计核算，检查纳税人在成本费用核算上有无

任意扩大列支范围和列支比例，乱摊费用情况；检查纳税人在产品销售上有无隐瞒收入、坐收坐支，减少应税销售额的情况；检查纳税人在利润分配上有无减少应税利润的情况。如果检查中发现存在上述问题，应及时处理并纠正，促使纳税人加强财务管理，准确计算应纳税款。

(3) 检查税务机关依法行政的情况。此项检查主要是通过检查纳税人履行纳税义务的情况来检查税务机关在执法过程中是否存在执法不严、违法不究、以情代法的情况，如果发现上述问题，应当严肃处理，提高行政效率和行政质量。

四、税务检查的范围

(1) 检查纳税人的账簿、记账凭证、报表和有关资料；检查扣缴义务人代扣代缴、代收代缴税款账簿、记账凭证和有关资料。

(2) 到纳税人的生产、经营场所和货物存放地检查纳税人应纳税的商品、货物或者其他财产；检查扣缴义务人与代扣代缴、代收代缴有关的经营情况。

(3) 责成纳税人、扣缴义务人提供与纳税或者代扣代缴、代收代缴款项有关的文件、证明材料和有关资料。

(4) 询问纳税人、扣缴义务人与纳税或者代扣代缴、代收代缴税款有关的问题和情况。

(5) 到车站、码头、机场、邮政企业及其分支机构检查纳税人托运、邮寄应税商品、货物或者其他财产的有关单据、凭证和有关资料。

(6) 经县以上税务局(分局)局长批准，凭全国统一格式的检查存款账户许可证明，查核从事生产、经营的纳税人、扣缴义务人在银行或者其他金融机构的存款账户；税务机关在调查税收违法案件时，经设区的市、自治州以上税务局(分局)局长批准，可以查询案件嫌疑人员的储蓄存款，税务机关查询所获得的资料，不得用于税收以外的用途。

任务五　违反税收法律制度的法律责任

一、税收法律责任的概念及分类

(一)税收法律责任的概念

税收违法是指税收法律关系主体违反税收法律关系的行为。其行为主体包括纳税主体、征税主体及侵害税收法律关系的其他当事人，即包括税务机关、税务人员、纳税人、扣缴义务人、纳税担保人及税务代理人等。只有违法行为存在，才能依法使行为主体承担相应的法律责任，即通常所说的“处罚”。

税收违法法律责任，又称税收法律责任，是指税收法律关系中的主体由于其行为违法，按照法律规定必须承担的消极法律后果。

(二)税收法律责任的分类

由于违法行为的性质和危害程度不同，违法者所承担的法律责任也不同，即不同的违法事实承担不同的法律责任。

1．根据税收征收管理的性质和特点划分的法律责任

税收违法行为承担的法律责任形式包括行政法律责任和刑事法律责任两大类。刑事违法承担刑事法律责任，行政违法承担行政法律责任。

税收违法行政法律责任是指税收法律关系主体违反税收管理法律、法规的规定，不履行税收管理法律、法规所规定的义务，尚不够承担刑事责任时所应承担的法律责任。

行政法律责任按其制裁形式是否涉及经济内容，可以分为行政处分和行政处罚。行政处分形式按其违法程度可以分为：警告、记过、记大过、降级、降职、留用察看、开除等，适用于违反《税收征管法》中规定的自然人，包括税务人员和其他违法人员。行政处罚的形式主要有三种：①罚款。税务机关作为国家授权机关依法迫使当事人缴纳一定货币金额。②没收违法所得。如《税收征管法》中所规定的，对非法印制发票的，由税务机关销毁非法印制的发票，没收违法所得，并处以罚款。③责令限期改正。

税收违法刑事法律责任是指税收法律主体违反税收法律的规定，情节严重构成犯罪所应承担的法律责任。税收法律主体违反刑事法律规定所构成的犯罪主要有：偷税罪、抗税罪、伤害罪、杀人罪、行贿罪、诈骗罪、受贿罪、玩忽职守罪等。犯罪所要承担的法律责任就是刑罚。刑罚分为主刑和附加刑。主刑有管制、拘役、有期徒刑、无期徒刑、死刑五种。附加刑有罚金、剥夺政治权利、没收财产三种。企业事业单位可以构成某些犯罪的主体，那么，其主管人员和直接责任人员是刑事法律主体的重要组成部分，人民法院在追究企业事业单位的法律责任的同时，也一定会依法追究其主管人员和直接责任人员的刑事责任。

对税收法律主体既违反行政法律规定，又违反刑事法律规定，需要承担两种法律责任时，必须依照法律规定，先追究其行政法律责任，然后再移送司法机关追究其刑事法律责任。

2．根据违法主体不同划分的法律责任

根据违法主体的不同，可分为纳税主体，即纳税人、扣缴义务人的违法责任；征税主体，即税务机关和税务人员的违法责任；其他侵害税收法律关系行为者的违法责任。

明确规定税收法律责任，不仅有利于维护正常的税收征纳秩序，确保国家的税收收入及时足额入库，而且有利于增强税法的威慑力，为预防和打击税收违法犯罪行为提供有力的法律武器，也有利于维护纳税人的合法权益。

二、征纳双方违反税法的法律责任

(一)纳税人、扣缴义务人违反税法的法律责任

1. 违反税务登记规定的法律责任

《税收征管法》规定，纳税人未按照规定的期限申报办理税务登记、变更或者注销登记的，由税务机关责令限期改正，可以处二千元以下的罚款；情节严重的，处二千元以上一万元以下的罚款；纳税人不办理税务登记的，由税务机关责令限期改正；逾期不改正的，经税务机关提请，由工商行政管理机关吊销其营业执照。纳税人未按照规定使用税务登记证件，或者转借、涂改、损毁、买卖、伪造税务登记证件的，处二千元以上一万元以下的罚款；情节严重的，处一万元以上五万元以下的罚款。

《税收征管法实施细则》规定， 纳税人未按照规定办理税务登记证件验证或者换证手续的，由税务机关责令限期改正，可以处二千元以下的罚款；情节严重的，处二千元以上一万元以下的罚款。

纳税人通过提供虚假的证明资料等手段，骗取税务登记证的，处二千元以下的罚款；情节严重的，处二千元以上一万元以下的罚款。纳税人涉嫌其他违法行为的，按有关法律、行政法规的规定处理。

扣缴义务人未按照规定办理扣缴税款登记的，由税务机关责令其限期改正，并可处以二千元以下的罚款。

2. 违反账簿、凭证管理的法律责任

《税收征管法》规定，纳税人未按照规定设置、保管账簿或者保管记账凭证和有关资料的；未按照规定将财务、会计制度或者财务、会计处理办法和会计核算软件报送税务机关备查的；未按照规定将其全部银行账号向税务机关报告的；由税务机关责令限期改正，可以处二千元以下的罚款；情节严重的，处二千元以上一万元以下的罚款。

扣缴义务人未按照规定设置、保管代扣代缴、代收代缴税款账簿或者保管代扣代缴、代收代缴税款记账凭证及有关资料的，由税务机关责令限期改正，可以处二千元以下的罚款；情节严重的，处二千元以上五千元以下的罚款。

3. 违反纳税申报规定的法律责任

(1) 《税收征管法》规定，纳税人未按照规定的期限办理纳税申报和报送纳税资料的，

或者扣缴义务人未按照规定的期限向税务机关报送代扣代缴、代收代缴税款报告表和有关资料的，由税务机关责令限期改正，可以处二千元以下的罚款；情节严重的，可以处二千元以上一万元以下的罚款。

(2) 一般纳税人不按规定申报并核算进项税额、销项税额和应纳税额的，除按前款规定处罚外，在一定期限内取消进项税额抵扣资格和专用发票使用权，其应纳增值税，一律按销售额和规定的税率计算征税。

4．逃避税务机关追缴行为的法律责任

纳税人欠缴应纳税款、采取转移或者隐匿财产的手段，妨碍税务机关追缴欠缴税款的，由税务机关追缴欠缴的税款、滞纳金，并处欠缴税款百分之五十以上五倍以下的罚款；构成犯罪的，依法追究刑事责任。

5．偷税行为及其法律责任

纳税人采取伪造、变造、隐匿、擅自销毁账簿、记账凭证，在账簿上多列支出或者不列、少列收入，或者进行虚假的纳税申报的手段，不缴或者少缴应纳税款的，是偷税。偷税数额占应纳税额的百分之十以上并且偷税数额在一万元以上的，或者因偷税被税务机关给予二次行政处罚又偷税的，除由税务机关追缴其偷税款外，依照《关于惩治偷税、抗税犯罪的补充规定》第一条的规定处罚；偷税数额不满一万元或者偷税数额占应纳税额不到百分之十的，由税务机关追缴其偷税款，处以偷税数额五倍以下的罚款。

6．欠税行为及其法律责任

纳税人欠缴应纳税款，采取转移或者隐匿财产的手段，致使税务机关无法追缴欠缴的税款，数额在一万元以上的，除由税务机关追缴欠缴的税款外，依照《关于惩治偷税、抗税犯罪的补充规定》第二条的规定处罚；数额不满一万元的，由税务机关追缴欠缴的税款，处以欠缴税款五倍以下的罚款。

7．抗税行为及其法律责任

抗税是指以暴力、威胁方法拒不缴纳税款。除由税务机关追缴其拒缴的税款外，依照《关于惩治偷税、抗税犯罪的补充规定》处罚。构成抗税罪的，处三年以下有期徒刑或者拘役，并处拒缴税款五倍以下的罚金；情节严重的，处三年以上七年以下有期徒刑，并处拒缴税款五倍以下的罚金。以暴力方法抗税，致人重伤或死亡的，按照伤害罪、杀人罪从重处罚，并处以罚金。

8．骗取出口退税行为及其法律责任

企业事业单位采取对所生产或者经营的商品假报出口等欺骗手段，骗取国家出口退税

款，数额在一万元以上的，除由税务机关追缴其骗取的退税款外，依照《关于惩治偷税、抗税犯罪的补充规定》第五条第一款的规定处罚；骗取的国家出口退税款数额不满一万元的，由税务机关追缴其骗取的退税款，处以骗取税款五倍以下的罚款。

此外，《税收征管法实施细则》规定，非法印制、转借、倒卖、变造或者伪造完税凭证的，由税务机关责令改正，处二千元以上一万元以下的罚款；情节严重的，处一万元以上五万元以下的罚款；构成犯罪的，依法追究刑事责任。税务机关依法到车站、码头、机场、邮政企业及其分支机构检查纳税人有关情况时，有关单位拒绝的，由税务机关责令改正，可以处一万元以下的罚款；情节严重的，处一万元以上五万元以下的罚款。

(二)税务人员违反税法的法律责任

税务人员违反税法应当承担的法律责任如下。

(1) 税务机关违反规定擅自改变税收征收管理范围和税款入库预算级次的，责令限期改正，对直接负责的主管人员和其他直接负责人员依法给予降级或者撤职的行政处分。

(2) 税务人员徇私舞弊，对依法应当移交司法机关追究刑事责任的不移交，情节严重的，依法追究刑事责任。

(3) 税务机关、税务人员查封、扣押纳税人个人及其所抚养家属维持生活必需的住房和用品的，责令退还，依法给予行政处分；构成犯罪的，依法追究刑事责任。

(4) 税务人员和纳税人、扣缴义务人勾结、唆使或者协助纳税人抗税的行为，构成犯罪的，依法追究刑事责任；尚不构成犯罪的，依法给予行政处分。

(5) 税务人员利用职务上的便利，收受或者索取纳税人、扣缴义务人财物或者谋取其他不正当利益，构成犯罪的，依法追究刑事责任；尚不构成犯罪的，依法给予行政处分。

(6) 税务人员徇私舞弊或者玩忽职守，不征或者少征税款，致使国家税收遭受重大损失，构成犯罪的，依法追究刑事责任，尚不构成犯罪的，依法给予行政处分。税务人员滥用职权，故意刁难纳税人、扣缴义务人的，调离税收工作岗位，并依法给予行政处分。税务人员对控告、检举税收违法违纪行为的纳税人、扣缴义务人以及其他检举人进行打击报复的，依法给予行政处分；构成犯罪的，依法追究刑事责任。

(7) 违反法律、行政法规的规定提前征收、延缓征收或者摊派税款的，由其上级机关或者行政监察机关责令改正，对直接负责的主管人员和其他直接责任人员依法给予行政处分。

(8) 税务人员在征收税款或者查处税收违法案件时，未按规定进行回避的，对直接负责的主管人员和其他直接责任人员，依法给予行政处分。

案例导入分析

解析：该处理决定无效。根据规定，企业、企业在外地设立的分支机构和个体工商户自领取营业执照之日起30日内，向主管税务机关申报办理税务登记；税务机关应当自收到申报之日起30日内审核并发给税务登记证件。该商店自2015年10月20日领取营业执照到2015年11月12日还不到30日，所在地税务机关应按规定程序为其办理税务登记。因此，本例中税务所作出的处理决定无效。

项目实务训练

一、单项选择题

1. 下列项目中，属于纳税人权利的是(　　)。

A. 依法办理税务登记　　B. 自觉接受税务检查

C. 申请减免税　　D. 追回欠缴的税款

2. 如果因为不可抗力或财务会计处理上的特殊情况等原因，纳税人不能按期申报，扣缴义务人不能按期报送代扣缴税款报告表的，经税务机关核准，可以延期申报，但最长不得超过(　　)。

A. 一个月　　B. 二个月　　C. 三个月　　D. 六个月

3. 从事生产经营的纳税人、扣缴义务人应自领取(　　)之日起(　　)日内，向所在地主管税务机关办理税务登记。

A. 税务登记　15　　B. 税务登记　30

C. 营业执照　15　　D. 营业执照　30

4. 犯骗取出口退税罪的，处5年以下有期徒刑或者拘役，并处骗取税款(　　)罚金。

A. 1倍以上5倍以下　　B. 1倍以上3倍以下

C. 10 000元　　D. 5倍以上

5. 纳税人抗税，依照《税收征管法》有关条款的规定，未构成犯罪的，由税务机关追缴其拒缴的税款，并处拒缴税款(　　)罚金。

A. 1倍以上5倍以下　　B. 10倍以下

C. 1倍以上3倍以下　　D. 5倍以上

6. 纳税人欠缴税款数额(　　)的，处三年以下有期徒刑或者拘役，并处或单处欠缴税款5倍以下的罚款。

A. 在10 000元以上不满100 000元　　B. 不满10 000元

C. 欠税数额占应纳税款不到10%　　D. 超过50 000元不满100 000元

7. 纳税人税务登记内容发生变化时，应在工商行政管理机关办理变更登记之日起，或经有关部门批准之日起(　　)日内，持相关证件向税务局申请办理变更税务登记。

A. 15　　B. 30　　C. 10　　D. 45

8. 税务机关对个体工商户税款征收的基本方法是(　　)。

A. 代扣代缴　　B. 定期定额　　C. 查定征收　　D. 查账征收

9. C公司拖欠2015年度营业税32万元，催缴无效，经县税务局长批准，2016年3月税务机关书面函告通知其所在开户银行暂停支付存款40万元，这一行政行为属于(　　)。

A. 提供纳税担保　　B. 税收保全措施

C. 强制征收措施　　D. 税务行政协助

10. (　　)是税收征收管理工作的第一个环节，也是税务机关对纳税人及其生产经营活动进行登记管理的一项制度。

A. 账簿、凭证管理　　B. 税务登记管理

C. 发票管理　　D. 纳税申报管理

11. 对纳税人的偷税、抗税、骗税等税务违法行为，国家税务机关追缴其税款的期限是(　　)。

A. 3年　　B. 5年　　C. 10年　　D. 永久

12. 关于纳税人账簿、会计凭证和报表的管理规定，下列说法中正确的是(　　)。

A. 账簿、会计凭证、报表，应当使用中文，外商投资企业和外国企业可以使用外国文字记账

B. 账簿、会计凭证、报表、完税凭证、发票、出口凭证以及其他有关涉税资料的制作应当及时、准确、全面

C. 账簿、会计凭证、报表及其他有关涉税资料应该保存10年，法律、行政法规另有规定的除外

D. 扣缴义务人按照被代扣、代收税款的单位和个人，设置代扣代缴、代收代缴税款明细账

13. 根据群众举报，个体户张非存在采取虚假纳税申报手段少缴个人所得税的行为。2011年3月，税务机关依法对张非实施税务检查。在税务检查过程中，根据需要，经县税务局局长批准，税务稽查机关可以查询(　　)的储蓄存款。

A. 张非　　B. 张非及其妻子

C. 张非及其父母　　D. 张非儿子

14. 简易申报与简并征期方式适用于(　　)的纳税人。

A. 查账征收　　B. 查定征收　　C. 查验征收　　D. 定期定额

15. 某建筑材料商店是增值税一般纳税人，其销售建筑材料同时兼营一小吃部，由于分别核算销售额，则该商店应当(　　)。

A. 销售建材缴纳增值税，小吃部缴纳营业税

B. 销售建材缴纳营业税，小吃部缴纳增值税

C. 销售建材和小吃部都缴纳增值税

D. 销售建材和小吃部都缴纳营业税

二、多项选择题

1. 纳税人因有特殊困难，不能按期缴纳税款的，经(　　)批准，可以延期缴纳税款。

A. 国家税务总局　　B. 省级税务局

C. 计划单列市级税务局　　D. 县以上税务局(分局)

2. 张天是未办理税务登记的个体工商户，在税务检查中发现张天在2015年9月应纳税款4万元。由于该公司未申报缴纳税款，于是税务机关在10月11日就向其送达了《催缴税款通知书》，责令其15日内缴纳上述税款。至10月31日，该公司仍未缴税款，一般情况下，税务机关应(　　)。

A. 责令张天提供纳税担保

B. 可以扣押张天正在销售的电器商品等

C. 直接查封张天正在销售的电器商品等

D. 对张天处以罚款

3. 根据税收征收管理法律制度规定，使用发票，不得有(　　)行为。

A. 扩大发票使用范围　　B. 拆本使用发票

C. 转借、转让发票　　D. 以其他凭证代替发票使用

4. 一般而言，税务机关可在(　　)情况下，要求纳税人提供纳税担保。

A. 纳税人因有特殊困难，不能按期缴纳税款的

B. 纳税人有逃避纳税义务的行为，并在限期缴纳税款的期限内有明显转移其应纳税商品迹象的

C. 欠缴税款的纳税人或者他的法定代表人需要出境的

D. 纳税人同税务机关在纳税上发生争议时，需申请行政复议的

5. 税收征管法及其实施细则所称的账簿，是指(　　)应当采用订本式。

A. 总账　　B. 明细账　　C. 日记账　　D. 其他辅助性账簿

6. 纳税人办理(　　)事项时，必须持税务登记证件。

A. 开立银行账户　　B. 领购发票

C. 签订营业合同　　D. 申请减税、免税、退税

7. 纳税人需要申请办理注销登记的情况有(　　)。
A. 解散　　B. 破产　　C. 撤销　　D. 暂停营业
8. 开具发票时应按顺序填开，并且要求(　　)。
A. 填写项目齐全　　B. 内容真实
C. 字迹清楚　　D. 逐联填开
9. 下面属于税款征收措施的有(　　)。
A. 罚款　　B. 责令缴纳并加收滞纳金
C. 阻止出境　　D. 由税务机关核定、调整应纳税额
10. 下列属于普通发票的有(　　)。
A. 增值税专用发票　　B. 商业零售统一发票
C. 商品房销售发票　　D. 邮票

三、判断题

1. 发票分为普通发票和专业发票。(　　)

2. 税务人员不得索贿、徇私舞弊、玩忽职守、不征或少征应征税款；不得滥用职权多征税款或者故意刁难纳税人和扣缴义务人。(　　)

3. 任何单位和个人不得转借、转让、代开发票。(　　)

4. 纳税人在纳税期内没有应纳税款的，也应该按规定办理纳税申报。(　　)

5. 税务机关、税务人员、扣缴义务人都是征管法中说的征收主体。(　　)

6. 纳税人、扣缴义务人因有特殊困难，不能按期缴纳税款的，经省、自治区、直辖市国家税务局、地方税务局批准，可以延期缴纳税款，但是最长不得超过三个月。(　　)

7. 纳税人需要延期缴纳税款的，应当在申报期内提出申请。(　　)

8. 税务机关应当在收到申请延期缴纳税款报告之日起 20 日内作出批准或者不予批准的决定；不予批准的，从不予批准之日加收滞纳金。(　　)

9. 税收征管法中所说的完税证明，不包括扣缴义务人使用的扣(收)税凭证。(　　)

10. 完税凭证的样式及管理办法由国家税务总局制定。(　　)

四、业务题

1. 某县某一般纳税人办理开业登记以来一直未申报纳税。针对该纳税人一直未办理纳税申报的事实，县税务局稽查局在履行有规定的税务稽查手续后对其进行了税务稽查，经过检查确认，该企业上年度偷税 40 000 元，在履行了规定的听证手续后，按照有关法规分别下达了《税务处理决定书》和《行政处罚决定书》，责令其补缴税款和滞纳金，并对其作罚款一倍处理，在责令缴纳的期间内，发现纳税人有转移财产的嫌疑，于是税务机关采取

了税收保全措施和税收强制措施。

要求：针对以上情况，回答以下问题。

(1) 针对纳税人未进行纳税申报的行为，税务机关可以采取的行政措施是(　　)。

A. 责令纳税人限期改正，并处2 000元以下罚款

B. 责令纳税人限期改正，逾期不改的，处2 000元以下罚款

C. 经过税务机关通知申报，纳税人仍不申报，属于违反一般税务管理规定的行为

D. 经过税务机关通知申报，纳税人仍不申报，属于偷税行为

(2) 本案中所说的"税务稽查手续"，是指税务检查人员应当遵守的有关规定，这些规定是指(　　)。

A. 出示税务检查证

B. 应当至少两人实施税务检查

C. 应当在检查前下达"税务检查通知书"

D. 由县以上税务机关开具介绍信

(3) 本案中所说的"税收保全"，是指税务机关可能采取(　　)措施。

A. 税务稽查机关责成纳税人提供纳税担保

B. 责成纳税人提供纳税担保，须经县以上税务局长批准

C. 如果纳税人未提供纳税担保，经县税务稽查局局长批准，可扣押纳税人的商品、财产和货物

D. 扣押纳税人的商品、财产和货物，须经县税务局局长批准

(4) 针对本案所说的"税收强制"，下列说法中，(　　)是正确的。

A. 强制执行的财产价值应当相当于税款部分的价值，其滞纳金可以同时执行

B. 税务机关可对纳税担保人的担保财产强制执行

C. 强制执行应当经过地市以上税务局长批准

D. 税务机关可自己执行，也可以申请人民法院执行

2. 某县国税局稽查局2015年12月14日在对税务登记纳税户进行比对检查时，发现经销服装的个体工商户吴理(定期定额征收业户)未办理11月份的纳税申报和缴纳税款，就对其进行了税务检查，检查发现，由于吴理准备在12月底歇业回外地老家，为了逃避缴纳2015年11月、12月的税款(10月及其以前的税款已经按照规定缴纳)，就没有进行有关纳税申报。

稽查局于12月5日书面要求吴理于15日缴纳11月份、12月份的2 400元税款(每月1 200元)，按照《税收征管法》第64条，并按照"不进行纳税申报"处理，责令其限期缴纳税款，并对其处罚一倍共计2 400元罚款。

纳税人不服，12月20日，稽查局一检查员偶然发现纳税人吴理已经联系了搬迁用的货车，准备提前停业，将其所剩货物和有关物品运走，于是立即上前阻拦，并依照《税收征

管法》第 55 条，当场填写了盖有税务稽查局公章的扣押证，将吴理准备运走的一批服装连同吴理租用的卡车扣押。

2015 年 12 月 24 日，吴理缴纳了应纳税款 2 400 元，但是拒绝缴纳罚款，并要求税务机关返还扣押服装和货车，12 月 26 日，税务机关报请县国家税务局局长批准，变卖了部分服装，以扣抵 2 400 元罚款。其余服装予以返还，由于保管员吴义(协税员)盗卖了部分服装(800 元)，税务机关告知纳税人，缺少的服装将在向吴义追回后及时归还。

要求：根据本案，回答下列问题。

(1) 税务机关对纳税人的定性和处理是否正确？为什么？

(2) 税务机关对扣押纳税人服装的行为在手续上是否完备？为什么？

(3) 税务机关在返还时的有关处理是否正确，为什么？

项目九 税 务 筹 划

项目目的及要求

通过本项目的学习，使学生能够熟悉税务筹划的概念、目标、原则、特点等基本理论知识，理解税务筹划的意义所在及学习税务筹划的重要性，了解税务筹划常用的方法。

项目重点和难点

本项目的学习重点是税务筹划的手段、基本方法及技术，难点是税务筹划方法的应用。

案例导入

王先生发明了一项专利，预计投产后前景非常看好。如果转让该专利，王先生可获得现金 500 万元。如果将该专利投资入股成立企业，预计第二年开始盈利，王先生每年可分红 100 万元，持续分红 5 年。假设一年期银行利率为 2%。

要求：请分析在这两种方案下，王先生的所纳税款有何不同？①

任务一 税务筹划概述

一、税务筹划的概念、特点和意义

(一)税务筹划的概念

税务筹划在西方国家已有很长的历史，不仅被政府认可，而且在会计主体中应用也十分普遍，甚至已成为一种谋生的职业。而在我国，税务筹划却仅处于探索、研究和推行阶段。因人们对税务筹划热情的升温，“税务筹划”一词越来越受到媒体关注，并有“野蛮者抗税、愚昧者偷税、糊涂者漏税、精明者进行税务筹划”的说法。那么，什么是税务筹划？它与偷税、避税有何区别？开展税务筹划有何意义？企业在税务筹划中应当坚持什么原则？税务筹划有哪些方法？在实际经营活动中如何运用？

税务筹划也称税收筹划、纳税筹划，国际上对税务筹划概念的表述也不尽相同。一般

---

① 宋森，吴煜丽．纳税会计实务[M]．北京：经济科学出版社，2010：233(案例内容有改动).

认为，税务筹划有广义和狭义之分。广义的税务筹划，是指纳税人在不违背税法的前提下，运用一定的技巧和手段，对自己的生产经营活动进行科学、合理和周密的安排，以达到少缴、缓缴税款目的的一种财务管理活动。这一定义强调税务筹划的前提是不违背税法，税务筹划的目的是少缴或缓缴税款。它包括采用合法手段进行的节税筹划，采用非违法手段进行的避税筹划，采用经济手段、特别是价格手段进行的税负转嫁筹划。

狭义的税务筹划，是指纳税人在税法允许的范围内以适应政府税务政策导向为前提，采用税法所赋予的税务优惠或选择机会，对自身经营、投资和分配等财务活动进行科学、合理的事先规划与安排，以达到节税目的的一种财务管理活动。这一定义强调税务筹划的目的是为了节税，但节税是在税务法律允许的范围内，以适应政府税务政策导向为前提的。

(二)税务筹划的特点

税务筹划的根本目的是减轻税负以实现企业税后收益的最大化，但与减轻税负的其他形式(如逃税、欠税及避税)比较，税务筹划具有以下特点。

1．合法性

税法是处理征纳关系的共同准绳，作为纳税义务人的企业要依法缴税。税务筹划是在完全符合税法、不违反税法的前提下进行的，是在纳税义务没有确定、存在多种纳税方法可供选择时，企业作出缴纳低税负的决策，依法行政的税务机关对此不应反对。这一特点使税务筹划与偷税具有本质的不同。

2．筹划性

在税务活动中，经营行为的发生是企业纳税义务产生的前提，纳税义务通常具有滞后性。税务筹划不是在纳税义务发生之后想办法减轻税负，而是在应税行为发生之前通过纳税人充分了解现行税法知识和财务知识，结合企业全方位的经济活动进行有计划的规划、设计、安排来寻求未来税负相对最轻，经营效益相对最好的决策方案的行为，是一种合理、合法的预先筹划，具有超前性特点。

3．专业性

税务筹划作为一种综合的管理活动，所采用的方法是多种多样的。从环节上看，包括预测方法、决策方法、规划方法等；从学科上看，包括统计学方法、数学方法、运筹学方法以及会计学方法等，因此税务筹划在方法上的综合性特点使筹划活动成为一项高智力的活动，需要周密的规划、广博的知识。税务筹划的专业性有两层含义，一是指企业的税务筹划需要由财务、会计，尤其是精通税法的专业人员进行；二是现代社会随着经济日趋复杂，各国税制也越趋复杂，仅靠纳税人自身进行税务筹划已显得力不从心，税务代理、咨询及筹划业务应运而生，税务筹划呈日益明显的专业化特点。

4．目的性

纳税人对有关行为的税务筹划是围绕某一特定目的进行的。企业进行税务筹划的目标不应是单一的而应是一组目标：直接减轻税务负担是纳税筹划产生的最初原因，是税务筹划最本质、最核心的目标；延缓纳税、无偿使用财政资金以获取资金时间价值；保证账目清楚、纳税申报正确、缴税及时足额，不出现任何关于税务方面的处罚，以避免不必要的经济、名誉损失，实现涉税零风险；确保自身利益不受无理、非法侵犯以维护主体合法权益；根据主体的实际情况，运用成本收益分析法确定筹划的净收益，保证企业获得最佳经济效益。

5．筹划过程的多维性

从时间上看，税务筹划贯穿于生产经营活动的全过程，任何一个可能产生税金的环节，均应进行税务筹划。不仅生产经营过程中规模的大小、会计方法的选择、购销活动的安排需要税务筹划，而且在设立之前、生产经营活动之前、新产品开发设计阶段，都应进行税务筹划，选择具有节税效应的注册地点、组织类型和产品类型。从空间上看，税务筹划活动不仅限于本企业，应同其他单位联合，共同寻求节税的途径。

税务筹划是在法律法规允许的范围内进行的合理筹划，也就没有政策法规方面的限制。在市场竞争日益激烈的今天，税务筹划已经成为企业效益增加、利润增长的重要来源。企业可以在充分掌握税务理论政策的基础上，通过多种途径，综合运用避税筹划、节税筹划、转嫁筹划等方式，以及分税种、分行业、分周期的不同实战方法，进行合理的税务筹划。

(三)税务筹划的意义

(1) 有利于减少企业自身的偷、欠、骗、抗税等税务违法行为的发生，强化纳税意识，实现诚信纳税。纳税人都希望减轻税负，如果有不违法的方法可以选择，自然就不会做违法之事。税务筹划的存在和发展为纳税人节约税务开支提供了合法的渠道，这在客观上减少了企业税务违法的可能性。

(2) 有助于优化企业产业结构和投资方向。企业根据税务的各项优惠政策进行投资决策、企业制度改造、产品结构调整等，尽管在主观上是为了减轻税务负担，但在客观上却是在国家税务经济杠杆的作用下，逐步走上优化产业结构和生产力合理布局的道路。

(3) 有助于提高企业自身的经营管理水平，尤其是财务和会计的管理水平。如果一个国家的现行税务法规存在漏洞而纳税人却无视其存在，这可能意味着：一方面纳税人经营水平层次较低，对现有税法没有深层次的掌握，就更谈不上依法纳税和诚信纳税；另一方面一个国家税务立法质量差，如税务法规漏洞永远存在，何谈依法治税。

(4) 有利于完善税制，增加国家税收。税务筹划有利于企业降低税务成本，也有利于贯彻国家的宏观经济政策，使经济效益和社会效益达到有机结合，从而增加国家税收。例如，税务筹划中的避税筹划，就是对现有税法缺陷作出的昭示，暴露了现有税务法规的不足，国家则可根据税法缺陷情况采取相应措施，对现有税法进行修正，以完善国家的税务法规。

二、税务筹划的原则

税务筹划虽然对征纳双方都有好处，但若使用失当可能会给征纳双方带来经济负效应。企业要保持清醒的头脑，在开展税务筹划时不能盲目跟从。在实践中，税务筹划应当遵循如下基本原则。

(一)合法性原则

进行税务筹划，应该以现行税法及相关法律、国际惯例等为法律依据，要在熟知税法规定的前提下，利用税制构成要素中的税负弹性进行税务筹划，选择最优的纳税方案。税务筹划的最基本原则或基本特征是符合税法或者不违反税法，这也是税务筹划区别于偷、欠、抗、骗税的关键。

(二)合理性原则

合理性原则主要表现在税务筹划活动中所构建的事实要合理。构建合理的事实要注意三个方面的问题：一是要符合行为特点，构建的事实不能无法做到，也不能把其他行业的做法照搬到本行业。行业不同，对构建事实的要求就不同。二是不能有异常现象，要符合常理。三是要符合其他经济法规要求，不能仅从税务筹划角度考虑问题。

(三)事前筹划原则

要开展税务筹划，纳税人就必须在经济业务发生之前，准确把握从事的这项业务都有哪些业务过程和业务环节。涉及我国现行的哪些税种？有哪些税务优惠？所涉及的税务法律、法规中存在着哪些可以利用的立法空间？掌握上述情况后，纳税人即可利用税务优惠政策达到节税目的，也可以利用税务立法空间达到节税目的。由于纳税人筹划行为是在具体的业务发生之前进行的，因而这些活动或行为就属于超前行为，需要具备超前意识才能进行。如果某项业务已经发生，相应纳税结果就产生了，税务筹划也就失去了作用。

(四)成本效益原则

任何一项筹划方案都有其两面性，随着某一项筹划方案的实施，纳税人在取得部分税

务利益的同时，必然会为该筹划方案的实施付出额外的费用，以及因选择该筹划方案而放弃其他方案所损失的相应机会收益。当新发生的费用或损失小于取得的利益时，该项筹划方案才是合理的，当费用或损失大于取得的利益时，该筹划方案就是失败的。一项成功的税务筹划必然是多种税务方案的优化选择，我们不能认为税负最轻的方案就是最优的税务筹划方案，一味追求税务负担的降低，往往会导致企业总体利益的下降。可见，税务筹划和其他财务管理决策一样，必须遵循成本效益原则，只有当筹划方案的所得大于支出时，该项税务筹划才是成功的筹划。

(五)风险防范原则

税务筹划经常在税务法律法规规定性的边缘上进行操作，如果无视这些风险，盲目地进行税务筹划，其结果可能事与愿违，因此企业进行税务筹划时必须充分考虑其风险性。首先要防范未能依法纳税的风险。虽说企业日常的纳税核算是按照有关规定去操作的，但是由于对相关税务政策精神缺乏准确地把握，容易造成事实上的偷逃税款而受到税务处罚。其次是不能充分把握税务政策的整体性，企业在系统性的税务筹划过程中极易形成税务筹划风险。比如，有关企业改制、兼并、分设的税务筹划涉及多种税务优惠，如果不能系统地理解运用，很容易发生筹划失败的风险。另外，税务筹划之所以有风险，还与国家政策、经济环境及企业自身活动的不断变化有关。为此，企业必须随时作出相应的调整，采取措施分散风险，争取尽可能大的税务收益。

三、税务筹划的前提

税务筹划与市场营销等策划一样，并不是在任何情况下都能够获得成功的。税务政策的可选择性以税务政策的差别性为前提，没有差别的税务政策不可能有成功的税务筹划。具体可从以下几个层面作进一步分析。

(1) 在国际上，不同国家的税务政策和税务制度存在着大量的不一致，甚至根本不同，所以存在利用国别税务政策差别在国际上开展税务筹划的可能。税务筹划在国际上特别流行，这是我国目前尤其值得重视的问题。

(2) 在同一国家的不同地区之间，税务政策差别普遍存在。这种差别不仅在税务分级立法的国家大量存在，即便我国这样的统一立法的国家，在税务制度中也大量也存在特别区域(经济特区、高新技术开发区、保税区等)与一般区域的税务政策差别，以及在统一税法条件下地区之间由于执法差别而导致的实际上的税务政策差别。这是我国利用地区税务政策差别开展地区间税务筹划的一个较为广阔的空间。

(3) 几乎所有的国家都实行多种税的复合税制，各税种之间由于一些立法技术上的原

因，存在在税种之间开展税务筹划的可能，即通过税务筹划实现缴纳这种税变成缴纳那种税，以减轻税负。

(4) 在同一个税种里，每一个税制要素(纳税人、征税对象、税目税率、计税依据、纳税环节、纳税期限、纳税地点等)的法律规定并不是单一而无弹性的，任何一个税种的税制要素，其政策均有不同程度的选择余地，存在着利用税制要素上的政策差别进行税务筹划的可能。

四、税务筹划与偷税、避税的区别

(1) 从法律角度看，偷税是违法的，它发生了应税行为，却没有依法如期、足额地缴纳税款，通过漏报收入、虚增费用、进行虚假会计记录等手段达到少纳税的目的；避税是立足于税法的漏洞和措辞上的缺陷，通过人为安排交易行为，来达到规避税负的行为，在形式上它不违反法律规定，但实质上与立法意图、立法精神相悖，这种行为本是税法希望加以规范、约束的，但因法律的漏洞和滞后性而使该目的落空，这也正是反避税得以实行的原因；而税务筹划则是税法允许甚至鼓励的。在形式上，它以明确的法律条文为依据。内容上，它又是顺应立法意图的一种合理、合法行为。税务筹划不但谋求纳税人自身利益的最大化，而且依法纳税、履行税法规定的义务，维护国家的税务利益，是对国家征税权力和企业自主选择最佳纳税方案权利的维护。

(2) 从时间和手段上看，偷税是在纳税义务已经发生后进行的，纳税人通过缩小税基、降低税率适用档次等欺骗隐瞒手段来减轻应纳税额；避税也是在纳税义务发生后进行的，是通过对一系列以税务利益为主要动机的交易进行人为安排实现的，这种交易常常无商业目的；而税务筹划则是在纳税义务尚未发生时进行的，是通过对生产经营活动的事前选择、安排实现的。

(3) 从行为目标上看，偷税的目标是少缴税；避税的目标是达到减轻或解除税务负担的目的，降低税负是偷漏税的唯一目标；而税务筹划是以应纳税义务人的整体经济利益最大化为目标，税务利益只是其考虑的一个因素。

任务二　税务筹划的方法

一、税务筹划的基本手段

企业在生产经营活动中，往往面临多个纳税方案，不同方案的税负程度不同，有时相差很远。如何在众多方案中选择最优者，就需要企业树立税务观念，并进行必要的筹划。

1. 节税

节税是在税法规定的范围内，当存在着多种税务政策、计税方法可供选择时，纳税人以税负最低为目的，对企业经营、投资、筹资等经济活动进行的涉税选择行为。节税的形式包括：①利用税务照顾性政策、鼓励性政策进行的节税；②在现行税法规定的范围内，选择不同的会计政策、会计方法以求节税；③在现行税法规定的范围内，在企业组建、经营、投资与筹资过程中进行的节税。

2. 避税

避税是纳税人在熟知相关税境的税务法规的基础上，在不直接触犯税法的前提下，利用某种法律上的漏洞或含糊之处，通过对经营活动、融资活动、投资活动等涉税事项的精心安排，达到规避或减轻税负的行为。虽然避税行为可能被认为是不道德的，但避税所使用的方式是不违法的，而且不具有欺诈性质。避税的基本方法：税境移动法(涉及税务管辖权问题)、价格转让法(亦称转让价格法、转移定价法)、利用国际税务协定、成本(费用)调整法、融资(筹资)法、租赁法以及低税区避税法。

3. 税负转嫁

税负转嫁是纳税主体通过价格的调整与变动，将应纳税款转嫁给他人负担的过程，从而减轻自己的税负，增加收益。广义的避税包括税负转嫁，狭义的避税不包括税负转嫁，视税负转嫁为独立的税务筹划领域。税负转嫁的方法包括前转、后转、消转、税务资本化。税负转嫁只适用于流转税。企业通过税务筹划，可以因税负转嫁而在市场竞争中处于有利地位。

二、常见的税务筹划方法

(一)利用税务优惠政策

减免税是目前我国税法中最为广泛存在的税务优惠政策，基本上存在于各个税种之中，也是纳税人最为普遍使用的税务筹划方法。比如，在区域税务优惠政策方面，有对在经济技术特区、经济技术开发区的企业规定从获利年度起，有一定时期的所得税免税期或减税期；在产业税务优惠政策方面，有避孕药品及用具免征增值税，医疗机构免征营业税等减免税规定。

采用这种方法进行税务筹划并不是说要让纳税人避免取得实际的经济所得，而是要让纳税人尽量取得不被税法认定为是应税所得的经济收入。例如，各国税法都规定，所得一般是要通过市场交易实现的，只有经过交易实现了的所得才需要纳税。我国税法规定，纳

税人接受捐赠的实物资产不计入企业的应纳税所得额，企业出售该资产或进行清算时，这笔实物资产的价值才需要计入企业的应纳税所得额缴纳所得税。因此，企业可以考虑以接受实物资产捐赠的方式取得一部分经济利益。只要这部分实物资产不出售，就可以不缴纳所得税。利用借贷也可以达到避免应税所得实现的目的。

【例 9-1】 某企业拥有 1 000 万元房产，现该企业急需 200 万元资金，企业虽可出售一部分房产取得收入，但如此企业就必须对这笔财产转让所得缴纳企业所得税。而出于避税，企业可以以房产作抵押借入资金 200 万元。当然借债要支付利息，但如利息额小于出售房产需缴纳税款，借款筹资就是可取的。

我国税法规定，企业取得的国债利息收入不计入应纳税所得额，所以企业可充分利用这类规定来避免应纳税所得额的实现。比如，企业在进行金融投资时，如果购买了重点建设债券或金融债券，则必须就这些债券的利息缴纳所得税，而如果购买国债其利息所得就可不纳税。因此，出于税务考虑，当国债利率高于重点建设债券或金融债券的税后利率时，企业就应购买国债。如果纳税人在其他条件不变的情况下，选择利用减免税优惠政策进行税务筹划，节约税务支出效果最好。

(二)纳税期的递延

资金有时间价值，延缓纳税期限可享受无息贷款的利益。一般而言，应纳税款期限越长，所获得利益越大。纳税人如果能推迟应税所得的实现则可以推迟纳税。推迟纳税对纳税人来说有两方面好处：一是可以继续享用这笔资金并从中获利；二是用利息率进行贴现后，未来应纳税款的现值会有所减少。

【例 9-2】 假定纳税人将推迟纳税而节省下来的钱用于投资，投资收益率为 10%，所得税税率为 30%，那么纳税人投资的税后收益率为 7%。在这种情况下，如果该纳税人将 1 000 元应纳税款推迟到 10 年后缴纳，则这 1 000 元税款的现值仅为 508 元。如果纳税人当年即用 508 元进行投资，则下一年的本金和税后利息之和为 544 元。纳税人如果每年都将本金和利息用于投资，则 10 年后 508 元就会增值到 1 000 元。如果纳税被推迟的时间较长，市场利息率更高，则推迟纳税给纳税人带来的经济利益就更大。

(三)利用转让定价筹划法

价格转移纳税筹划技术主要有货物、劳务、资产、费用和资金的转让定价等。商品价格是围绕价值上下波动，并受市场商品的供求关系的影响。也就是说，同类商品存在一个统一的市场价格标准，但作为市场主体的企业对其所经营商品价格的制定具有独立的自主权，只要买卖双方都愿意接受，某种商品的交易价格就可以高于或低于其市场平均价格。正因为如此，集团公司可利用关联企业之间的业务往来，对货物往来、劳务结算、财产租赁、贷款利息等制定其特殊的内部交易价格，以实现企业经营管理的各项财务目标，如避免或推迟缴纳企业所得税等。对关联企业之间转让定价的具体做法如下。

(1) 货物的转让定价。集团公司利用其关联公司之间的提供原材料、产品销售等往来，通过采用“高进低出”或“低进高出”等内部作价办法，将收入转移到低税负地区的独立核算企业，而把费用尽量转移到高税负地区的独立核算企业，从而达到转移利润和减轻公司整体税负的目的。

(2) 劳务的转让定价。关联企业之间除了上面提到的材料和产品贸易往来外，还会经常相互提供各种劳务服务。其做法同货物的转让定价基本相同，关联企业之间可以利用提供劳务服务的内部作价方式来实现利润的转移，达到减轻整体税负的目的。

(3) 管理费用的转让定价。企业集团总部为其下属公司提供各种管理服务，有关管理费用必须分摊给下属公司负担。集团公司为了降低企业整体税负，往往没有按合理标准来分配管理费用，而是对高税率子公司多分配费用，对低税率子公司少分配费用，使企业获得最大的经济利益。

(4) 有形资产的转让定价。在企业生产经营过程中，关联企业之间经常发生生产设备等有形资产的租赁行为，即为进行纳税筹划提供了空间。

【例 9-3】通过制定内部租赁价格(即租金价格)，也可达到转移利润和减轻税负的目的。我国珠海经济特区某外商投资公司，以融资租赁方式向其国外母公司租用价值 500 万美元的资本设备，合同规定母公司按原值的 140%收取本金、租金及管理费用，租期为 8 年，期满后设备归于公司所有。这种租赁形式表面上看来比较优惠——子公司亦称该设备贷款是由母公司提供的，母公司收取的租金率低于贷款利率，因此按我国税法规定可以就其租金免征所得税，但经继续调查发现，母公司向该公司收取租金采取逐年递减的方式，第一年为 25%，第二年为 15%等，租赁期年平均租金率为 8.68%，超过了同期国际金融市场一般利率水平。这种利用有形资产租赁业务规避税务的方法，在大型跨国企业中并不鲜见。

(5) 资金的转让定价。资金的价格表现为贷款或借款的利息。关联公司之间可以通过其内部结算银行发生借贷行为，其常常表现为总公司对分公司进行贷款，总公司即可通过对税率高的分公司实行高利率贷款的政策，而对税率低的分公司实行低利率贷款的政策，使公司利润从高税率公司向低税率公司转移，以减轻整体所得税税负。因此，以减轻集团公司整体税负为目的的转让定价基本做法是：当卖方处于高税率地区而买方处于低税地区时，其交易就以低于市场价进行；反之，则以高于市场价进行交易。

(四)利用会计处理方法筹划法

1. 存货计价方法的选择

存货是企业在生产经营过程中为消耗或销售而持有的各种资产，包括各种原材料、燃料、包装物、低值易耗品、在产品、产成品、外购商品、协作件、自制半成品等。存货成本的计算，对于产品成本、企业利润及所得税都有较大的影响。

我国《企业会计准则》规定："纳税人的商品、材料、产成品和半成品等存货的计价，应当以实际成本为原则。各项存货的发出和领用，其实际成本价的计算方法，可以在先进先出法、后进先出法、加权平均法、移动平均法和个别计价法等方法中任选一种。"现行税制和财务制度也对存货计价作出同样的规定。

(1) 盈利企业。由于盈利企业的存货成本可最大限度地在本期所得额中税前抵扣，因此应选择能使本期成本最大化的计价方法。

(2) 亏损企业。亏损企业选择计价方法应与亏损弥补情况相结合。选择的计价方法，必须使不能得到或不能完全得到税前弥补的亏损年度的成本费用降低，使成本费用延迟到以后能够完全得到抵补的时期，保证成本费用的抵税效果得到最大限度的发挥。

(3) 享受税务优惠的企业。处于减免税优惠期间时，选择存货成本最小化的计价方法，减少存货费用的当期摊入，扩大当期利润。相反，处于非税务优惠期间时，应选择使存货成本最大化的计价方法，将当期的存货费用尽量扩大，以达到减少当期利润、推迟纳税期的目的。

2. 固定资产折旧的税务筹划

折旧是固定资产由于损耗而转移到产品成本中去的那一部分价值。正确计算和提取折旧，不但有利于计算产品成本，而且可保证固定资产再生产的资金来源。折旧是成本的组成部分，而按现行制度规定，企业常用的折旧方法有平均年限法、工作量法和加速折旧法，运用不同的折旧方法计算出的折旧额在量上不一致，分摊到各期生产成本中去的固定资产成本也存在差异。因此，折旧的计算和提取必然关系到成本的大小，直接影响企业的利润水平，最终影响企业的税负轻重。

由于企业在固定资产折旧方法上存在差异，因此也为企业进行税务筹划提供了可能。最常用的折旧方法有直线法、工时法、产量法和加速折旧法。税法赋予企业固定资产折旧方法和折旧年限的选择权。财务制度规定：企业固定资产折旧方法一般采用平均年限法。企业专业车队的客货汽车、大型设备，可以采用工作量法。在国民经济中具有重要地位的电子生产企业、船舶工业企业、机械企业、飞机制造企业、汽车制造企业、化工生产企业和医药生产企业以及其他经财政部批准的特殊行业的企业，其机器设备可以采用双倍余额递减法或者年数总和法折旧。

在各种折旧方法中，运用不同的折旧方法所计算出来的折旧额在量上不一致，进而使每年的未扣除折旧的利润和所得税税额均不相同，但是各种方法计算出的累计应纳所得税税额是相等的。运用加速折旧法计算折旧时，开始的年份提取了更多的折旧，冲减了税基，使得应纳税所得额减少，企业的利润向后顺延；同时，可使企业加速对设备的更新，促进技术进步，增强企业的发展后劲。可见，企业可以通过选择加速折旧法，实现较好的税务筹划效果。

任务三　税务筹划的基本技术

一、减免税技术

减免税可分为政策性减免税和照顾困难减免税。减免税技术是指在不违法和合理的情况下，使纳税人成为免税人，或使纳税人从事免税活动，或使征税对象成为免税对象而免纳税务的税务筹划技术。运用减免税技术的要点有：要尽量争取更多的减免税待遇，尽量使减免税期最长化，减免税必须有法律、法规的明确规定，企业所得税法中规定的减免税优惠措施可能会有减免税政策交叉的情况，具体执行时可选择使用其中一项最优惠的政策，但不能两项或者几项优惠政策累加执行。

二、分割技术

分割是指把一个纳税人的应税所得分成多个纳税人的应税所得，或者把一个纳税人的应税所得分割成适用不同税种、不同税率和减免税政策的多个部分的应税所得。分割技术是指在不违法和合理的情况下，使所得在两个或更多个纳税人之间，或者在适用不同税种、不同税率和减免税政策的多个部分之间进行分割的税务筹划技术。分割技术的要点有：分割合理化，分割不违法，收益最大化。

【例 9-4】 某日用化妆品厂将生产的化妆品、护肤护发品、小工艺品等组成成套消费品销售。每套消费品由下列产品组成：化妆品包括一瓶香水 30 元，护肤护发品包括一瓶摩丝 10 元，塑料包装盒 5 元，上述价格均不含税。化妆品消费税税率为 30%。方案一：将产品包装后再销售给商家，厂家应纳消费税税额=(30+10+5) × 30% = 13.5(元)；方案二：将产品先分别销售给商家，再由商家包装后对外销售，厂家应纳消费税税额=30 × 30% = 9(元)。可见，方案二比方案一节减税额 4.5 元。

三、扣除技术

扣除是指从应税收入中减去各种准予扣除项目的金额以求出应纳税所得额。扣除技术是指在不违法和合理的情况下，使扣除额增加而直接节减税额，或调整扣除额在各个应税期的分布而相对节减税额的税务筹划技术。扣除技术的要点有：扣除项目最多化，扣除金额最大化，扣除最早化。

四、税率差异技术

税率差异是指对不同征税对象适用不同税率或者相同征税对象适用税率不同。税率差异技术是指在不违法和合理的情况下，利用税率的差异而直接节减税款的税务筹划技术。税率越低，节减的税额越多。税率差异技术的要点有：尽量寻求税率最低化，与企业的经营活动有机地结合起来。

五、抵免技术

税务抵免是指从应纳税额中扣除税务抵免额。抵免技术是指在不违法和合理的情况下，使税务抵免额增加的税务筹划技术。税务抵免额越大，冲抵应纳税额的数额就越大，应纳税额则越小，从而节减的税额就越大。抵免技术的要点有：抵免项目最多化，抵免金额最大化，抵免时间尽早。

六、退税技术

退税是税务机关按规定对纳税人已纳税款的退还。退税技术是指在不违法和合理的情况下，使税务机关退还纳税人已纳税款的税务筹划技术。退税技术的要点有：尽量争取退税项目最多化，尽量使退税额最大化。

七、延期纳税技术

延期纳税是指纳税人按照国家有关延期纳税规定延缓一定时期后再缴纳税款。延期纳税技术是指在不违法和合理的情况下，使纳税人延期缴纳税款而取得相对收益的税务筹划技术。延期纳税技术的要点有：延期纳税项目最多化，延长期最长化。

案例导入分析

解析：根据税法中对于特许权使用费所得的规定，个人提供专利权、商标权等特许权取得的所得应缴纳个人所得税；但如果以无形资产投资入股，参与接收方的利润分配，共同承担投资风险的行为，不征收营业税。

(1) 第一种方案：按照转让专利方案，王先生应交税金如下。

增值税税额=500 × 6% = 30(万元)

城市维护建设税税额=30 × 7% = 2.1(万元)

教育费附加=30 × 3% = 0.9(万元)

个人所得税税额= (500 − 30 – 2.1 − 0.9) × (1 − 20%) × 20% =74.72(万元)

税金合计：107.72 万元

(2) 第二种方案：以专利权投资入股，不缴纳营业税，则王先生未来 6 年内缴纳个人所得税税额如下。

个人所得税税额=100 × 20% = 20(万元)(自第二年起连缴 5 年)

5 年个税和的现值=20 × (p/a，2%，5) = 20 × 4.7135 = 94.27(万元)

比较可知，第二种方案节税税额=107.72 − 94.27 = 13.45(万元)

项目实务训练

一、单项选择题

1. 纳税筹划的主体是(　　)。

   A. 纳税人　　B. 征税对象　　C. 计税依据　　D. 税务机关

2. 纳税筹划与逃税、抗税、骗税等行为的根本区别是具有(　　)。

   A. 违法性　　B. 可行性　　C. 非违法性　　D. 合法性

3. 避税最大的特点是它的(　　)。

   A. 违法性　　B. 可行性　　C. 非违法性　　D. 合法性

4. 企业所得税的筹划应重点关注(　　)的调整。

   A. 销售利润　　B. 销售价格　　C. 成本费用　　D. 税率高低

5. 按(　　)进行分类，纳税筹划可以分为绝对节税和相对节税。

   A. 不同税种　　B. 节税原理　　C. 不同性质企业　D. 不同纳税主体

6. 纳税筹划最重要的原则是(　　)。

   A. 守法原则　　B. 财务利益最大化原则

   C. 时效性原则　　D. 风险规避原则

7. 负有代扣代缴税款义务的单位、个人是 (　　)。

   A. 实际负税人　　B. 扣缴义务人　　C. 纳税义务人　　D. 税务机关

8. 在税负能够转嫁的条件下，纳税人并不一定是(　　)。

A. 实际负税人　　B. 代扣代缴义务人

C. 代收代缴义务人　　D. 法人

9. 适用增值税起征点税收优惠政策的企业组织形式是(　　)。

A. 公司制企业　B. 合伙制企业　C. 个人独资企业　D. 个体工商户

10. 税负转嫁的筹划通常需要借助(　　)来实现。

A. 价格　B. 税率　C. 纳税人　D. 计税依据

11. 税务筹划的(　　)是指税务筹划是在对未来事项所作预测的基础上进行的事先规划。

A. 合法性　B. 风险性　C. 预期性　D. 目的性

12. (　　)是纳税人超过税务机关核定的纳税期限而发生的拖欠税款的行为。

A. 偷税　B. 漏税　C. 抗税　D. 欠税

二、多项选择题

1. 税务筹划的特点包括(　　)。

A. 合法性　B. 风险性　C. 预期性　D. 目的性

2. 税务筹划的法律原则包括(　　)。

A. 合法性　B. 风险性　C. 预期性　D. 目的性

3. 按税务筹划服务的对象来分类，税务筹划可以分为(　　)两类。

A. 法人税务筹划　　B. 非法人税务筹划

C. 国内税务筹划　　D. 国际税务筹划

4. 纳税筹划风险主要有以下几种形式(　　)。

A. 意识形态风险　　B. 经营性风险

C. 政策性风险　　D. 操作性风险

5. 税务筹划的财务原则包括(　　)。

A. 财务利益最大化　　B. 节约性原则

C. 综合性原则　　D. 稳健性原则

6. 纳税人筹划可选择的企业组织形式有(　　)。

A. 个体工商户　B. 个人独资企业　C. 合伙企业　D. 公司制企业

7. 税负转嫁筹划能否通过价格浮动实现，关键取决于(　　)的大小。

A. 商品供给弹性　　B. 税率高低

C. 商品需求弹性　　D. 计税依据形式

8. 纳税筹划的合法性要求是与(　　)的根本区别。

A. 逃税　　B. 欠税　　C. 骗税　　D. 避税

9. 纳税筹划按税种分类可以分为(　　)等。

A. 增值税筹划　　B. 消费税筹划　　C. 营业税筹划　　D. 所得税筹划

10. 按企业运行过程进行分类，纳税筹划可分为(　　)等。

A. 企业设立中的纳税筹划　　B.企业投资决策中的纳税筹划

C. 企业生产经营过程中的纳税筹划　　D. 企业经营成果分配中的纳税筹划

三、判断题

1. 纳税人有依据法律进行税款缴纳的义务，但也有依据法律，经过合理的甚至巧妙的安排以实现尽量少负担税款的权利。(　　)

2. 进行税务筹划是没有风险的。(　　)

3. “税务最小化”观点考虑了税务减少对纳税人整体价值的增值，但却忽略了由于采用税务筹划方案而对纳税人整体价值造成的减值。(　　)

4. “净利润最大化”的税务筹划观点，没有考虑税务筹划本身对纳税人整体价值的影响。(　　)

5. 专业性是指纳税人的税务筹划需要其财务、会计专业人员进行。(　　)

6. 税务筹划的基本特点之一是合法性，而偷税、逃税、欠税、抗税、骗税等则是违反税法的。(　　)

7. 依据《刑法》第二百零三条规定，犯逃避追缴欠税罪，致使税务机关无法追缴欠缴的税款数额在一万元以上十万元以下的，处三年以上七年以下有期徒刑，并处欠缴税款一倍以上五倍以下罚金。(　　)

8. 刑法中的骗取国家出口退税的行为，不是先缴后骗，而是未缴就骗。(　　)

9. 纳税人可以偷逃税以减轻税务负担。(　　)

10. 税务筹划的主要目标是寻求低税负点和递延纳税，通过税务筹划，有利于促进国家税务政策目标的实现。(　　)

四、简答题

1. 什么是税务筹划？

2. 税务筹划的特点有哪些？

3. “税务筹划可以促进纳税人依法纳税”，你同意这种说法吗？

4. 怎样理解税务筹划的综合性原则？

5. 避税行为有哪些特征？

五、业务题

1. 阅读下面一段材料，并结合材料谈你对避税的认识。

我国增值税暂行条例规定了增值税的起征点为 600 元，有一按月征收的纳税人，本应收取 610 元的营业额，同时缴纳增值税 36.6 (610 × 6%)元，实得 574.4 元。但他为了躲避税法管辖而谋取交易双方的利益，只收取对方 599 元的营业额。

2. 某公司目前适用 25%的所得税税率，面临两种方案的选择：A 方案是税务师事务所请一名税务师进行税务筹划，付酬 4 000 元。若能成功，公司可少缴所得税 4 000 元，成功概率 75%。B 方案是雇请一名财经大学的从事市场营销教学的老师搞推销设计，付酬 3 600 元，若成功，可获利 5 000 元，成功概率为 80%。A、B 方案只能选其中之一。

要求：请帮该公司做出正确的决策。

参 考 文 献

[1] 中华人民共和国增值税暂行条例. 国务院 2008 年 11 月 5 日修订. 自 2009 年 1 月 1 日起施行.

[2] 中华人民共和国消费税暂行条例. 国务院 2008 年 11 月 5 日修订. 自 2009 年 1 月 1 日起施行.

[3] 中华人民共和国企业所得税法. 国务院 2007 年 3 月 16 日修订. 自 2008 年 1 月 1 日起施行.

[4] 中华人民共和国个人所得税法. 国务院 2011 年 6 月 30 日修订. 自 2011 年 9 月 1 日起施行.

[5] 财政部会计资格评价中心. 中级经济法[M]. 北京：中国财政经济出版社，2016.

[6] 财政部会计资格评价中心. 初级经济法[M]. 北京：中国财政经济出版社，2016.

[7] 中国注册会计师协会. 税法(2016 年度注册会计师全国统一考试辅导教材). 北京：经济科学出版社，2016.

[8] 财政部、国家税务总局. 营业税改征增值税试点实施办法，2016.

[9] 财政部、国家税务总局. 营业税改征增值税试点过渡政策的规定，2016.

[10] 张晓慧，等. 税法[M]. 3 版. 北京：清华大学出版社，2016.